KB237599

전도동력세미나 민경설 목사의 ─────

하나님, 아주 특별한 만남

전도동력세미나 민경설 목사의

하나님, 아주 특별한 만남

민경설 지음

신교횃불

나의 길은 주님을 만남으로 시작되었다

기독교 교육학자 존 듀이(John Dewey)는 기독교를 만남의 종교라고 했습니다. 퍽 공감이 가는 말이라고 생각합니다. 우리는 기독교를 무엇을 지키고 무엇을 행하는 율법과 계명의 종교라고 생각할 수 있지만 사실은 그렇지 않습니다. 진정한 신앙은 우리 주님을 만남으로 시작된다고 볼 수 있습니다.

"나다나엘이 대답하되 랍비여 당신은 하나님의 아들이시요 당신은 이스라엘의 임금이로소이다"(요 1:49).

이처럼 기독교는 무엇을 행함으로 되는 종교가 아니고 영원한 진리이시고 말씀이신 한 인격을 만남으로 시작되는 것입니다. 우리가 그 인격이신 주님을 만날 때 구원의 길이 열리는 것입니다.

"나의 행한 모든 일을 내게 말한 사람을 와 보라 이는 그리스도가 아니냐 하니"(요 4:29).

사마리아 여인처럼 주님을 만날 때 진정한 신앙이 싹트고 참다운 구원이 시작되는 것입니다.

필자는 광진교회를 16년간 섬겨오면서 정말 어렵고 견디기 힘든 상황들을 만나 왔습니다. 사마리아 여인처럼, 사막에서 시냇물을 찾는 사슴처럼 주님을 갈구할 때 사랑 많으신 우리 주님은 부족한 종을 언제든지 만나주셨고, 저에게 구원의 길을 열어 주셨습니다. 아주 특별한 만남이었습니다. 만남 자체가 특별하다는 것보다는 부족한 종을 언제나 만나주시는 하나님의 사랑이 특별한 것이었습니다.

하나님과의 만남은 제게는 전도동력의 뿌리였고 그 원동력이었습니다. 예레미야 선지자처럼 이번만 하고 다음엔 하지 말아야겠다고 내심 작심하지만 주님은 그때마다 불타는 구령의 심령을 주시어 그 어려움과 환란 속에서도 전도동력 세미나로 전국 교회를 섬길 수 있게 하셨습니다(전국 1500회원 교회, 12000여 명 교역자 교육).

"내가 다시는 여호와를 선포하지 아니하며 그 이름으로 말하지 아니하리라 하면 나의 중심이 불붙는 것 같아서 골수에 사무치니 답답하여 견딜 수 없나이다"(렘 20:9).

철야 기도회는 유독 가슴을 앓는 자들이 많이 나와 기도합니다. 그들의 기도는 눈물이 많고 한이 많습니다. 그래서 그들의 기도는 늘 뜨겁고 간절합니다. 참 안타까우면서도 한편으로 감사한 것은 그들의 눈물어린 기도는 그들로 하여금 하나님을 체험하고 하나님을 만나게 했다는 것입니다. 그리고 그 특별한 만남은 그들을 구원의 길로 인도했고 우리 교회의 성장의 밑거름이 되었습니다.

부족한 종이 그 동안 그들과 같이 아파하고 같이 울고 같이 웃으며 주로 철야 기도회를 통하여 소망을 주었던 그 만남의 은혜를 글로 모아서 이처럼 세상에 선을 보이게 되었습니다.

부디 오늘을 살면서 가슴 아파하는 사람들과 전도동력과 교회부흥에 목말라 하는 믿음의 동역자들에게 이 책이 도움이 되길 바랍니다.

끝으로 원고를 아름답게 정리해주신 윤예령님께 진심으로 감사하며 광진교회 성도들과 도서출판 햇불 직원들에게 감사드립니다.

2000. 8. 12

개봉동 광진교회 목양실에서

민경설 목사

책을 열면서 | 5

제1장 믿음으로 하나님을 만나라

하나님은 종종 '너의 믿음을 조금만 나에게 보여다오' 라고 말씀하신다. 당신은 하나님의 그 요청에 선뜻 '여기 있습니다' 라고 대답할 수 있는가?

뿌리가 튼튼해야 믿음이 바로 선다 | 15

기적의 믿음을 간구하라 | 31

다섯 믿음을 모두 소유하라 | 46

믿음으로 승리한 사람들 | 57

믿음은 삶의 갈등을 해소한다 | 65

하나님을 체험하는 비결 | 72

하나님이 기억하는 사람 | 82

* 일상생활에서의 믿음 | 93

제 2 장 기도로 하나님을 만나라

기도는 하나님을 만날 수 있는 끈이다. 기도에
는 강력한 힘이 있다. 당신은 그 힘을 느끼는
가?

나 자신을 이기는 기도를 하라 | 97

악의 세력을 제압하는 기도를 하라 | 105

끈질긴 기도를 배우라 | 114

응답받는 기도, 이렇게 하면 된다 | 121

큰 기도가 이뤄지면 작은 기도도 이뤄진다 | 132

기도는 하나님의 비전을 갖게 한다 | 143

하나님이 역사하는 기도를 하라 | 151

* 일상생활에서의 기도 | 159

제 3 장   생각으로 하나님을 만나라

나의 생각이 하나님의 생각과 일치될 때 우리
에겐 두려울 것이 없게 된다. 하나님의 채널에
고정하라!

생각도 훈련이다 | 163

하나님의 생각을 사모하라 | 174

마음을 정결케 하는 다섯 가지 실천원리 | 185

두려움을 이렇게 극복하라 | 194

세상이라는 풍랑을 이기는 비결 | 205

하나님께 나아가는 길 | 213

* 일상생활에서의 생각 | 223

제 4 장 삶으로 하나님을 만나라

하나님과 동행하는 삶엔 파워가 있다. 세상에
이끌리는 것이 아니라 세상을 이끌며 살 수 있
게 된다.

구원 후의 삶을 말한다 | 227

하나님의 가치관을 소유하라 | 236

풍성한 삶의 원동력, 성령충만 | 250

나그네의 삶을 살아라 | 271

삶의 갈등을 해결하려면 | 282

신앙의 결실을 맺으라 | 291

세상과 그리스도인 | 301

삶에는 우선순위가 있다 | 313

광야를 걷게 하신 이유를 알라 | 322

* 일상생활에서의 삶 | 330

제 1 장

믿음으로 하나님을 만나라

오 주님,
저에게 굳건한 가슴을 주어
어떤 열정에도 흩어짐이 없게 하옵소서
저에게 강인한 심장을 주어
어떤 환난에도 굴복함이 없게 하옵소서
저에게 투명한 생애를 주어
어떤 유혹에도 오염됨이 없게 하옵소서

-아퀴나스-

뿌리가 튼튼해야 믿음이 바로 선다

세상의 모든 나무는

그 뿌리가 땅에 있습니다.

그러나 믿음이라는 나무의 뿌리만은

하늘에 있습니다. 하나님께 믿음의 뿌리를 두어야만

상황이 어려워도 평안할 수 있는 것입니다.

하나님은 사모하는 자에게 은혜를 주십니다. 신, 구약을 보면 많은 사람들이 은혜를 받았으나 특히 다윗이 하나님의 은혜를 넘치도록 받았음을 알 수 있습니다. 시편에 보면 하나님을 찬양하는 아름다운 시들이 많이 있습니다. 고라 자손의 시에 보면, 세상에서의 1000날보다 하나님 나라 문지기로서의 하루가 더 귀하다고 고백한 말씀이 나옵니다(시 84:10). 또한 시편 42편에서는 "하나님이여 사슴이 시냇물을 찾기에 갈급함같이 내 영혼이 주를 찾기에 갈급하니이다"라고 하나님의 은혜를 사모하는 심정을 토로했습니다.

중동지방을 여행하다 보면, 종종 사막에 사슴이 죽어있는 것을 볼 수 있습니다. 길을 잘못들어 물을 얻지 못했기 때문입니다. 그들이 얼마나 목말라하며 물을 갈급해하다가 죽었겠습니까? 우리는 이런 심정으로 하나님의 은혜를 간구해야 합니다.

하나님의 은혜를 받으면 사람이 달라집니다. 얼굴이나 말, 행동 더 나아가 삶까지 변화됩니다. 하나님이 원하시는 삶으로 바뀌는 것입니다.

> "하나님을 찬미하며 또 온 백성에게 칭송을 받으니 주께서 구원받는 사람을 날마다 더하게 하시니라"(행 2:47).

위의 말씀은 초대교회의 모습을 보여주고 있습니다. 은혜를 받으면 세상 사람들의 칭송을 받습니다. 구원받은 사람의 숫자가 늘어납니다. 하나님의 은혜를 받아야 참된 성도로서의 삶을 살 수 있으며, 자기의 사명을 감당할 수 있게 됩니다. 예수를 믿는 사람은 은혜의 힘으로 삽니다. 믿음이 힘입니다.

"나의 믿음의 뿌리는 어디에 있는가?"

> "너희 믿음이 어디 있느냐"(눅 8:25).

이는 주님의 음성입니다. "믿음이 어디에 있느냐" 라는 것은 '네 믿음의 근거가 무엇이냐' 는 뜻입니다. 이는 믿음의 본질에 대해 묻는 것입니다. 성도의 재산은 은혜이고, 그 은혜는 믿음으로 표현됩니다. 이렇게 은혜와 믿음은 밀접한 관계를 가지고 있습니다. 이는 달리 말해 은혜받은 사람은 믿음이 있고, 믿음 있는 사람은 은혜가 있다는 것입니다.

'무엇을 믿느냐'고 할 때는 무조건 믿는 것을 말하는 것이 아니라 하나님의 사랑으로, 선물로 주어져서 믿어짐을 말합니다. 에베소서 2장 8절에서 그 원리를 잘 보여주고 있습니다.

> "너희가 그 은혜를 인하여 믿음으로 말미암아 구원을 얻었나니 이것이 너희에게서 난 것이 아니요 하나님의 선물이라."

구원은 믿음으로 얻는 것이며, 그 믿음은 은혜로 말미암아 생기는 것입니다. 그러므로 은혜와 믿음은 떼려야 뗄 수 없는 관계인 것입니다. 좋은 믿음을 갖기 원한다면 은혜를 받아야 하고, 은혜를 받으면 믿음으로 나타납니다. 이 믿음이 있어야 구원, 능력, 기도응답을 받습니다. 이는 대단한 것입니다. 믿음의 분량은 사람마다 다릅니다. 직분이라든지 믿은 연수와는 상관없습니다. 믿음의 질이 문제입니다. 믿음이 인본주의와 섞여져서는 안 됩니다. 성경이 말하는 순수한 믿음의 분량이 커야 합니다. 그 믿음을 따라 하나님이 역사하십니다. 믿기만 하면 하나님의 영광을 보리라고 했습니다. 내게 믿음이 없으면 하나님이 나에게 나타나시지 않습니다. 하나님의 능력이 나타나지 않습니다. 믿음이 문제인 것입니다. 이렇게 믿는 것은 성도의 힘이 됩니다. 이사야 30장 15절 말씀은 믿음 있는 자의 실제적인 모습을 보여주고 있습니다.

> "주 여호와 이스라엘의 거룩하신 자가 말씀하시되 너희가 돌이켜 안연히 처하여야 구원을 얻을 것이요 잠잠하고 신뢰하여야 힘을 얻을 것이어늘 너희가 원치

아니하고.”

안연히 처하는 것이 주님을 신뢰하고 의지하는 모습입니다. 잠잠하고 신뢰하는 믿음이 있어야 힘있는 성도인 것입니다.

지금 우리에게는 여러 가지 문제가 있을 수 있습니다. 물질의 문제, 자녀의 문제, 성격의 트러블이나 직업의 문제 등 복합적인 문제들이 우리를 누르고 있습니다. 이 모든 문제를 해결할 수 있는 길은 믿음뿐입니다. 예수님을 믿는다 해도 풍랑은 옵니다. 어둠도 밝음도 다 옵니다. 그러나 믿음이 있는 사람은 어떤 상황이 와도 그것을 극복할 수 있다는 데 믿음이 없는 사람과의 차이가 있습니다.

우리는 다음 말씀을 통하여 믿음의 뿌리를 어디에 두었는지 진단할 수 있습니다.

“하루는 제자들과 함께 배에 오르사 저희에게 이르시되 호수 저편으로 건너가자 하시매 이에 떠나 행선할 때에 예수께서 잠이 드셨더니 마침 광풍이 호수로 내리치매 배에 물이 가득하게 되어 위태한지라 제자들이 나아와 깨워 가로되 주여 주여 우리가 죽겠나이다 한대 예수께서 잠을 깨사 바람과 물결을 꾸짖으시니 이에 그쳐 잔잔하여 지더라 제자들에게 이르시되 너희 믿음이 어디 있느냐 하시니 저희가 두려워하고 기이히 여겨 서로 말하되 저가 뉘기에 바람과 물을 명하매 순종하는고 하더라”(눅 8:22-25).

우리의 믿음이 견고해지고 커지려면 뿌리가 튼튼해야 합니다. 그 뿌리에 대해 자세히 살펴보도록 하겠습니다.

나의 믿음의 뿌리/
하나님에게 있는가 사람에게 있는가

사람의 눈으로 보면, 내리치는 광풍 때문에 배가 부서질거라고 생각할 것입니다. 그러나 예수님이 하나님의 아들이라는 것을 제자들이 알았더라면 이 우주를 창조하시고 그 호수를 만드신 하나님에 대한 믿음을 가졌을 것이고, 그들은 그 풍랑을 두려워하지 않았을 것입니다.

우리의 믿음의 뿌리가 하나님에게 있어야 합니다. 세상의 모든 나무는 그 뿌리가 땅에 있습니다. 그러나 믿음이라는 나무의 뿌리만은 하늘에 있습니다. 그 뿌리를 재능이나 자기가 가진 힘 같은 사람의 능력에 두면 쓰러지고 맙니다. 많은 사람들이 인생의 풍랑을 만나 어려움을 겪을 때 안연히 대처하지 못하는 것은 그 믿음의 뿌리를 하나님께 두지 못했기 때문입니다.

믿음은 예수를 통해 하나님을 체험하면서부터 출발됩니다. 그 때 가장 먼저 누리는 은혜가 평안입니다. 평안은 흔들리지 않는다는 의미를 지닙니다. 가령, 아이가 아프다고 할 때 당황해서 우왕좌왕할 것이 아니라 '이 아이를 하나님이 주셨으니 주님이 고쳐주신다'고 믿고 안연히 대할 수 있어야 합니다.

그러나 믿음의 뿌리를 하나님께 두는 것은 쉽지 않습니다. 막상 위급한 일이 닥치면 정신을 차리지 못하기 때문입니다. 결정적인 상황에서는 믿지 못하기 십상입니다.

그러나 하나님께 믿음의 뿌리를 두어야만 상황이 어려워도 평안할 수 있습니다. 믿음의 뿌리가 하늘에 있다는 것은 정말 굉장한 일입니다. 평안과 기쁨이 떠나지 않으며 어떤 환경에서도 흔들리지 않게 되는 것, 이것은 위기관리 능력이 있느냐 없느냐에 달려 있습니다. 제자들도 예수님이 바리새인에게 잡히고 십자가에서 돌아가시니까 다 도망갔습니다. 그래서 하나님은 우리에게 믿음이 있는가를 확인하시기 위해 가끔 우리를 어려움 속으로 몰아넣기도 하십니다. 믿음 있는 자만 남게 됩니다.

여러분의 마음에 진정한 기쁨과 평안이 있는가 살펴보십시오. 정말 하나님이 주신 평안이 있을 때 다른 사람을 사랑하고 용서할 수 있습니다. 이 평안이 깨지면 다른 사람을 사랑하고 용서하는 일이 불가능합니다. 말씀 묵상과 기도도 할 수 없습니다. "평안을 너희에게 끼치노니 곧 나의 평안을 너희에게 주노라 내가 너희에게 주는 것은 세상이 주는 것 같지 아니하니라 너희는 마음에 근심도 말고 두려워하지도 말라"(요 14:27)고 하신 것처럼, 세상이 주는 것같지 않은 다른 평안이 올 때 우리는 어려운 일이 닥쳐도 이길 수 있는 것입니다.

나의 믿음의 뿌리/
하나님의 말씀에 있는가 나의 생각에 있는가

예수님이 "이 바다를 건너가자"고 말씀하셨다면, 건너는 것이 하나님의 뜻입니다. 그런데 가다가 풍랑을 만나고 보니 그들의 생각에 뜻을 두게 되었습니다. 하나님이 말씀하신 것이 영원한 것임을 믿어야 합니다. 그렇지 않으면 다 변합니다. 내 경험을 믿으면 안 됩니다. 거기에는 허구가 많습니다. 예수님께서는 천지는 없어지겠으나 나의 말은 없어지지 않으리라고 하셨습니다. 말씀하신 대로 믿는 믿음이 소중합니다.

말씀에 근거를 두면 영원하지만, 자기의 생각과 지식을 의지하면 오래 가지 못합니다. "병든 자에게 손을 얹은즉 나으리라"는 말씀을 믿고 받아들이고 손을 얹고 기도하면 낫습니다. 말씀이 그렇다고 하니 믿는 것, 이것이 신앙입니다. 우리 신앙이 말씀에 근거를 두게 될 때 큰 능력이 나타나게 됩니다.

하나님의 말씀은 하나님의 뜻입니다. 하나님은 완전한 인격과 완전한 뜻을 가지고 계십니다. 영원 전부터 그 뜻을 따라 천지가 창조되었고, 우주만물이 그 뜻대로 움직입니다. 천지는 없어져도 그 뜻은 살아 있습니다. 하나님의 생각이 있고 그 후에 우주가 생겼습니다. 우주는 사라져도 그 생각은 그대로 남습니다. 그러므로 우리는 말씀에 믿음의 뿌리를 두어야 합니다. 영원히 존재하는 그 뜻을 믿는 사람의 믿음은 변치 않는 것입니다.

"너희가 거듭난 것이 썩어질 씨로 된 것이 아니요 썩지 아니할 씨로 된 것이니 하나님의 살아 있고 항상 있는 말씀으로 되었느니라 그러므로 모든 육체는 풀과 같고 그 모든 영광이 풀의 꽃과 같으니 풀은 마르고 꽃은 떨어지되 오직 주의 말씀은 세세토록 있도다 하였으니 너희에게 전한 복음이 곧 이 말씀이니라"(벧전 1:23-25).

인생이 실패하는 이유는 병든 말씀으로 세뇌되어 있기 때문입니다. 이 세상에는 하나님의 말씀과 세상의 말이 공존하고 있습니다. '기분이 나쁘면 술을 마셔야 한다'라는 식의 세상 말에 동조하여 거짓위로를 받기에 계속 실패하는 것입니다. '이 세상에서 잘 살려면 돈이 최고며, 백(Back)이 있어야 한다'는 말을 믿고 사는 사람들은 세상의 말에 길들여져 있는 사람입니다. 이것을 하나님의 말씀으로 바꾸어야 성공하는 인생을 살 수 있습니다.

설령 견디기 힘든 어려움이 온다하더라도 하나님의 말씀을 믿고 의지할 때 하나님이 그 어려움을 바꾸십니다. 오히려 그 어려움이 축복의 사람으로 바꿀 수 있는 기회를 줍니다.

> "하나님께서 세상의 천한 것들과 멸시받는 것들과 없는 것들을 택하사 있는 것들을 폐하려 하시나니 이는 아무 육체라도 하나님 앞에서 자랑하지 못하게 하려 하심이라"(고전 1:28-29).

위의 말씀은 명백히 세상이론과 반대입니다. 세상은 문벌 좋은 자, 가진 것이 많은 자를 택하지만 하나님은 천시받는 사람들을 택하십니다. 나 자신은 내세울 것 없는 보잘 것 없는 존재이지만 하나님께서 나를 택하셨으므로 내가 하나님 안에서 모든 일을 할 수 있는 것입니다. 하나님을 의지하며 살아갈 때 우리에게 큰 능력이 나타납니다. 이런 복 있는 생각을 하며 살면 우리의 삶이 더욱 풍요로워질 것입니다.

하나님께서는 자신의 형상으로 인간을 창조하셨습니다. 하나님처럼 복되게 살도록 말입니다. 그런데 인간은 행복하게 살지 못하는 경우가 많습니다. 인간이라고 하는 기계는 좋으나 이를 움직이는 원동력이 세상으로부터 오기 때문인 것입니다. 세상은 부정적이 되도록, 죄를 짓도록 만듭니다. 그런 것이 인간 생각 속에 프로그램화되어 있기 때문입니다.

어떤 문제에 부딪혔을 때 너무나 자연스럽게 전에 하던 습관 그대로의 반응이 나올 경우가 많습니다. 우리는 그것을 다 끄집어내어 하나님의 생각으로 바꾸어야 합니다. 하나님의 생각과 나의 생각이 같을 때 우리는 무슨 일을 하든지 즐겁고 기쁘게 할 수 있으며, 선한 열매를 거두는 삶을 살 수 있습니다.

나의 믿음의 뿌리/
하나님의 역사에 있는가 논리와 자연법칙에 있는가

하나님의 역사는 진실로 기적의 역사입니다. 왜냐하면 하나님이 역사하는 방법은 논리나 자연법칙이 아니라 기적이기 때문입니다. 아침에 해가 동쪽에서 뜬다거나 1더하기 1이 2라는 것을 "믿는다"고 말할 사람은 아무도 없습니다. 논리와 자연법칙을 초월한 것을 기적이라고 하고, 그 기적을 수긍할 때 믿음이라고 하는 것입니다. 성경의 말씀은 기적이 아닌 것이 거의 없습니다. 말씀으로 천지를 창조하신 것이나 홍해를 가른 것, 광야에서 이스라엘 백성을 불기둥과 구름기둥으로 인도하신 것, 요단강이 갈라지고 여리고성이 무너진 것, 태양이 중천에 머문 것 등은 다 기적의 사건입니다. 여러분은 이러한 하나님의 역사하심을 믿으십니까?

나의 믿음의 뿌리/
은혜에 있는가 행위에 있는가

진실한 믿음은 행위에 그 뿌리를 두지 않습니다. 행위에 대한 보상심리가 작용하기 때문입니다. 하나님이 주신 것을 수긍하는 것이 믿음입니다. 구원받고 건강을 유지하고 믿음을 가지게 된 것도 다 하나님의 은혜라고 믿어야 합니다. 하나님의 은혜에 내 믿음의 뿌리가 있을 때, 우리는 흔들리지 않게 됩니다.

이제는 어떤 믿음이 튼튼한 믿음이며 승리하는 믿음인지 살펴보겠습니다.

튼튼한 믿음을 소유하라

구원은 은혜로 받았다는 것을 믿어라

"너희가 그 은혜를 인하여 믿음으로 말미암아 구원을 얻었나니 이것이 너희에게서 난 것이 아니요 하나님의 선물이라"(엡 2:8).

의외로 많은 사람들이 구원은 은혜로 받은 것임을 믿지 못합니다. 많은 사람들이 입으로는 하나님의 은혜로 구원을 받았다고 말하지만 정말 그렇게 생각하지 못하는 경우가 많은 것입니다.

'내가 잘나서 구원받았지' 라는 생각이 박혀 있기 쉽습니다. '내가 교회에 왔으므로, 기도하니까, 착하니까, 똑똑하니까, 성경을 많이 읽으니까' 라는 식으로 생각한다는 것입니다. 이런 생각이 있는 한 그에게 성령이 역사하지 않습니다. 우리가 어느 정도 은혜를 받았습니까? 100%입니다. 내 공로는 0%입니다. 내가 한 것은 아무것도 없습니다. 절대적으로 하나님의 은혜일 뿐입니다. 그런데도 우리는 무의식 중에 3:7, 4:6 정도로 내 공로와 하나님의 은혜의 비율을 둡니다.

자기 자신이 어떤 상태인지 아는 것은 매우 중요합니다. 만일 하나님의 공로가 70%, 내 공로가 30%라고 생각한다면 그 30%만큼 사탄의 공격을 받기 때문입니다. 그만큼이 시험거리가 되어 나 자신을 쫓아다닙니다. 자기 공로라고 생각하는 만큼 사탄이 짓밟습니다.

우리는 하나님 앞에 아무것도 내세울 것이 없는 사람들입니다. 누가 더 선하고, 누가 덜 선하다고 말할 수 없습니다. 모두 도토리 키 재기일 뿐입니다. 하나님께서는 내 속에 있는 예수의 피를 보시고 나를 구하신 것입니다. 이 사실이 내 마음에 와 닿아야 진정으로 하나님께 감사드릴 수 있습니다.

나 자신이 봉사하고 신앙생활하는 것은 다만 축복의 씨앗일 뿐입니다. 구원과는 상관이 없습니다. 우리가 꼭 무슨 죄를 지어서 죄인이 아니라 죄인으로 태어났기 때문에 죄인인 것입니다. 이 사실이 믿어져야 건강한 믿음생활을 할 수 있습니다.

여러분은 마태복음 20장에 나오는 포도원 비유를 잘 알고 있을 것입니다. 품꾼들은 제각기 다른 시간에 와서 일했지만 품삯은 동일하게 받았습니다. 아침 일찍부터 와서 일했던 사람들이 주인에게 항의했습니다. 그러나 주인은 그들에게 똑같이 주는 것이 자신의 뜻이며 "내가 선하므로 네가 악하게 보느냐"고 질책하셨습니다. 이는 구원에 대한 아주 중요한 일화입니다.

마태복음 19장에도 한 청년이 예수께로 와서 "무슨 선한 일을 하여야 영생을 얻으리까" 하고 묻는 장면이 나옵니다. 모든 계명을 다 지켰다는 그에게 예수님은 "네 소유를 다 팔아 가난한 자에게 주고 나를 좇으라"고 하셨습니다. 그 말을 듣고 청년은 "근심하며" 돌아갔습니다. 그 청년은 자신의 행위로써 의로워지려고 했습니다. 그런 그에게 주님은 그가 할 수 없었던 사랑의 실천을 요구하셨습니다. 행함으로 의롭게 될 수 없다는 것을 말씀하시고자 하는 것입니다.

사실 이 믿음은 쉽지 않습니다. 우리 속에서 늘 공치사가 나타나기 쉽고 그렇기에 일을 해놓고 시험에 듭니다. 나아만 장군의 경우도 그렇습니다. 엘리사는 나아만의 문둥병이 나으려면 요단강에 가서 몸을 일곱 번 몸을 담가야 한다고 했습니다. 그 말을 들은 나아만은 화가 나서 돌아가려고 했습니다. 만일 엘리사가 나아만 장군에게 "적군의 목 100개만 잘라 와라"라고 명했더라면 그는 "그게 내 전공과목인데" 하며 즉시 순종하려 했을 것입니다. 실은 그것이 훨씬 어려운 일이었는데도 말입니다.

이렇게 인간에게는 보상심리라는 게 있습니다. 자기 행위로 뼈빠지게 일해야 그만한 대가를 얻을 수 있는 자격이 있다고 생각하기 쉽다는 것입니다. 그러나 그의 부하들이 "이보다 더 큰 일도 시키면 해야 할 텐데 왜 못하십니까"라고 만류했습니다. 그 말을 듣고 마음을 돌린 그가 순종해서 요단강물에 7번 몸을 담그었을 때 그의 살이 어린아이와 같아졌더라고 성경은 기록합니다. 이렇듯 구원은 순종함으로 이루어집니다. 철저하게 순종해야 하는 이 원리에 눈을 떠야 합니다.

하나님의 도우심을 믿어라

이 말은, 인간이 아무리 위대한 존재같지만 결국은 피조물이라는 사실을 알려줍니다. 피조물이란 도움을 받아서 살아가는 존재입니다. 반면 창조자는 스스로 살 수 있는 존재입니다. 인간은 어찌하든지 도움을 받아야 살 수 있지 혼자서는 살 수 없습니다. 혼자서 살아보려고 하는 것이 죄입니다. 오늘 우리가 실패하는 것은 피조물인 우리가 자존자처럼 살아가려고 하기 때문입니다. 하나님의 도움을 청하지 않으면 세상의 도움을 청하게 됩니다. 그래서 죄를 짓게 됩니다. 세상에 의존하는 것이 죄라는 말입니다. 성령은 여러 곳에서 하나님을 의존하는 자의 복에 대해 말해주고 있습니다.

"두려워 말라 내가 너와 함께 함이니라 놀라지 말라 나는 네 하나님이 됨이니라 내가 너를 굳세게 하리라 참으로 너를 도와 주리라 참으로 나의 의로운 오른손으로 너를 붙들리라"(사 4:10).

하나님께서 의로운 오른손으로 붙들어 주시니 세상을 두려워하지 말라는 것입니다.

"자기가 시험을 받아 고난을 당하셨은즉 시험받는 자들을 능히 도우시느니라"(히 2:18).

하나님을 의존하면, 시험을 받을지라도 주님의 도우심을 받을 수 있습니다.

"이와 같이 성령도 우리 연약함을 도우시나니 우리가 마땅히 빌 바를 알지 못하나 오직 성령이 말할 수 없는 탄식으로 우리를 위하여 친히 간구하시느니라"(롬 8:26).

성령이 연약한 우리를 도우십니다. 성령을 의존하면 우리의 약점이 채워집니다. 몸이 약한 것도 강건해지고, 의지가 약한 것도 강해질 수 있고, 인내할 수 없는 것도 인내할 수 있게 됩니다.

"그러므로 우리가 긍휼하심을 받고 때를 따라 돕는 은혜를 얻기 위하여 은혜의 보좌 앞에 담대히 나아갈 것이니라"(히 4:16).

우리에게는 때를 따라 돕는 하나님의 은혜가 필요합니다. 이 은혜를 받기 위해 늘 주님 앞에 나아가야 합니다.

"방백들을 의지하지 말며 도울 힘이 없는 인생도 의지하지 말지니 그 호흡이 끊어지면 흙으로 돌아가서 당일에 그 도모가 소멸하리로다 야곱의 하나님으로 자기 도움을 삼으며 여호와 자기 하나님에게 그 소망을 두는 자는 복이 있도다"(시 146:3-5).

방백들이란 정치에서 권력이나 힘을 가진 사람을 말합니다. 그런 사람도 호흡이 끊어지면 흙으로 돌아가서 그 도모하던 모든 일이 헛되게 되므로 우리는 힘을 가진 사람을 의지해선 안 됩니다. 그러나 하나님으로 도움을 삼으면 복을 받습니다. 여기까지 도우신 '에벤에셀'의 하나님은 나의 앞날도 미리 준비하시는 '여호와 이레'의 하나님이시기도 합니다. 하나님은 철저하게 우리를 위해 준비해 놓으셨습니다.

하나님의 선하심을 믿어라

이 믿음이 없으면 인본주의에 빠지게 됩니다. 하나님의 일은 모든 것이 합력하여 선을 이룬다는 것을 믿어야 합니다.

"여호와께 감사하라 그는 선하시며 그 인자하심이 영원함이로다"(시 136:1).

인간의 선함은 영원하지 못합니다. 잠시 선할 수는 있지만 곧 악해지고 강퍅해질 수밖에 없습니다. 그러나 하나님의 성품은 선에 뿌리를 두고 있습니다. 영원토록 변함없는 그 하나님의 선하심을 믿고 나아갈 때, 지금 당장은 어렵더라도 나중에는 합력해서 선을 이루는 결과가 일어나게 되는 것입니다. 이 선은 승리와 연결되어 있습니다. 세상의 오해, 시험, 고통을 받을지라도 하나님 편에 서면 결국은 승리하게 되어 있습니다. 다 안 되는 것 같고, 지금은 불행하고 손해보고 억울한 것 같지만 계속 하나님의 뜻대로 사는 사람은 결국 선을 이루고 승리할 수 있습니다. 예수 안에서의 이 승리는 신학적으로 확증된 사실입니다.

하나님이 나의 짐을 지신다는 것을 믿어라

"네 짐을 여호와께 맡겨 버리라 너를 붙드시고 의인의 요동함을 영영히 허락지 아니하시리로다"(시 55:22).

하나님께서는 우리의 짐을 져 주십니다. 수고하고 무거운 짐을 주님께 가져오면 쉼을 얻게 해주신다고 말씀하셨습니다. 누구에게나 짐이 있게 마련입니다. 힘겹게 걷고 있는 사람을 차에 태워주었더니 미안해서 짐보따리는 끝까지 자기가 지고 가겠다는 식의 어리석은 고집은 피우지 말아야 합니다. 이왕에 차를 탔으면 짐을 내려놓아야 하지 않겠습니까? 죽을 때까지 하나님이 동행하심을 믿고 하나님의 뜻에 순종하십시오. 나 자신이 보기에 상황이 나빠지는 것 같을지라도 하나님이 해결해 주심을 끝까지 믿고 나아가십시오.

이제 맡겨보십시오. 최고의 삶이 될 것입니다.

다이아몬드와 같은 믿음을 소유하라

다이아몬드는 지구에 현존하는 천연 광물질 중에 가장 단단한 물질이다. 다이아몬드는 아름답기도 하지만 가장 단단하다는 면에서 많은 칭송을 받고 있다. 탄소덩어리인 다이아몬드가 아름다운 보석으로 변하기까지는 엄청난 연단의 과정이 있었다. 탄소덩어리가 고온고압에서 오랜 기간 있으면서 찬란한 보석으로 변한 것이기 때문이다.

"나의 가는 길을 오직 그가 아시나니 그가 나를 단련하신 후에는 내가 정금같이 나오리라"(욥 23:10).

우리의 인생도 마찬가지이다. 내가 단련이 되어야 아름다운 보석으로 다시 태어나는 것이다. 아브라함을 보라. 그의 처음 믿음은 연약했으나 나중에는 아들까지 드릴 정도의 믿음을 소유하게 되었다. 결국 그는 믿음의 조상이라는 아름다운 칭호까지 받게 되었다. 아름다운 믿음을 갖기 원한다면 단련되어야 한다.

인본주의 · 기복주의적 믿음에서 탈출하라

인본주의, 기복주의 신앙은 하나님 중심이 아닌 나 중심 신앙의 결과다. 특히 우리들의 기도는 우리 주위에서 크게 벗어나지 못한다. 가정 외에는 별로 관심도 없고, 이웃이 어떤 상황에 놓여 있든지 간에 관심도 없다. 이것은 결코 하나님이 원하시는 모습이 아니다. 왜냐하면 하나님은 네 이웃을 네 몸과 같이 사랑하라고 했기 때문이다. 내 주변에 머물러 있는 시선을 돌려 멀리 보자. 우리 주변의 외국인 노동자가 어떤 형편에 놓여 있는지, 소년 소녀 가장이 어떻게 살고 있는지, 멀리 에티오피아나 방글라데시 사람들 그리고 북한의 어린이들이 어떤 형편에 놓여 괴로워하고 있는지 알자. 그리고 기도로 물질로 그들을 돕자. 그것이 우리 크리스천의 나아갈 길이다.

기적의 믿음을 간구하라

내가 볼 때는 도저히
불가능해 보이는 일이 생겼을 때
믿음을 가지고 명령을 해야 합니다.
중요한 것은, 의심하지 말아야 한다는 것입니다.
의심하지 않기 위해서는 믿음을 가져야 합니다.
의심치 않는 믿음이 어려움을 옮길 수 있게 하는 것입니다.

우리가 살아가는 데에는 두 종류의 삶이 필요합니다. 먼저 자연적인 삶이 필요합니다. 다음에는 기적적인 삶이 필요합니다. 자연적인 삶은 말 그대로 아침에 일어나 밥먹고, 학교나 직장에 가고, 사람과 만나고, 이웃과 관계를 맺고 하는 일상적인 삶입니다. 이런 일상의 삶에서 우리는 하나님의 은혜를 받아야 합니다. 기적적인 삶, 사실 기적적인 삶과 일상의 삶의 모습을 구별할 수는 없으나 이해를 쉽게 하기 위해서 이런 표현을 쓰는 것입니다.

예를 들면, 차를 몰고 가는데 옆차가 와서 내 차를 박을 수 있습니다.

그런 경우에는 하나님이 극적으로 막아주셔야 합니다. 갑자기 예상치 못하던 중병에 걸릴 수도 있습니다. 우리의 삶에는 그런 요소가 너무 많습니다. 기적을 필요로 하는 요소가 너무 많다는 것입니다.

왜 이러한 삶의 요소가 요구되고 필요합니까? 그것은 우리가 피조물이며 죄인임을 깨닫게 하기 위해서입니다. 하나님을 의지하지 않고서는 살 수 없다는 것을 고백하게 하기 위해서입니다. 이런 요소가 없으면 당장 교만해져서 "하나님이 어디 있느냐?"고 하며 제멋대로 살 것이 뻔합니다. 어려운 일이 있으면 기도하십시오. 사실 우리의 신앙생활은 거의 기적의 연속입니다. 인간이 영이신 하나님께 기도해서 응답받는 것이 기적이 아니고 무엇이겠습니까? 이 진리를 깨달으면 큰 능력이 나타날 것입니다.

그러면 기적을 낳는 믿음은 어떤 것입니까?

노력해서 될 일은 성실하게 해서 구해야 합니다. 상식적으로 할 일에 기적을 구하면 안 됩니다. 열심히 최선을 다 할 것은 하고 그래도 될 수 없는 일이 있을 때 하나님의 역사하심을 구해야 하는 것입니다.

그런데 우리는 종종 기적을 구하여야 할 때 자기가 하고, 자기가 해야 할 일에 기적을 구하는 잘못된 일을 하기도 합니다. 이를 구별하는 지혜가 필요합니다. 상식적인 것과 기적을 구해야 할 것이 무엇인지 완벽하게 구별할 수는 없지만, 우리는 구별하도록 애써야 합니다.

두 종류의 믿음

성경의 믿음에는 두 종류의 믿음이 있습니다.

먼저, 일반적인 믿음이 있습니다.

이 믿음은 하나님에 대한 지식의 깨달음입니다. 이 믿음을 소유하면 성경말씀이 은혜가 되고, 기쁨이 오고, 삶의 지혜가 됩니다. 그러나 이런 믿음이 다 기적을 낳는 것은 아닙니다.

어떤 사람은 안수하면 병이 낫습니다. 그런데 똑같이 안수해도 어떤 사람은 병이 낫지 않는 경우가 있습니다. 왜 그렇습니까? 하나님이 그를 버렸습니까? 그렇지 않습니다. 그 사람에게는 일반적인 믿음은 있으나 기적을 낳는 믿음은 없기 때문입니다.

영적 교만이 있어서 그런 기적이 자기와는 상관없다고 느끼는 경우에도 응답받지 못합니다. 그에게는 하나님이 역사하지 않습니다. 늘 교회에 다녀도 그 수준을 넘기가 어렵습니다. 그 사람이 구원을 못 받았다는 것은 아니지만 그의 삶 속에서 해결할 수 없는 부분이 많이 있게 됩니다.

그리고 기적의 믿음이 있습니다.

기적의 믿음은 있으나 일반적인 믿음이 없는 사람에게도 약점은 있습니다. 생활이 불안하다는 것입니다. 이것이 해결되지 않으면 딜레마에 빠져 헤어나올 길이 없습니다.

이 기적의 믿음을 가질 때 승리하게 되고 생활 속에서 능력이 나타나게 됩니다. 일반적인 믿음은 평생 배워야 합니다. 늘 예배드리고 말씀 읽고 공부해야 합니다. 그러나 기적의 믿음은 반드시 결단하고 하나님께 능력을 받아야 합니다. 그래서 어떨 때 하나님은 환난과 시련을 주시기도 합니다. 중병에 걸리게도 하고 사업이 잘 안 되게도 하십니다. 그러나 미리 이 기적의 믿음을 체험하면 이런 환난을 피할 수 있습니다. 만일 잘못이 없는데도 그런 어려움이 온다면 그것은 하나님이 그의 믿음을 한 단계 더 높아지게 하기 위해서입니다. 죽는 고비에까지 이르는 고통이 올 수도 있습니다. 우리는 이런 기적의 믿음을 소유하기를 소망해야 합니다. '우리 가정은 별 문제 없어'라고 생각할지 몰라도, 이런 믿음을 가지지 못하면 그런 일을 겪을 날이 반드시 찾아오는 것입니다.

두 종류의 말씀

믿음은 말씀을 기초로 해서 생겨납니다. 우리가 '믿는다'고 할 때 이 믿음은 말씀을 믿는 것을 말합니다. 이 말씀에도 두 종류가 있습니다.

먼저 기록된 말씀이 있습니다. 이는 성경을 다 알고 있는 믿음으로, 일반적 믿음으로 연결될 수 있습니다. 지혜와 지식과 교훈을 얻습니다. 그러나 이런 믿음을 가졌다고 해서 그가 기적적인 믿음을 가진 것은 아닙니다.

그리고, 명령된 말씀이 있습니다. 선포된 말씀이기도 합니다. 이 믿음에 대해 확실히 깨달으면 우리 속에 기적이 나타날 수 있습니다. 예를 들어보겠습니다.

이전에 삼각산 기도원에 능력이 많이 나타나는 염혜경이라는 여 전도사가 집회를 할 때면 그곳이 인산인해를 이루곤 했습니다. 4,000-52,000명의 엄청난 인파가 몰려들었습니다. 여름철 집회를 하는데 그곳으로 가기 위해서는 반드시 건너야 할 계곡이 있습니다. 그런데 수련회를 가려던 청년들 중에서 두 명이 "베드로도 바다를 건넜으니 우리도 기도하고 건너보자!" 하고 계곡물 속으로 들어갔습니다. 이들이

물을 건넜을까요? 다음 날 익사체로 발견되고 말았습니다. 신문에서
는 앞다투어 "하나님은 죽었다. 성경은 거짓말이다"라고 떠들어댔고,
많은 믿는 사람들이 의기소침해졌습니다. 왜 건너지 못했습니까? 베
드로와 그들의 차이는 어디에 있었습니까? 그들이 잘못한 것도 아니
고 단지 부흥회에 참석하려 한 것이었는데 어떻게 이런 결과가 나타났
을까요?

그 청년들은 가려는 목적도 좋았고, 베드로가 바다를 건넌 것도 잘
알고 있었으나 그들에게는 일반적인 믿음밖에 없었습니다. 하나님에
대한 지식은 있었지만 기적을 낳는 믿음은 소유하지 못했습니다. 예수
님은 그 상황에서 베드로에게만 명령하신 것입니다. 주님이 그 청년들
에게 명령했다면 그들이 그렇게 빠져 죽진 않았을 것입니다. 하나님이
그들에게 그렇게 하라고 선포한 말씀이 아니라는 것입니다.

바로 여기에서 기록된 말씀과 명령된 말씀이 다르다는 것을 알 수
있습니다. 성경말씀에서 "손을 얹은즉 나으리라"고 하셨으므로 '나도
그러면 낫겠다' 는 분명한 명령으로 다가올 때 기적이 나타나는 것입
니다. 그렇다면 왜 성경에 그런 기사를 써놓았을까요? 그것은 주님이
그만한 능력을 갖고 있다는 지식을 주기 위해서입니다. 그 말씀을 통
해 주님은 전능한 분이시며 바다를 정복한 분이시라는 사실을 계시해
주십니다. 그러므로 모든 사람이 바다 위를 걸을 수 있는 것은 아니라
는 것입니다.

성경 말씀은 진리이지만, 그것이 내 것이 되려면 하나님이 내게 명
령한, 선포된 말씀이 되어야 하는 것입니다. '하나님이 살아계셔서
나에게, 지금 이 상황에서 명령하신다' 고 순종하여 받을 때 기적이
일어납니다. 이것이 기도응답의 비밀입니다.

그러나 선포된 말씀은 기록된 말씀 속에서 들려오는 것입니다. 제가 설교준비를 할 때에도 본문을 연구하기는 하지만 그것만 갖고는 설교가 되지 않습니다. 저는 준비를 마쳐놓고 하나님께 기도합니다. "이 말씀으로 성도들이 문제를 해결할 수 있도록 도와주소서." 그렇게 기도할 때 영감이 옵니다. 그 말씀을 선포할 때 은혜가 되는 것입니다.

기도가 형식이 되고 교회에 습관적으로 오고 가고 하면 사람을 살려내는 역동적인 믿음을 가질 수 없습니다. 오래 믿은 사람일수록 타성에 젖어 뜨뜻미지근한 믿음을 가지기 쉽습니다. 이것을 개혁해야 합니다. 그렇지 못하면 사랑과 은혜, 기적, 축복이 올 수 없습니다.

교회는 일반단체가 아닙니다. 교회는 하나님이 살아계시고 인간을 구원하시고 사탄을 물리치시고 생명을 주시는 분임을 알려야 합니다. 그래서 하나님의 영광을 드러내고 생명력있는 공동체가 되어야 합니다. 이런 교회가 되기를 우리 모두 기도해야 합니다.

하나님이 내게 명령한 말씀을 받는 다섯 단계

첫째 단계 / 기록된 말씀을 늘 묵상하라

늘 하나님의 은혜를 마음에 간직해야 합니다. 그리고 기다릴 줄 알아야 합니다. 명령된 말씀은 기록된 말씀을 뿌리로 해서 오는 것입니다. 그 기록된 말씀을 은혜로 간직할 때, 선포된 말씀이 올 수 있다는 가능성이 생겨납니다. 은혜를 간직하고 바라고 기다리십시오. 성경 읽고 말씀 듣는 것을 귀중히 여겨야 합니다. 열심히 듣는 자세가 필요합니다. 그것을 떠나서는 하나님이 말씀하시지 않습니다. 그러나 그것이 명령은 아닙니다.

둘째 단계 / 강력한 소원이 내게 온다

명령이 시작된 것입니다. 말씀을 듣고 묵상할 때 강력한 소원이 내게 옵니다. 그저 막연하게 바라는 정도가 아니라 절실한 소원이 생겨납니다. 그러나 반드시 여기서 알아야 할 것은 그것이 거룩해야 한다는 것입니다. 거룩한 소원이 우리 속에 싹터야 합니다. 그 소원이 하나님의 뜻에 맞는지 살펴야 합니다. 가령 어떤 사람이 호프집을 경영해서 돈을 벌었는데, 그걸 헌금 하고 싶다면, 이것이 하나님이 기뻐하시는 일인지 말씀의 정신에 비춰봐야 죄를 짓지 않게 됩니다.

여러분은 마음속에 소원이 있습니까? 소원하는 바가 없다면 소원을 사모하시기 바랍니다.

"또 여호와를 기뻐하라 저가 네 마음의 소원을 이루어 주시리로다"(시 37:4).

"악인에게는 그의 두려워하는 것이 임하거니와 의인은 그 원하는 것이 이루어지느니라"(잠 10:24).

"너희 안에서 행하시는 이는 하나님이시니 자기의 기쁘신 뜻을 위하여 너희로 소원을 두고 행하게 하시나니"(빌 2:13).

하나님을 기뻐하다 보면 그분이 우리의 마음의 소원을 이루어주십니다.

셋째 단계 / 기도가 되기 시작한다

우리 속에 환상, 비전이 떠오릅니다. 바라던 것이 이루어진 것을 보게 됩니다. 꿈을 꿀 수도 있습니다. 머릿속에 그림이 그려집니다. 믿지 않는 남편이 교회에 나오는 모습이 떠올려집니다. 이러한 환상이 성령의 명령 속에서 이루어집니다. 사탄이 속이는 부분이 있을 수 있으나 지속적으로 기도하고 깨닫다 보면 성령의 명령을 알 수 있게 됩니다.

넷째 단계 / 징조가 보이기 시작한다

징조는 어떤 일을 하라는 하나님의 뜻입니다. 세밀하게 환경 속에서 포착해야 합니다.

다섯째 단계 / 때를 포착하라

계속 기도하면서 마음의 평안이 올 때까지 기다려야 합니다. 그 기회를 놓치지 말고 행동에 옮겨야 합니다. 그 시기를 잡지 못하면 엄청난 세월을 낭비하게 되는 것입니다.

이러한 과정을 거치면 하나님의 말씀이, 하나님의 역사가 체험됩니다. 산을 옮길 만한 믿음을 소유하게 됩니다.

믿음을 가질 때 산이 옮겨진다

'산을 옮기는 믿음'이라 할 때의 '산'이란 인간으로서는 도저히 감당할 수 없는 일, 이루어질 것 같지 않은 소원이나 기도제목을 말합니다. 성경에서 나오는, 태어나면서부터 앉은뱅이인 사람에게는 그 병이 산이었습니다. 우리도 살아가면서 나름대로 산이라고 느끼는 부분이 있습니다. 그런 부분에 하나님이 역사하시면 산을 옮길 수 있습니다. 그것은 믿음으로만 가능합니다.

물론 우리는 열심히 살아야 합니다. 우리가 열심히 노력해서 해결할 수 있는 부분을 가지고 하나님께 무조건 기도하는 것은 산을 옮기는 믿음이 아닙니다. 내가 볼 때는 도저히 불가능해 보이는 일, 즉 사업의 길이 막힌다든지 불치의 병이 들었다든지 했을 때 믿음을 가지고 명령을 해야 하는 것입니다. 중요한 것은, 의심하지 말아야 한다는 것입니다. 의심하지 않기 위해서는 믿음을 가져야 합니다. 의심치 않는 믿음이 산을 옮길 수 있게 하는 것입니다.

하나님께서는 전능하신 분입니다. 그러나 믿음이라는 채널을 통해서만 역사하실 수 있는 분입니다. 문제는 산이 아니라 믿음입니다. 지금 눈앞에 산이 있습니까? 두려워하지 마십시오. 믿음만 구하십시오.

믿음은 행동의 원동력입니다. 믿음에 따라 행동하는 것입니다. 외나무다리를 건넌다고 할 때에 그 다리가 부러져버릴 것이라고 믿으면 절대 그 위로 올라서지 않을 것입니다. 그 다리에 대한 믿음이 있을 때 그 다리를 건널 수 있는 것입니다. 이렇게 믿음의 표현은 반드시 행동으로 나타나며 삶으로 표현되는 것입니다.

믿음에는 세 가지 종류가 있다

첫째 믿음 / 육적 믿음
이는 본능적 믿음이라고도 할 수 있습니다. 예를 들어, 돌이 떨어지면 자동적으로 피한다든지, 차를 타고 갈 때 앞에 장애물이 보이면 본능적으로 브레이크를 밟는 것과 같은 경우입니다. 인간에게는 누구나다 이런 믿음이 있습니다.

둘째 믿음 / 혼적 믿음

이는 정신적 믿음입니다. 자신이 가지고 있는 경험이나 지식을 통해 갖게 된 믿음으로, 이성으로 판단해서 행동하는 믿음입니다. 가령 은행에 돈을 맡길 때에도 믿음이 있기에 안심하는 것이고, 배나 비행기를 탈 때에도 무사히 목적지까지 갈 것이라는 믿음이 있기에 탈 수 있는 것입니다. 이 믿음은 우리의 지식이나 경험, 이성, 판단으로 믿는 것입니다. 이것이 정상적이라야 우리의 삶도 정상적일 수 있습니다.

예를 들어, 모든 외적인 조건이 훌륭하게 갖추어진 부부가 있다고 합시다. 만일 그들이 아무 이유없이 서로를 의심한다면 그들은 정상적으로 살 수 없을 것입니다. 이들의 혼적 믿음이 병들었기에 문제가 일어난 것입니다. 그렇습니다. 혼적인 믿음도 있어야, 또 혼적 믿음이 건강해야 우리가 건강하게 살 수 있습니다.

셋째 믿음 / 영적 믿음

예수님을 믿는 사람은 이 영적 믿음을 하나 더 소유하고 있는 사람입니다. 이는 하나님이 주신 믿음입니다. 이 믿음이 우리 속에 들어오면서부터 우리가 예수를 믿게 되는 것입니다. 천국에 가게 되고, 하나님에 대해 알게 되고, 기도하게 되고, 은혜 받게 됩니다. 이 영적 믿음이 바로 산을 옮기는 믿음입니다. 이 믿음이 커야 합니다.

영적 믿음은 사람 속에서 발생하는 것이 아닙니다. 운동을 많이 하면 육적 믿음이 많아지고, 공부를 많이 하여 지식이나 경험이 많아지면 혼적 믿음이 많아지지만 영적 믿음은 그렇지 않습니다. 우리는 영적 믿음과 혼적 믿음을 잘 구별해야 합니다. 혼적 믿음만 갖고서 자기 자신이 믿음이 좋은 줄 착각하기 쉽습니다. 이런 사람은 하나님이 함께하시지 않습니다. 그 누구라도 삶이 실패할 수밖에 없습니다. 육적이고 혼적인 믿음에만 의존하는 사람은 실패한 인생입니다.

어떤 부부가 함께 차를 타고 가고 있었습니다. 한참 동안 목적지를 향해 달리는데 갑자기 부인이 남편에게 말했습니다. "여보, 이제 생각이 났는데 내가 다림질 하다가 코드를 뽑지 않고 그냥 온 것 같아." 그러자 남편이 태연하게 대답했습니다. "괜찮아, 내가 세수하고 수도꼭지를 안 잠그고 온 것 같으니까. 만일 불이 나도 저절로 꺼지겠지 뭐."

이 예화가 무엇을 의미하고 있습니까? 차라리 둘 다 예수를 안 믿으면 죽이 되든 밥이 되든 그냥 살 수 있지만 문제는 부부 중 한 사람만 믿는 경우입니다. 하나는 영적인 사람인데 하나가 육적인 사람이라면 어렵습니다. 이것이 서로 맞지 않으면 사는 게 너무 어렵습니다. 너무 힘든 싸움인 것입니다.

그러면, 영적 믿음만 있으면 계속 산을 옮기는 믿음이 됩니까? 이 믿음만 가지고 기적이 일어날 수 있습니까? 그렇지 않습니다. 다른 믿음이 요구됩니다.

더 큰 믿음이 필요하다

여러분은 무화과나무를 저주하신 예수님을 기억하실 것입니다. 예수님은 무화과나무의 열매가 없는 것을 보시고 "너는 영원히 열매를 맺지 못할 것이다"라고 저주하셨습니다. 그러자 그 나무가 즉시 말라버렸습니다. 무화과나무가 즉시 마른 것을 보고 놀란 제자들에게 주님은 너희가 믿고 의심치 않으면 산을 옮겨 바다로 던질 수도 있을 것이라고 대답하십니다. 이 말씀을 한 문장으로 말하면, "하나님을 믿으라"라고 할 수 있습니다. 이것이 열쇠입니다. 하나님의 뜻만 맞으면 얼마든지 기적은 일어날 수 있습니다.

"하나님을 믿으라"라는 헬라어에는 두 가지 뜻이 있습니다. 하나는 "하나님 안에서 믿음을 가지라"입니다. 내게 이미 주어진 믿음을 가지고 행동하라는 것입니다. 다른 하나는 "하나님의 믿음을 가지라"입니다. 아직 내게는 없지만 하나님이 주시면 받으라는 것입니다. 더 큰 믿음을 요구하라는 말입니다.

이제 이 믿음을 갖는 방법에 대해 말씀드리겠습니다. 이 방법을 알고 실천하면 신기할 정도로 응답을 받습니다.

더 큰 믿음은 어떻게 오는가

마가복음 2장 1절 이하의 말씀을 보면 예수님이 중풍병자를 고치시는 모습이 나와 있습니다. 중풍병자의 친구 네 명이 그를 들고 예수님이 계신 곳을 찾아온 이유는 주님에 대한 소문을 들었기 때문입니다.

먼저, 영적 믿음이 생겨야 합니다.

그들은 주님을 발견했고 주님께 나오면 나을 수 있다는 희망이 생겼습니다. 이는 말씀을 들음으로 생겨난 결과입니다. 그것을 들음으로 그 속에 영적 믿음이 생긴 것입니다. 그들 마음속에 소원이 일어났다는 것은 믿음이 있다는 증거입니다. 그러나 소원을 가지고 있다고 해서 산이 옮겨지는 것은 아닙니다.

다음으로, 심어야 합니다.

영적 믿음이 씨앗이 되도록 심어야 합니다. 그것을 보시고 하나님이 그에게 믿음을 주시는 것입니다. 그들은 예수님이 계신 집 앞까지 왔으나 사람들이 너무 많아 집으로 들어갈 수가 없었습니다. 도저히 주님을 만날 수 없었습니다. 거기에서 포기하고 그냥 갔더라면 나음을 얻지 못했을 것입니다. 그러나 그 중풍병자의 네 친구들은 자신들이 가지고 있는 믿음을 심었습니다. 예수님이 계신 집의 지붕을 뜯고 그곳으로 들어간 것입니다. 그들은 엄청난 문제가 생길 것을 알고 있었습니다. 남의 지붕을 뜯다니, 이게 말이 될 법한 일입니까? 상상도 할 수 없는 일을 그들은 한 것입니다. 이것은 희생을 각오한 행동입니다. 그렇게 해서 그들은 주님께 나아왔습니다. 믿음을 심었습니다. 그럴 때 예수님은 그 믿음을 보시고 더 큰 믿음을 주신 것입니다.

우리 모두는 심을 수 있는 믿음을 가지고 있습니다. 오병이어의 기적만 해도 그렇습니다. 주님은 그것 없이도 다 주실 수 있는 분입니다. 그런데 왜 그 적은 양의 떡과 물고기가 중요했습니까. 그것이 그들이 심을 수 있는 씨앗이었기 때문입니다. 자기에게 주어진 믿음을 심는 자에게 기적은 일어납니다.

이렇게 지식으로 아는 믿음과 실제로 아는 믿음은 다릅니다. 내 처지가 힘들어도 하나님이 그 가운데서 내 믿음을 보셔야 더 큰 믿음을 주십니다. 이것이 바로 기적의 키포인트입니다. 이 원리를 이해해야 합니다.

사르밧의 과부는 극심한 흉년을 이기지 못해 남은 가루 조금과 기름을 아들과 나누어 먹고 죽으려고 했습니다. 엘리야는 그 조금의 양식을 자기에게 달라고 했습니다. 그리고는 하나님께서 비가 올 때까지 밀가루가 떨어지지 않을 것이며, 병의 기름이 마르지 않게 하시겠다고 하셨다고 말했습니다. 그 말을 믿은 사르밧의 과부는 그 남은 음식을 엘리야에게 주었습니다. 그녀는 선지자의 말을 믿음으로 더 큰 축복을 받을 수 있었습니다.

"산을 넘으려면 너의 믿음을 좀 보여주어라"라고 하나님은 말씀하십니다. 심으면, 내게 있는 것을 먼저 내놓으면 하나님이 보시고 수백, 수천 배로 부어주시는 것입니다. 이것이 바로 하나님의 역사이고 축복입니다.

기다리고 명령하라

기다리라는 것은 기도를 하라는 것을 의미합니다. 기도하면 반드시 응답하십니다. 소경 바디메오의 경우를 살펴보겠습니다. 그는 눈을 뜨겠다는 소원을 가졌고, 주님 앞에 나와서 소리를 질렀고, 주님의 말씀을 기다렸습니다. 주님이 오라고 하시자 겉옷도 벗어던져 버리고 뛰어나갔습니다. 그 겉옷은 바디메오의 전재산이었습니다. 그러나 이젠 그에게 더 이상 겉옷은 필요치 않았습니다.

우리에게는 위의 세 가지 믿음이 다 필요합니다. 그러나 영적 믿음을 가질 때 온전해질 수 있습니다. 이 영적 믿음을 가질 때 먼저 우리 속에 소원이 일어나게 됩니다. 우리는 주님이 볼 수 있도록 믿음을 심고 우리가 할 수 있는 최선의 노력을 해야 합니다. 그리고는 기다리고 명령을 해야 합니다. 그러면 응답이 옵니다.

전폭적으로 하나님을 의지하십시오. 이 믿음대로 행하면 반드시 승리할 것입니다.

belief Guide

하나님이 내게 명령한 말씀을 알고 실행하기까지는 다음의 순서가 있어야 한다.

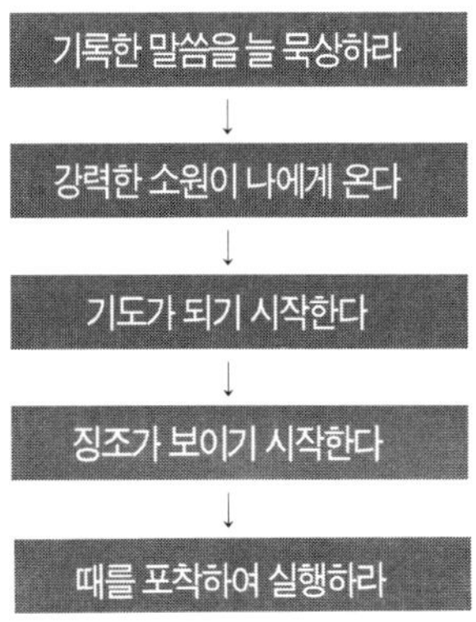

Changing belief

일반적 믿음과 기적적 믿음의 조화는 삶의 밸런스를 가져온다

일반적인 믿음은 하나님에 대한 지식의 깨달음을 말한다. 이 믿음은 성경을 읽을 때 감동을 받고 삶에 도전이 되며 기쁨이 오게 한다. 반면, 기적의 믿음은 하나님으로부터 능력을 받아야 한다. 하나님이 나에게 선포한 말씀을 받아야 하는 것이다. 이 두 믿음이 조화를 이룰 때 어떤 어려움도 이겨낼 수 있고, 삶의 열매를 거두는 삶을 살게 된다.

다섯 믿음을 모두 소유하라

믿음은 하나님이

선물로 주셨습니다.

그 처음 받은 믿음이 약할지라도

그것을 활용할 때 커지는 역사가 나타납니다.

출발은 하나님이 하십니다.

이미 나에게 온 그 믿음을 내가 어떻게

활용하느냐가 중요합니다.

성도의 무기는 믿음입니다. 믿음이라는 말은 우리가 많이 쓰면서도 정의하기에는 어려운 말입니다. 믿음은 하나님께로 가는 철로요 길이라고 할 수 있습니다. 일본에는 '신깐센' 이라는 자기부상 고속전철이 있습니다. 이 열차는 너무 빠르기 때문에 일단 한번 타기만 하면 순식간에 종점에 도착하게 됩니다. 한 무리의 학생들이 이 열차를 타고 즐거운 수학여행길에 올랐습니다. 그런데 그만 열차에 오르고 나서 잘못 탔다는 것을 알았습니다. 낭패였지만 어쩔 수가 없었습니다. 잠깐 사이에 전혀 엉뚱한 다른 방향으로 열차는 달리고 있었던 것입니다.

우리의 믿음도 그렇습니다. 잘못타면 도중에 내릴 수도 없습니다. 도중하차가 불가능하다는 것입니다. 계속해서 자기가 목적한 방향이 아닌 곳으로 달릴 수밖에 없습니다. 바른 믿음을 가져야 자기가 생각한 목적지에 도달할 수 있습니다. 즐거운 여행길일지라도 열차를 잘못 타면 완전히 망치듯, 믿음도 잘못 믿으면 완전히 길이 달라집니다.

'믿음'은 헬라어로 '피스테스'라고 하고, 영어로는 '훼이스(faith)' 라고 합니다. 이는 명사형태입니다. 성경에서는 이 믿음을 명령형 동사형태 즉 '믿어라(believe)'로 많이 씁니다.

"너희가 그 은혜를 인하여 믿음으로 말미암아 구원을 얻었나니 이것이 너희에게서 난 것이 아니요 하나님의 선물이라"(엡 2:8).

여기서는 믿음을 하나님의 선물로 표현하고 있습니다. 그러나 성경은 늘 그렇게만 말하지는 않습니다.

"가로되 주 예수를 믿으라 그리하면 너와 네 집이 구원을 얻으리라 하고"(행 16:31).

"예수를 믿으라"에서 그 믿는 주체는 '나'입니다. 나더러 믿으라고 말하는 것입니다. 이것은 단순히 선물로 준다고 하는 것과는 차이가 있습니다. 로마서 14장 23절에서도 다음과 같이 말합니다.

"의심하고 먹는 자는 정죄되었나니 이는 믿음으로 좇아 하지 아니한 연고라 믿음으로 좇아 하지 아니하는 모든 것이 죄니라."

믿음은 크게 나누어 에베소서 2장 8절 말씀에서처럼 명사형인 선물로, 그러니까 주체가 하나님으로, 그리고 로마서 14장 23절에서처럼 주체가 우리에게 있는 것으로 분류될 수 있습니다. 이렇게 성경에는 두 가지 믿음이 다 있습니다. 이것을 어떻게 조화시킬 수 있겠습니까? 여기서 우리가 깨달을 수 있는 사실은, 원래 이 둘은 조화가 되지 않는다는 것입니다. 그러나 깊이 연구해 보면 연결지점이 나옵니다.

우선, 믿음은 하나님이 선물로 주셨습니다. 출발은 선물이라는 것입니다. 그 다음에 "행하라"고 하십니다. 믿음으로 행하라는 것입니다. 내 속에 있는 믿음을 활용하여 쫓아가야 하는 것입니다. 사도행전 16장 31절 말씀에서도 바울은 간수와 죄수들에게 이미 믿음이 내려졌다고 보고 믿으라고 명령한 것입니다. 그 믿음은 적어도 행하는 것을 시작하게는 합니다. 이렇게 믿음은 우선 선물로 우리에게 오고 우리는 그것을 활용하는 것입니다. 중요한 것은 그 처음 받은 믿음이 약할지라도 그것을 활용할 때 커지는 역사가 나타난다는 사실입니다. 병고침의 은사 같은 것도 믿음으로 행할 때 나타납니다. 행하니까 커진다는 말입니다.

그러면 믿음 다섯 가지를 소개해 드리겠습니다. 이것이 우리 속에서 이해될 때 온전한 믿음으로 역사하게 됩니다. 이는 믿음의 양태라고 볼 수 있습니다. 한 가지라도 없으면 온전하지 못합니다. 물론 믿음에는 종류가 없습니다. 믿음은 하나이지만 그 양태를 구별하여 설명하고자 하는 것입니다. 그 중 어느 하나에 편중해도 안 됩니다. 다 있어야 온전한 믿음이 되고 내 속에서 역사하게 됩니다.

1. 교리적 믿음

이는 머리로 이해하는 믿음입니다. 인식을 바로해야 믿음이 바로 선다는 말이기도 합니다. 우리는 신념과 믿음을 구별해야 합니다. 신념은 자신의 능력, 지식, 기분, 감정, 재주 등을 믿는 것입니다. 이는 믿음이 아닙니다. 단순히 신념으로 일을 벌여놓아서 뒷수습을 감당하기 어려운 경우가 흔합니다. 일이 된다는 보장도 없으려니와 설령 된다고 해도 내게 유익이 없습니다. 오히려 교만하게 하고 또 하나의 죄를 짓게 할 수도 있습니다. 믿음으로 나타난 신념만이 복을 받게 되는 것입니다.

믿음이란 말씀, 언약을 먼저 듣고 난 뒤 그 말씀에 대한 나의 의지, 신뢰를 말합니다. 교회에 나와 말씀을 듣다보면 이런 신뢰가 쌓이게 됩니다. 무슨 일을 행할 때 하나님에 대한 신뢰, 의지가 믿음으로 나타나는 확신이 있어야 복을 받습니다.

"그러므로 믿음은 들음에서 나며 들음은 그리스도의 말씀으로 말미암았느니라"(롬 10:17).

먼저 하나님의 말씀을 들으십시오. 그러면 우리 속에 믿음이 생깁니다. 이 하나님의 말씀은 우리에게 세 가지의 형태로 다가올 수 있습니다.

그 하나는 예수님 자신이 말씀하시는 것을 말합니다. 말씀이 육신되신 예수님이 성령의 역사로 체험되는 것입니다. 주로 기도할 때 내 마음속에 깨달음이 오고 하나님의 음성이 들립니다.

두 번째로는 기록된 말씀, 즉 성경을 읽으십시오. 우리가 성경을 읽을 때 성령이 역사하셔서 그 말씀이 내게 은혜가 됩니다. 하나님 말씀이 됩니다. 은혜가 되지 않는다면 그것은 유보된 것입니다. 아직 하나님과 언약이 맺어지지 않았다는 말입니다. 그러나 계속 성경을 읽다보면 그 말씀이 들려올 때가 있습니다. 그때 비로소 언약이 맺어지는 것입니다.

세 번째로는, 선포된 말씀에 귀기울이십시오. 이는 주로 담임목사님을 통해 들려지는 말씀으로 하나님의 종인 목사님의 설교를 통해 전해지게 됩니다.

2. 구원하는 믿음

이 믿음이 천국에 갈 수 있는 것을 결정하는 믿음입니다. 요한복음 3장 16절 말씀을 우리는 잘 알고 있습니다.

"하나님이 세상을 이처럼 사랑하사 독생자를 주셨으니 이는 저를 믿는 자마다 멸망치 않고 영생을 얻게 하려 하심이니라."

여기서는 예수님과 나 사이의 인격적 관계가 형성되고 있는가 하는 것이 문제됩니다. 이것을 통해 내가 구원받았는가 그렇지 않은가를 확인할 수 있습니다. 예수님과 관계가 맺어진 사람만이 구원받은 사람이라는 것을 믿으시기 바랍니다.

믿음은 다 주관적입니다. 그래서 누구도 이해할 수 있는 객관적인 확인과 검증이 필요합니다. 사람들이 제각각인데 어떻게 그것이 가능합니까? 그것은 '저 사람이 예수와 인격적 관계를 맺고 있는가'를 보면 됩니다.

사람의 인격은 지정의로 나눌 수 있습니다.

지(知)는 예수님이 하나님이심을 아는 것입니다. 예수님은 죄가 없으신 분이시라는 것, 예수의 십자가 사건이 아니면 나는 구원받을 수 없다는 사실이 내 속에서 알아지는 것입니다.

정(情)은 예수 앞에 나오면 눈물이 나고 회개가 되고 죄송한 마음이 느껴지는 것입니다. 미웠던 사람에게 연민이 느껴지고, 예수님처럼 그를 용서해야겠다는 생각이 듭니다.

의(義)는 결단이 일어남을 말합니다. 성령이 오시면 나쁜 짓을 스스로 끊는 결단을 하게 됩니다. 술, 담배가 끊어지고, 하나님을 만나는 것을 세상 다른 어떤 일보다 기뻐하게 됩니다.

이렇게 될 때 예수가 내 속에서 나와 관계를 맺은 것입니다. 이것이 이루어지지 않는다면 아직도 우리 속에 구원이 일어나지 않은 것입니다. 이것은 율법이 아닙니다. 예수님을 믿으면 인생길에 브레이크가 생깁니다. 스스로가 통제된다는 이야기입니다. 누가 시켜서가 아니라 그렇게 '되어지는 것'입니다.

이렇게 구원하는 믿음은 예수와 인격적인 관계를 갖는 것을 말합니다. 우리가 죄를 지을 수는 있으나 회개하면 예수의 보혈로 죄 씻음 받은 줄 알게 되는 것, 그리하여 마음의 평강을 누리게 되는 것, 이것이 구원받은 사람이 누리게 되는 축복입니다.

3. 칭의의 믿음

이는 구원하는 믿음보다 더 높은 단계의 믿음입니다. 믿음으로 나 자신이 의로워졌다는 믿음입니다. 실질적으로 의로워지는 것은 쉽지 않습니다. 그러나 정말 예수를 바로 믿으면 내가 의인인 줄 믿어야 합니다. 예수로부터 의를 전가받아 저주가 떠났기 때문입니다.

구원의 믿음이 바로된 사람은 예수의 의를 전가받습니다. 의인의 자리에 오르게 된다는 것입니다. 이는 법적 용어입니다. 재판정에서 망치로 땅땅 두드리며 판결을 내리듯이 하나님께서 "네 죄를 예수가 다 담당했다!"고 선포하는 것입니다.

이 칭의의 믿음을 가져야 온전히 예수의 의를 받습니다. 이 칭의는 두 가지의 전이(transformation)를 가져옵니다. 그 하나는 '내 죄가 예수께로 옮겨갔다'는 것이고, 또 다른 하나는 '나에게 예수의 의가 100% 옮겨졌다'는 것입니다. 그러면 우리는 의인이 됩니다.

"내가 그리스도와 함께 십자가에 못 박혔나니 그런즉 이제는 내가 산 것이 아니요 오직 내 안에 그리스도께서 사신 것이라 이제 내가 육체 가운데 사는 것은 나를 사랑하사 나를 위하여 자기 몸을 버리신 하나님의 아들을 믿는 믿음 안에서 사는 것이라"(갈 2:20).

나의 죄 때문에 예수님이 자기 몸을 버리셨습니다.

"이튿날 요한이 예수께서 자기에게 나아오심을 보고 가로되 보라 세상 죄를 지고 가는 하나님의 어린양이로다"(요 1:29).

예수님은 세상 죄를 지고 가는 어린양과 같은 존재입니다. 내 죄를 예수님께 고백하고 맡기기만 하면 되는데 믿음이 없어 맡기지 못하는 사람들이 많습니다.

"그리스도의 사랑이 우리를 강권하시는도다 우리가 생각건대 한 사람이 모든 사람을 대신하여 죽었은즉 모든 사람이 죽은 것이라 저가 모든 사람을 대신하여 죽으심은 산 자들로 하여금 다시는 저희 자신을 위하여 살지 않고 오직 저희를 대신하여 죽었다가 다시 사신 자를 위하여 살게 하려 함이니라"(고후 5:14-15).

나를 위해 대신 죽으신 예수를 믿을 때 예수의 의를 넘겨받게 되는 것입니다.

"하나님이 죄를 알지도 못하신 자로 우리를 대신하여 죄를 삼으신 것은 우리로 하여금 저의 안에서 하나님의 의가 되게 하려 하심이니라"(고후 5:21).

이렇게 내 죄를 예수께 넘기고 예수의 의를 나에게 옮겨오는 것이 칭의의 믿음입니다. 사탄은 나를 무서워하지 않습니다. 내 속에 계신 예수님을 무서워하여 쫓겨가는 것입니다.

4. 내주하는 믿음

이 믿음은 승리의 비결입니다. 이 믿음은 하나님이 내 속에 연합하는 믿음입니다. 예수가 내 속에 살아 역사하는 믿음입니다. 이 믿음을 배워야 예수가 내 속에 임재하고 나와 결합됩니다. 요한복음 15장 5절 말씀은 이 진리를 잘 드러내고 있습니다.

"나는 포도나무요 너희는 가지니 저가 내 안에, 내가 저 안에 있으면 이 사람은 과실을 많이 맺나니 나를 떠나서는 너희가 아무것도 할 수 없음이라."

공격하는 믿음을 가져야 우리가 승리할 수 있습니다. 또한 열매를 맺을 수 있습니다. 예수님은 참 포도나무요 나는 가지인 이 같은 연합이 또 어디에 있겠습니까? 예수가 친히 우리 속에 그렇게 역사하십니다. 예수님과 떨어져 있지 않고 항상 함께 있으면 큰 역사가 일어납니다. 우리의 삶이 변화됩니다.

"그 영광의 풍성을 따라 그의 성령으로 말미암아 너희 속 사람을 능력으로 강건하게 하옵시며 믿음으로 말미암아 그리스도께서 너희 마음에 계시게 하옵시고 너희가 사랑 가운데서 뿌리가 박히고 터가 굳어져서 능히 모든 성도와 함께 지식에 넘치는 그리스도의 사랑을 알아 그 넓이와 길이와 높이와 깊이가 어떠함을 깨달아 하나님의 모든 충만하신 것으로 너희에게 충만하게 하시기를 구하노라"(엡 3:16-19).

"너희가 믿음에 있는가 너희 자신을 시험하고 너희 자신을 확증하라 예수 그리스도께서 너희 안에 계신 줄을 너희가 스스로 알지 못하느냐 그렇지 않으면 너희가 버리운 자니라"(고후 13:5).

이 믿음을 가져야 승리합니다. 두려워할 필요가 없습니다. 우리는 사막에서도 천국을 누리며 살 수 있는 사람들입니다. 이 믿음만 가지면 복을 받습니다. 넉넉히 세상을 이기게 될 것입니다.

5. 일상적인 믿음

이것은 만사에 하나님이 역사한다는 믿음입니다. 이 믿음은 환경을 제어합니다. 이 믿음만 가지면 어떤 환경도 이길 수 있습니다. 이것이

제일 쉬운 것 같으면서도 사실은 어렵습니다. 무슨 나쁜 일을 만났을 때에도 '재수가 없어서 그렇다' 가 아니라 '모두 하나님이 주셨으니 이길 수 있다' 는 믿음을 가져야 합니다. 그럴 때 불운도 축복이 됩니다. 욥처럼 "주신 자도 여호와시요 취하신 자도 여호와라"라는 믿음을 가져야 승리합니다.

이러한 다섯 믿음이 이 글을 읽는 여러분에게 역사하시기 원합니다. 간절히 기도하셔서 이런 믿음을 소유하십시오.

다섯 믿음을 모두 소유해야 우리의 믿음이 온전해진다.

교리적 믿음

하나님의 말씀을 들을 때 생기는 믿음을 말한다.

구원하는 믿음

예수님을 구주로 받아들이는 믿음. 예수님과 인격적 관계를 갖는다.

칭의의 믿음

믿음으로 나 자신이 의로워졌다는 믿음. 이 믿음이 온전히 예수의 의를 받게 한다.

내주하는 믿음

이 믿음을 가지면 승리하는 삶을 살 수 있다. 이는 예수가 내 속에 살아 역사하는 믿음이다.

일상적인 믿음

모든 일에 하나님이 역사하신다는 믿음이다. 이 믿음을 소유하면 어떤 환경도 이길 수 있다.

나는 지금 바른 믿음을 가지고 있는가?

열차를 잘못타면 다시 되돌리기까지는 시간도 많이 걸리고 에너지도 많이 소비하게 된다. 믿음 역시 그렇다. 잘못된 믿음, 자기 맘대로 판단하는 믿음은 대단히 위험하며, 한번 잘못된 길로 들어서면 되돌리기가 무척 어렵다. 그래서 우리는 하나님의 말씀을 잘 들어야 한다. 하나님이 말씀하신 것 외에 다른 어떤 것에도 흔들려서는 안 될 것이다. 말씀을 읽을 때 그 말씀을 통해 알리고자 하시는 하나님의 뜻을 알게 해달라고 기도하라. 의문 나는 것이 있다면 주석을 찾아 보거나 목사님께 여쭤보는 것도 좋다.

믿음으로 승리한 사람들

하나님을 위하는

삶에는 능욕이 있습니다.

수모당하는 어려움과 환난이 있습니다.

그러나 하나님께로부터 받는 상을

사모하는 사람은

이 능욕받는 것을 기뻐합니다.

믿음에는 새로운 세계를 보는 능력이 있습니다. 이 세상의 시각이 아니라 하나님 나라의 시각을 가지고 보게 되는 것이 믿음입니다. 인간에게는 물질세계를 보는 육안(肉眼)과 지식을 아는 눈인 지안(智眼) 그리고 하나님을 볼 수 있는 영안(靈眼)이 있습니다. 하나님 나라의 시각을 가진다는 것은 육적 시야에서 영적 시야로 바뀌어진 것을 의미합니다. 진정한 영안을 갖게 되면 하나님이 믿어지고 그분을 알게 되고 진리를 깨닫게 됩니다.

그런데 그리스도인은 세상 사람들이 갖지 못하는 영안이 있기에, 즉 두 가지 시각이 있기에 갈등하게 됩니다. 하나님을 적당히 믿으려는 사람에게 이 갈등은 더 심합니다. 우리는 하나님에 대한 시각이 분명해야 합니다.

영적 시야를 소유하라

"믿음은 바라는 것들의 실상이요 보지 못하는 것들의 증거니"(히 11:1).

믿음은 그 전에 보지 못하던 것에 대해 확신하게 해줍니다. 인간은 죽음이 가까이 올수록 생각이 더 분명해집니다. 영적 눈이 더 밝아집니다. 그런데 영원히 가야 할 그 세계가 보이지 않는다면 고통스러울 것입니다. 육신의 유혹이 강해서 영안이 뜨이기가 어렵지만, 우리는 이 땅에서 늘 영으로 몸을 다스려야 합니다. 하나님과 늘 동행하는 삶을 살려면 영과 육의 싸움에서 늘 영이 강해져야 하는 것입니다. 그렇게 될 때 우리에게 엄청난 변화가 있게 됩니다.

"그러므로 우리가 이제부터는 아무 사람도 육체대로 알지 아니하노라 비록 우리가 그리스도도 육체대로 알았으나 이제부터는 이같이 알지 아니하노라 그런즉 누구든지 그리스도 안에 있으면 새로운 피조물이라 이전 것은 지나갔으니 보라 새 것이 되었도다"(고후 5:16-17).

우리에게 영안이 생겨나면 사람을 육체대로 평가하지 않게 됩니다. 영안이 생기기 전에는 외모로 사람을 평가했지만 이제는 무엇보다도 '저 영혼이 구원받아야겠다' 는 생각이 앞서게 됩니다.

그러므로 믿음의 사람이 되면 세상을 바라보는 가치관이 달라집니다. 골로새서 3장 10절 말씀이 이 "새 사람"을 다음과 같이 표현해 주고 있습니다.

> "새 사람을 입었으니 이는 자기를 창조하신 자의 형상을 좇아 지식에까지 새롭게 하심을 받는 자니라."

똑같은 지식인데 그 전에는 세상과 사람 중심으로 보았습니다. 그러나 지금은 하나님 중심, 천국 중심으로 보인다는 것입니다. 가령 어떤 사람이 돈을 많이 벌었다고 할 때에 그 전에는 '내가 이 돈으로 어떻게 잘 먹고 잘 입고 즐겁게 살 수 있을까'를 생각했다면, 새 사람이 되면 '내가 이 돈을 어떻게 하나님을 위해, 하나님을 기쁘게 하는 데 쓸 수 있을까' 생각합니다. 놀랍게 바뀌는 것입니다.

그러므로 승리하는 생활은 세상 가치를 초월하는 삶입니다. 영안이 열리게 되면 더 좋은 시야, 더 귀한 가치관을 가지게 되고, 그 결과 세상 속에서 자유함으로 승리하게 합니다. 이것은 믿음으로만 가능합니다. 이렇게 세상을 이기는 싸움은 가치관의 싸움입니다. 무엇을 더 귀중하게 여기느냐에 달려 있는 것입니다.

예를 든다면, 교회 오는 것이 다른 어떤 것보다 더 좋은 사람은 그 기쁨이 크기에 그럴 수 있습니다. 교회에 오는 것이 '더 귀하다'고 느끼기에 옛 습관을 벗어버릴 수 있는 것이며, 그럴 때 온전한 승리를 할 수 있습니다. 만일 그의 의지를 최대로 발휘해서 육신의 일을 끊었다면, 그의 의지는 살아 남은 것이기에 언제든지 바람직하지 못한 또 다른 행동을 하게 할 수 있는 것입니다. 의지를 초월해서 이겨야만 자연스럽게 세상을 이길 수 있습니다. 그러기 위해 우리는 은혜를 받아야 합니다. 가치관이 바뀌어야 합니다. 이것은 힘으로도 안 되고 능으로도 되지 않습니다. 치열한 가치관의 싸움인 것입니다. 그러나 우리 속에 계신 분은 세상보다 큰 분입니다.

"자녀들아 너희는 하나님께 속하였고 또 저희를 이기었나니 이는 너희 안에 계신 이가 세상에 있는 이보다 크심이라"(요일 4:4).

또한 세상보다 더 귀한 분입니다.

"그러나 무엇이든지 내게 유익하던 것을 내가 그리스도를 위하여 다 해로 여길 뿐더러 또한 모든 것을 해로 여김은 내 주 그리스도 예수를 아는 지식이 가장 고상함을 인함이라 내가 그를 위하여 모든 것을 잃어버리고 배설물로 여김은 그리스도를 얻고 그 안에서 발견되려 함이니"(빌 3:7-9).

그리고 세상보다 먼저 계신 분입니다.

"그는 보이지 아니하시는 하나님의 형상이요 모든 창조물보다 먼저 나신 자니 만물이 그에게 창조되되 하늘과 땅에서 보이는 것들과 보이지 않는 것들과 혹은 보좌들이나 주관들이나 정사들이나 권세들이나 만물이 다 그로 말미암고 그를 위하여 창조되었고 또한 그가 만물보다 먼저 계시고 만물이 그 안에 함께 섰느니라"(골 1:15-17).

예수님보다 더 뒤에 생겨진 세상이 그 주님보다 더 귀하겠습니까? 비록 지금은 이런 깨달음이 잘 오지 않을지라도 계속 말씀을 읽고 배우고 묵상하고 기도하면 자연스럽게 깨달아지고 몸에 배일 날이 올 것입니다.

예를 하나 들어보겠습니다. 여러분에게 고 3된 자녀가 있다고 합시다. 나 자신은 대학입시도 중요하지만 믿음생활을 잘 유지하는 것이 더 중요하다고 생각하는데, 배우자는 우선 대학 가는 것이 더 중요하다고 생각합니다. 그 아이의 주일성수 문제 때문에 배우자와 대립한다고 할 때 어떻게 해야 하겠습니까?

정답은, 조화되도록 기도해야 한다는 것입니다. 조화란, 먼저 순서를 잡는 일입니다. 배타가 아니라 우선순위가 먼저 있어야 하는 것입니다. '하나님이 더 중요하다' 고 해야 의미가 있는 것입니다.

하나님의 가치관을 소유하라

모세가 태어났을 때 그의 부모는 모세가 아름다운 아이임을 보고 임금의 명령을 무서워 아니하고 석 달을 숨겨 길렀습니다. '아름다운 아이' 임을 보았다는 것은 그 아이를 보고 하나님에 대한 믿음이 생겼다는 말입니다. 바로 하나님이 그 아이를 주셨다는 믿음입니다. 이렇게 하나님과 관련시켜 생각했습니다. 그들은 세상보다 더 큰 하나님의 섭리를 보았기에 임금의 명을 두려워하지 않았습니다.

우리도 자녀를 보면서 하나님의 섭리를 깨달아야 합니다. 또한 책임을 져야 합니다. '본인의 믿음이…' 라는 말은 하지 마십시오. 적어도 출가 전까지는 부모가 그 자식을 책임져야 합니다. 다른 사람들의 영향은 간접적이 될 수밖에 없습니다. 교회는 부모를 다스리고 부모는 자식을 책임져야 합니다. 부모는 가정의 제사장이기 때문입니다. 그러므로 부모가 받은 은혜를 계속 자식에게 넘겨줘야 하는 것입니다.

이렇게 귀한 부모의 믿음 속에서 자라난 모세는 세상 임금의 자리를 거절하고 하나님의 백성과 함께 고난을 받았습니다. 세상 부귀보다 하나님쪽의 고난을 더 기뻐하였습니다. 이런 일은 가치관의 변화가 일어났기에 가능했습니다. 이렇게 의를 위한 기쁨은 살리는 기쁨이 됩니다. 엄청난 대가를 치러야 하는 죄악의 낙보다도 하나님의 고난에 동참하기를 더 기뻐하는 것이 은혜이며 영광이며 축복입니다.

> "그리스도를 위하여 받는 능욕을 애굽의 모든 보화보다 더 큰 재물로 여겼으니
> 이는 상주심을 바라봄이라"(히 11:26).

예전이나 지금이나 하나님을 위하는 삶에는 능욕이 있습니다. 수모 당하는 어려움과 환난이 있습니다. 그러나 하나님께로부터 받는 상을 사모하는 사람은 이 능욕받는 것을 기뻐합니다. 이 세상은 어느 시대든 하나님과 적대관계에 있습니다. 하나님을 위하는 삶은 반드시 세상과 충돌하게 되어 있습니다. '하나님을 믿으면 잘 될 것이다. 좋아질 것이다' 라는 말은 결과적으로 옳은 말이긴 하지만 신앙의 기초에 지나지 않습니다. 믿음의 눈을 제대로 뜨면서부터 이것이 쉽지 않다는 것을 알게 될 것입니다. 신앙이 처절한 싸움이라는 것을 알게 될 것입니다. 적나라한 영의 세계를 깨달으면서 하나님 나라와 세상 나라의 첨예한 충돌을 알게 됩니다. 교회는 전쟁터입니다. 싸워서 이기고 잘되게 하는 것이 문제일 뿐입니다. 병든 사람이 건강해지기까지는 수술이 필요한 것과 마찬가지의 원리입니다.

우리는 모세처럼 상주시는 이를 바라보아야 합니다. 모세는 믿음으로 출애굽하면서 이미 그 상을 체험했습니다. 하나님을 믿으니까 홍해가 갈라지고 반석에서 물이 나고 만나가 내렸습니다. 그렇게 하나님을

인식하며 나아갈 때 세상을 무서워하지 않을 수 있습니다. 세상을 두려워하면 만 가지가 다 두렵지만 하나님을 두려워하면 무서울 게 없습니다.

우리의 시야는 무엇이 기준이 되고 있습니까? 이미 영적인 것으로 바뀌었습니까, 아니면 아직도 육적인 것에 머물러 있습니까? 확실한 하나님 중심의 가치관을 가지고 있지 못하다면 세상에 질 수밖에 없습니다. 나 자신도 모르는 사이에 사탄의 전략에 빠져 들기 때문입니다.
어떻게 해야 이길 수 있겠습니까? 늘 주님을 사모해야 합니다. 그 길밖에 없습니다. 말씀을, 기도를, 교회를, 설교를 사모해야 합니다. 그럴 때 하나님이 은혜를 주십니다.

모세는 보이지 않는 하나님을 믿음으로 만났습니다. 우리도 순간순간마다 우리의 가치관을 하나님 쪽으로 바꿀 때 하나님을 만날 수 있을 것입니다.

예수를 만나야 삶이 변한다

예수님은 하나님이면서도 육신을 입고 오셔서 죄로부터 우리를 해방시키셨다. 구원은 철저히 하나님의 주권이며, 그의 은혜다. 예수님을 만나지 못하면 우리의 삶은 제자리걸음을 할 수밖에 없다. 그러나 예수님이 내 안에 오시면 우리의 삶은 바뀌게 된다. 하나님의 축복 속에 살게 되므로 능력 있는 삶을 살며, 하나님과 교제하고 기도응답이 일어나는 체험을 하게 된다.

하나님을 위해 고난받을 수 있는가?

하나님을 따라가려면 세상으로부터 공격을 받는다. 신앙은 악한 세력과의 싸움이다. 억울한 일을 당해도, 힘들어도 때론 예수님 때문에 참아내야 하는 경우가 있다. 어려움에도 불구하고 오히려 이 어려움을 기뻐하는 이유는 하나님의 상 주심을 바라보기 때문이라고 바울 사도는 말하고 있다. 당신은 그리스도를 위해 기꺼이 고난받을 준비가 되어 있는가?

믿음은 삶의 갈등을 해소한다

믿음의 길은 날마다,

시간마다, 상황마다 다릅니다.

그때그때마다 하나님께 의존하고 구해야 합니다.

시험과 갈등을 통과하면 새로운 은혜를 받아야 합니다.

정지하면 약해집니다.

늘 새롭게 도전해야 합니다.

예수를 믿으면 구원받고 은혜를 받게 됩니다. 처음에는 감격과 기쁨이 넘치는 경험이 많을 것입니다. 그러나 문제는 그 다음, 그런 상태를 유지하기 어렵다는 것입니다. '갈등' 이란 시험, 문제, 어려움이라는 말과도 대치될 수 있습니다.

갈등을 이기는 방법

신앙생활에 있어서 갈등을 이기면 축복과 능력과 승리의 삶, 열매 맺는 삶을 이룰 수 있지만 실패하면 시험과 절망, 어려움에 빠지게 되고 열매 맺는 삶을 얻지 못하게 됩니다. 갈등은 우리가 승리하고 성장하기 위한 필요조건입니다. 고통스러워도 반드시 치러야 할 과정입니다. '하나님이 내게 시험을 주신 이유는 그 시험이 나에게 필요하기 때문'이라는 믿음이 있어야 합니다. 나의 약점을 치료하고 성장시키기 위한 하나님의 보다 큰 뜻이라는 사실을 수긍하고 받아들여야 합니다.

이 갈등은 믿음으로 이길 수 있습니다. '세상의 형제들이 당하는 고난은 동일하다'고 했습니다. 해답은 동일한 것입니다. 어떤 경우에도 넘어지는 것은 자기 잘못입니다. 성도는 상대가 아무리 내게 잘못했어도 이길 수 있는 힘이 있어야 합니다. 어떤 공격이 와도 준비하고 있어야 합니다. 성경은 악한 날에 싸우고 승리해야 한다고 우리에게 말씀합니다. 믿음에는 믿음의 바른 문이 있고 길이 있습니다.

> "좁은 문으로 들어가라 멸망으로 인도하는 문은 크고 그 길이 넓어 그리로 들어가는 자가 많고 생명으로 인도하는 문은 좁고 길이 협착하여 찾는 이가 적음이니라"(마 7:13-14).

먼저 이 좁은 문을 통과해야 합니다. 그리고 협착한 믿음의 길을 가야 합니다. 이것이 생명의 약속입니다. 문제는 예수 그리스도를 의미하는 그 좁은 문으로 들어가려 하지 않는다는 것입니다. 예수를 믿어도 예수 속으로 들어가지 않습니다. 자기 속으로 예수를 끌어들이려 합니다. 이는 자기 욕망을 채우려는 것 외에 다름 아닙니다. 그렇게 되면 매사가 다 걸립니다. 우리는 예수님이 빠진 욕망과 꿈, 철학을 다 버려야 합니다. 예수꾼이 될 것인가 욕망꾼이 될 것인가를 선택해야 합니다.

인생은 누구나 자기의 문이 있습니다. 예수 그리스도도 문이 있습니다. 내 문을 세워놓고 예수님을 그곳으로 끌어들이겠습니까, 아니면 예수님의 문으로 내가 들어가고자 합니까? 이 싸움에서 승패가 빨리 끝나야 합니다. 우리가 좁은 문으로 들어가지 않으면 아무리 오랜 세월 예수를 믿어도 그리스도인의 향기를 뿜을 수 없습니다. 우리의 욕망, 물욕, 출세 이 모든 것이 나와 상관없어져야 하는 것입니다. 예수님은 우리에게 "수고하고 무거운 짐진 자들아 다 내게로 오라 내가 너희를 쉬게 하리라"(마 11:28)고 말씀하십니다. 누가복음 13장 24절 말씀도 같은 맥락입니다.

"좁은 문으로 들어가기를 힘쓰라 내가 너희에게 이르노니 들어가기를 구하여도 못하는 자가 많으리라."

세 종류의 신자

마당신자

그들은 교회에서 어떤 일을 하든 상관하지 않습니다. 이런 사람은 천국의 보장을 받지 못한 사람입니다. 믿음의 출발도 하지 않았기 때문입니다. 덕수궁 돌담길을 걷고 왔으면서도 '덕수궁 다녀왔다'고 말하듯, 마당만 밟고 왔으면서도 '교회 갔다왔다'고 말하는 격입니다.

반쪽신자

이는 양쪽을 타고 있는 사람입니다. 두 발이 문지방을 넘어 들어가야 하는데 한쪽을 세상에 걸쳐놓고 있습니다. 속된 말로 '양다리 걸치는' 사람들이 교회 안에는 너무나 많습니다. 정말 온전한 신자인지 알

수가 없습니다. 이들은 자신들이 구원을 받았는지 확신하지 못하는 사람입니다. 기간이 길어져서 탈이긴 하지만, 그래도 이런 사람은 믿음의 문으로 넘어올 가능성이 있습니다. 이 사람들은 시련을 겪고 나서야 온전히 돌아섭니다. 은혜를 받으면서도 늘 갈등하는 이런 사람은 닻을 박아놓고 출항하려고 하는 배와 같습니다.

온전한 신자

두 발 다 믿음의 문에 들어선 사람입니다. 일단은 좁은 문에 들어간 것입니다. 예수꾼이 되었습니다. 온전한 신자는 '과거', 그러니까 '믿기 전'과 단절된 사람입니다. 더 이상 연속성이 없습니다. 감정도 가치관도 과거의 것과 끊어집니다. 믿음의 배가 출항하기 시작한 것입니다. 과거와 단절된 삶이 시작되는 것입니다. 이것은 내가 이루는 것이 아니라 예수께 나를 던지고 맡길 때 이루어지는 것입니다. 그들은 새로운 가치관을 가지고 살게 됩니다.

믿음의 길은 좁다

또 하나의 문제점은, 이 믿음의 길이 협착하다는 데 있습니다. 문에 들어온 사람들은 길이 좁기에 갈등합니다 그러나 어차피 가야만 갈등은 해결됩니다. 주님의 문에 들어서면 믿음의 싸움이 시작됩니다. 이는 선한 싸움입니다. 싸우는 방법을 잘 모르면 나 자신을 맡기고도 갈등이 생기게 됩니다. 승리의 가장 큰 비결은 주 안에서 모든 힘을 공급받는 것입니다. '내가 하려는데 도와주세요'가 아닙니다. 나 자신이 주체가 되면 내 의지와 자아, 그 모든 것은 혼돈에 빠지고 갈등할 수밖에 없습니다. 오직 믿음으로만, 예수 안에 있는 힘을 덧입으려고만 해야 합니다. 그렇게 해야 승리할 수 있습니다. 이사야 45장 22-24절은 이렇게 말씀합니다.

"땅 끝의 모든 백성아 나를 앙망하라 그리하면 구원을 얻으리라 나는 하나님이라 다른 이가 없음이니라 내가 나를 두고 맹세하기를 나의 입에서 의로운 말이 나갔은즉 돌아오지 아니하나니 내게 모든 무릎이 꿇겠고 모든 혀가 맹약하리라 하였노라 어떤 자의 내게 대한 말에 의와 힘은 여호와께만 있나니 사람들은 그에게로 나아갈 것이라 무릇 그를 노하는 자는 부끄러움을 당하리라마는."

우리 스스로에게는 의와 힘이 없습니다. 이는 노력해서 갖게 되는 것이 아닙니다. 단지 예수 안에 있는 의와 힘을 덧입으려는 노력을 해야 하는 것입니다. "여호와는 나의 반석이시요 나의 요새시요 나를 건지시는 자시요 나의 하나님이시요 나의 피할 바위시요 나의 방패시요 나의 구원의 뿔이시요 나의 산성이시로다"(시 18:2)라는 고백이 나의 고백이 되어야 합니다.

그러기 위해서 먼저 우리는 주 안에 거하는 방법을 배워야 합니다.

이는 은혜 받으라는 것입니다. 어떤 문제가 있을 때 그 문제는 건드리지 말고, 그 생각은 끊어버리고 먼저 주님께 은혜만 받으라는 말씀입니다. 그렇게 주 안에 거할 때 힘을 얻게 됩니다.

우리는 사탄을 이기는 힘이 하나님께 있다는 것을 알아야 합니다. 내 속에는 그런 능력이 없습니다. 의와 힘은 여호와께만 있습니다. 이 힘을 덧입으려고 애쓰는 것 뿐입니다. 출애굽기 14장 14절에도 이 원리가 나와 있습니다.

"여호와께서 너희를 위하여 싸우시리니 너희는 가만히 있을지니라."

경복궁 안에 연못이 있고 미술관이 있어도 들어가지 않으면 체험할 수 없습니다. 소문만 듣는 것으로, 사진만 보는 것으로는 안 됩니다. 믿음의 길은 날마다, 시간마다, 상황마다 다릅니다. 그러므로 그때그때마다 하나님께 의존하고 구해야 합니다. 오늘, 내일이 늘 다르기 때문에 늘 똑같이 처리할 수는 없습니다. 시험과 갈등을 통과하면 새로운 은혜를 받아야 합니다.

정지하면 약해집니다. 정체되어 있다는 것은 죽어가고 있다는 것을 의미합니다. 그래서 우리는 늘 새롭게 도전해야 합니다. 그러기 위해 우리는 날마다 깨어 기도해야 하는 것입니다.

좁은문으로 들어가라

좁은문으로 들어가기를 힘쓰라는 말씀은 회개하고 악으로부터 돌아서라는 말이다. 좁은문으로 들어가면 그 전에 가졌던 감정과 가치관이 달라진다. 과거와 단절된 삶이 시작되는 것이다. 그러나 이것은 내가 이루는 것이 아니라 예수께 나를 던지고 맡길 때 되는 것이다.

갈등 속에 살 수밖에 없는 인간인 우리, 어떻게 해야 할까?

우리는 죽을 때까지 갈등 속에 살 수밖에 없다. 항상 선택의 기로에 놓여 있기도 하다. 인생이 연약하여 하나님의 법을 알면서도 자기가 원하는 곳으로 가고자 하기도 한다. 사도 바울 역시 자신의 연약함으로 고민했다. 자기 속에는 선을 행하고자 하나 악을 행하며 죄를 짓는 또 다른 자기가 있음을 고백했다. 그래서 "오호라 나는 곤고한 사람이로다"라고 고백한 것이다.

우리는 스스로 강한 사람이라고 자기 최면을 거는가? 그러기보다는 자신의 연약함을 하나님 앞에 내어놓고 그분의 도우심을 구하고, 성령의 능력으로 강하게 해달라고 기도하는 것이 더 유익하다. 자신의 연약함을 솔직하게 하나님께 내어놓는 용기가 갈등 속에 살 수밖에 없는 우리에게 더욱 필요한 일이다.

하나님을 체험하는 비결

이 세상에서

누릴 수 있는 가장

축복된 응답은 하나님 자신을 받은 것입니다.

하나님 자신이 내게 와 계실 때

최고의 행복을 느낄 수 있습니다.

우리가 하나님을 체험하는 비결을 알고 그대로 행하기만 하면 아주 빠르게 기도응답을 받게 됩니다.

'믿는다'고 할 때는 '안다'는 것과 '체험한다'는 두 부분이 있습니다. 아는 것은 굉장히 중요합니다. 모르면 믿지 못하기 때문입니다. 아는 것은 체험한다는 것과 분리될 수 없습니다. 알게 되면 체험하고, 체험하려면 알아야 합니다. 체험이 없다면 영적으로 아는 것이 아닙니다. 겉핥기식으로 아는 것이고 지식적인 앎에 그칠 따름입니다. 영적으로 알게 되면 반드시 체험하게 되어 있습니다.

구약에서는 하나님을 믿는다는 것을 하나님을 "경외한다"는 말로 많이 씁니다. 이것이 좀더 발전하면 "동행한다"라고도 합니다. 물론 지금도 이런 표현을 쓰기는 하지만 주류가 그렇다는 말입니다. 그러나 신약에 와서는 "경외한다"라든가 "동행한다"라는 표현은 별로 나오지 않습니다. "믿는다", "믿어라" 그리고 "연합한다"라는 말이 주류를 이루게 되었습니다. 그래서 구약에서는 객관적으로 믿어진 반면 신약에서는 내면적으로 믿게 되었습니다. 성령이 임한 후로는 "주님과 연합한다"는 말이 맞습니다. 주님은 영적으로 역사하시기 때문입니다. 그러므로 "주님과 함께 동거한다"는 표현이 가능한 것입니다.

"그 날에는 내가 아버지 안에, 너희가 내 안에, 내가 너희 안에 있는 것을 너희가 알리라"(요 14:20).

아버지와 나, 주님 이 세 존재가 같이 하나로 연합한 것입니다. '동거' 하는 것입니다. '동거' 는 동행과는 그 의미에서 차이가 있습니다. 고린도전서 말씀에도 "주와 나는 영이 하나다"라고 하였습니다. 이렇게 "믿는다"는 것은 동행의 차원에서 벗어나 연합하는 것입니다.

예수를 믿는 것은 그분과 연합한다는 말입니다. 이것을 체험해야 합니다. 기독교는 체험이 없으면 발전하지 않습니다. 예수님과 깊은 만남을 가져야 하나님이 역사하십니다. 요한복음에서는 더 나아가 "나를 먹으라"고 말씀하십니다. "내 살과 내 피가 참된 음료요 양식이다"라고 말씀하신 것을 체험해야 신앙이 무엇인지 알 수 있습니다.

하나님과의 연합

"태초부터 있는 생명의 말씀에 관하여는 우리가 들은 바요 눈으로 본 바요 주목하고 우리 손으로 만진 바라"(요일 1:1).

이렇게 사도들은 예수님을 듣고 보고 만졌습니다. 그 용어 자체가 생동감 있지 않습니까? 멀리서부터 점점 가까이 역사합니다. 태초부터 있던 말씀을 멀리서 듣다가 눈으로 보고 더 가까이에서 주목하고 손으로 만지게 되는 것입니다. 이는 하나님을 믿는 과정이라고 말할 수 있습니다. 멀리서 듣는 신앙은 아직 멀었습니다. 이런 사람은 목사님 말씀을 들을 때에는 '정말 그렇구나' 하고 수긍하다가도 교회 밖으로만 나가면 그만입니다. 하나님을 보지 못해서 그런 행동을 하는 것입니다.

저는 모든 것이 얽히고 복잡하다가도 일단 기도원에만 가면 신기할 정도로 정리가 됩니다. 하나님이 세밀하게 만져주고 동거하는 역사를 체험합니다. 낱낱이 나의 잘못을 지적해 주시고 세밀하게 치료해 주시는 것을 체험합니다. 성경을 볼 때 은혜가 됩니다. 내면의 분노와 짜증, 미움, 원망, 불평이 다 치료됩니다. 하나님께 더욱 매달리게 되면 육신적으로는 더 피곤하지만, 놀라운 것은 하나님이 체험되면서 그 연약함이 다 치료된다는 것입니다. 수많은 근심 걱정이 풀어지면서 하나님을 만나는 역사가 이루어지는 그런 체험을 여러분도 하시기 바랍니다.

에녹은 하나님과 300년을 동행하다가 하나님의 부르심을 받고 하늘로 올라갔습니다. 구약의 이 동행은 연합의 의미와 같은 것으로서 에녹 최고의 신앙입니다. 어떻게 하는 것이 신앙생활을 제일 잘 하는 것입니까? 하나님과의 연합이 최고입니다. 거기서 모든 온전한 것이 다 나옵니다. 전도도 헌신도 성령충만함도 다 가능하게 됩니다. 고민할 필요가 없습니다. 하나님과 연합하면 됩니다. 이 세상에서 누릴 수 있는 가장 축복된 응답은 하나님 자신을 받은 것입니다. 이것이 하나님 최고의 응답입니다. 하나님 자신을 주시는 것이기 때문입니다. 로마서 8장 32절 말씀에도 그 근거가 설명되어 있습니다.

> "자기 아들을 아끼지 아니하시고 우리 모든 사람을 위하여 내어 주신 이가 어찌 그 아들과 함께 모든 것을 우리에게 주지 아니하시겠느뇨."

하나님 자신 이상 더 큰 선물이 없습니다. 그 이상의 축복이 없는 것입니다. 하나님 자신이 내게 와 계실 때 최고의 기쁨과 행복을 느낄 수 있습니다. 하나님 자신을 받을 때 모든 응답을 받은 것이라 할 수 있습니다. 이 기도를 해보십시오. 그러면 내게 필요한 것은 저절로 오게 됩니다. 하나님 자신이 오면 걱정할 것이 하나도 없습니다. "내가 너와 함께하겠다"라는 것이 가장 큰 응답이고 최후의 축복입니다.

> "네가 만일 하나님을 부지런히 구하며 전능하신 이에게 빌고 또 청결하고 정직하면 정녕 너를 돌아보시고 네 의로운 집으로 형통하게 하실 것이라"(욥 8:5-6).

먼저 하나님을 구하고 그 전능하신 분께 능력을 구할 때 능력도 건강도 필요한 물질도 오게 되는 것입니다. 하나님 자신이 없는 능력, 건강 등은 죄 짓는 데 쓰여질 뿐입니다. 우리는 하나님으로 말미암아 사는 존재임을 잊지 마십시오. 일본의 저명한 신학자인 우치무라 간조는 "인간 속에는 채워지지 않는 공간이 있다. 그 공간은 하나님이 오시기 전까지는 채워지지 않는다"고 했습니다. 세상 것으로는 절대로 채워지지 않는 그 공간에 오직 하나님이 오셔야만 우리는 만족할 수 있습니다. 하나님이 인간을 그렇게 만드셨습니다. 하나님만 내 속에 들어오시면 채워지고, 그 다음에 세상 것도 만족이 오게 됩니다. 이것을 믿는 사람에게만 이 체험이 올 수 있습니다.

하나님을 체험하는 비결/의지를 동원해야 한다

인간의 심성, 인격 속에 있는 의지가 바로 서면 최고의 축복이 옵니다. 지와 정보다 의지가 움직여야 합니다. 아무리 알고 느껴도 행동하지 않으면 소용없기 때문입니다.

하나님을 체험하는 것도 의지를 통해 가능합니다. 의지를 총동원할 때 성령도 받게 됩니다. '나 스스로 알아서 하겠다'고 하는 사람은 예수가 필요없는 사람입니다. 우리에게는 알아서 할 만큼 큰 능력이 없습니다. 누군가가 내 의지를 쳐줘야 합니다. 양에게 목자가 반드시 필요하듯이 말입니다. 우리는 우리의 최선을 다해 주어진 일을 해야 합니다. 그 다음 일은 하나님이 하십니다. 의지는 복을 받기 위한 가장 중요한 요소입니다. 의지를 얼마나 복되게 하느냐가 하나님을 체험하는 최고의 비밀인 것입니다. 내 자신을 쳐서 복종하고, 깨어 있어 쉬지 않고 기도하고, 악의 세력과 싸워 이겨야 합니다. 모두 의지를 동원해야 가능한 일인 것입니다. 복된 의지를 동원하는 데 총력을 기울여 보십시오. 하나님의 임재를 체험하게 될 것입니다.

의지를 가지기 위해서는 '하나님이 지금, 여기서, 나에게 역사하신다'는 믿음이 있어야 합니다. 이는 체험이 되든 안 되든 사실입니다.

어느 상황이든 여러분이 그 순간 하나님이 없는 것처럼 행동했을 뿐이지 하나님이 안 계신 것이 아닙니다. 하나님을 체험하지 못할 자리는 없습니다. 믿음이 없기에 체험할 수 없을 따름입니다. 이것을 의식적으로 인정해야 합니다. 되고 안 되고는 하나님이 하십니다. 우리는 의지를 동원해야 합니다.

하나님을 체험하는 비결/하나님을 늘 생각해야 한다

하나님을 늘 생각하는 습관을 기르십시오. 하나님을 늘 생각하게 되면 하나님을 체험할 수 있습니다. 하나님을 생각하는 것은 정말 귀중한 일입니다. 말하면서, 공부하면서, 일하면서도 계속 하나님을 생각하면 하나님과 교제하게 됩니다. 영적으로 이 일이 가능해지면 무슨 일을 해도 됩니다. 영적인 대가(大家)들은 모두 이 과정을 통해 하나님을 체험했습니다.

성경에서도, 육체의 연습은 약간의 유익이 있으나 경건은 범사에 유익하다고 했습니다. 그러므로 우리는 경건의 연습을 해야 합니다. 여기서 '연습'이란 헬라어로 '김나지움'이라고 하는데 이는 마라톤을 하듯 의지를 갖고 행하는 것을 의미합니다.

현실주의자들은 이렇게 하기가 힘듭니다. 현실주의자는 현실이 먼저 눈에 보이므로 영적인 것을 놓치는 경우가 많습니다. 세상적이고 쾌락적이고 육신적이고 물질적인 사람도 그렇습니다. 잘못 보고 배우고 행동한 것이 그대로 굳어진 사람은 성령을 체험하여 그 잘못된 삶을 하나님께 회개해야 합니다. 심령 속의 쓰레기를 긁어내야 제자리로 가게 됩니다.

그냥 우울해질 때가 있습니다. 왜 그런지 도저히 모릅니다. 그러나 계속 기도하고 심령을 열어가다 보면 우울함의 원인을 알 수 있게 됩니다. 그것을 간절히 회개할 때 답답하던 심령에 평강이 찾아옵니다. 어두운 삶, 너무 깊은 어둠을 모두 성령의 은혜로 걸러내게 될 때 심령에 기적이 일어날 것입니다.

하나님을 체험하는 비결/하나님과 교제해야 한다

의식적으로 기도해야 합니다. 하늘로 향하는 기도, 땅으로 향하는 기도, 자신에게 향하는 기도가 있지만 특히 자신에게 하는 기도를 해야 합니다. 말씀을 의식적으로 마음속에 담아두는 것이 중요합니다. 그래서 요절을 외우는 것이 중요합니다. 구체적으로 해야 합니다. 이것이 되면 심령이 고쳐질 수 있습니다. 자신의 상태를 입술로 말하고 자기 자신에게 명령하십시오. 이것이 훈련되면 다른 사람과 이야기하면서도 주님과의 대화가 가능해집니다. 그러면서 자신을 고쳐갑니다.

우리는 모든 일을 주님과 연결시켜 살아야 합니다. 훈련과 인내로 내 영혼 속에서 계속 대화가 되어야 합니다. 인내와 훈련으로써 감당하십시오. 처음에 이것이 안 되면 음성을 사용하십시오. 깊은 경지에 들어가다 보면 하나님이 말하는 것도 내 입으로 말하게 되어 있습니다.

하나님을 체험하는 비결/순종의 자리까지 가라

순종의 자리까지 들어가게 될 때 완벽한 경지에 이를 수 있습니다. 우리는 순종을 생각하는 단계까지라도 시도해야 합니다. 그러면 교제는 저절로 됩니다. 시편 16편 말씀은 다윗의 하나님 체험을 가장 완벽하게 기록하고 있습니다. 그가 얼마만큼 하나님과 동행하고 가까이 했는가를 느낄 수 있습니다.

"나를 훈계하신 여호와를 송축할지라 밤마다 내 심장이 나를 교훈하도다"(시 16:7).

다윗은 자기 심장이 뛰는 것처럼 하나님을 느꼈습니다. 그럴 때 날마다 어떻게 살아갈 것인가에 대한 교훈을 받을 수 있는 것입니다. 그때그때마다 하나님이 가르쳐주시기 때문입니다. 하나님의 교훈을 받으면 삶을 행복하게 살 수 있습니다. 열매를 맺고 축복을 받게 됩니다. 하나님이 교훈하면서부터 나는 최선의 길을 가게 됩니다.

"내가 여호와를 항상 내 앞에 모심이여 그가 내 우편에 계시므로 내가 요동치 아니하리로다"(시 16:8).

내가 요동치 않게 된다는 것입니다. 요동한다는 것은 마음이 불안하다는 말입니다. 하나님이 옆에 계시므로 평안의 복을 누릴 수 있습니다. 이는 큰 축복입니다.

"이러므로 내 마음이 기쁘고 내 영광도 즐거워하며 내 육체도 안전히 거하리니"(시 16:9).

이 기쁨은 최고의 기쁨입니다. 환경에서 오는 것과는 다릅니다. 이는 행복입니다. 하나님 자신이 기쁨입니다. 인생의 목적인 하나님을 영화롭게 하고 그를 즐거워하는 것이기 때문입니다.

기쁨의 출처는 두 곳입니다. 하나님으로부터 오는 기쁨, 그것은 축복과 건강과 형통함입니다. 그리고 세상으로부터 오는 기쁨은 일시적인 기쁨으로 사망에 이르게 합니다. 그러므로 우리는 하나님으로부터 오는 기쁨을 누려야 합니다. 세상에서 오는 즐거움을 구하면 죄를 짓게 됩니다.

또한 하나님을 체험했을 때 영원한 소망을 갖게 됩니다. 내가 부활한다는 축복이 그것입니다.

"이는 내 영혼을 음부에 버리지 아니하시며 주의 거룩한 자로 썩지 않게 하실 것임이니이다"(시 16:10).

영원한 꿈과 소망을 주신다는 것입니다. 죽음 저편, 눈물이 없는 곳에서 영원히 살 수 있다는 것만큼 큰 소망이 있을 수 있겠습니까?

하나님을 체험하게 될 때 우리는 사랑하게 되는 축복을 누릴 수 있습니다. 하나님이 사랑하는 생명을 우리에게 주셔야 우리는 사랑할 수 있습니다. 그것을 못 받으면 계산적이게 됩니다.

이렇게 우리가 하나님을 체험할 때 가장 큰 보람을 느끼게 되고 제자리를 찾게 됩니다.

하나님을 체험하려면…

1. 의지를 동원하라
2. 하나님을 늘 생각하라
3. 하나님과 교제하라
4. 순종의 자리까지 가라

Changing belief

하나님과 동행하는 기쁨을 체험하라

하나님을 늘 생각하라. 무슨 일을 하든, 어떤 곳에 가든 하나님을 생각하면 하나님과 교제하게 된다. 하나님과의 교제가 원만히 되면 나 자신이 어떻게 살아갈 것인가에 대해 교훈을 얻을 수 있다. 상황마다 알려주시는 하나님의 음성을 들을 수 있다. 그럴 때 삶이 신나고 재미있을 것이다. 많은 열매를 맺음은 두말할 나위가 없다.

하나님이 기억하는 사람

우리가 그분을
안다는 것과 그분이 우리를 안다는 것은
별개의 문제입니다. 그래서 내가 그분을 알고
그분이 나를 알게 될 때 참으로 안다고 하는 것입니다.
이것이 진정한 앎이요 체험적 앎이 되는 것입니다.

성도가 하나님과의 교제를 통해서 하나님에 대해 잘 알아야 그 믿음이 더욱 좋아집니다. 하나님은 세상 사람들이 믿는 우상과 다르게 인격을 가지고 계십니다. 그러므로 우리와 교제가 가능합니다. 그래서 하나님은 우리에게 말씀하시고 우리는 그분께 기도하여 그분의 뜻을 묻고, 그의 인도하심을 구합니다. 이러한 교제를 통해 성도는 하나님을 더 깊이 알게 되고, 아는 것만큼 그를 믿게 되는 것입니다.

그래서 요한 사도는 "영생은 곧 유일하신 참 하나님과 그의 보내신 자 예수 그리스도를 아는 것이니이다"(요 17:3)라고 했습니다. 이 말은

우리가 하나님과 그의 보내신 자 예수를 알게 될 때 영생을 얻게 된다
는 말입니다. 또 "하나님이 세상을 이처럼 사랑하사 독생자를 주셨으
니 이는 저를 믿는 자마다 멸망치 않고 영생을 얻게 하려 하심이니라"
(요 3:16)라고 했는데, 여기서는 예수를 믿을 때 영생을 얻는다고 했습
니다. 아는 것과 믿는 것을 동격으로 표현하고 있는 것입니다. 여기서
'아는 것'이라는 말은 헬라어로 '그노시스'라고 하는데 이는 지식으
로 아는 것이 아니라 체험으로 아는 것을 말합니다.

안다는 것은?

우리는 어떻게 사람을 안다고 할 수 있습니까? 사진으로 알 수도 있
고 편지로도 알 수 있습니다. 또 그 사람을 직접 만나서 이야기함으로
알 수 있습니다. 그리고 남녀가 결혼해서 같이 사는 것으로 상대방을
안다고 할 수 있습니다. 여기서의 '아는 것'은 결혼해서 아는 것처럼
체험적으로, 삶으로 알게 되는 것을 말합니다. 그래서 우리가 하나님
을 체험적으로 알게 될 때 살아 있는 믿음을 갖게 되며, 영생을 얻게 되
는 것입니다. 왜냐하면 하나님은 영생하시는 분이기 때문입니다.

"너희는 여호와의 선하심을 맛보아 알지어다 그에게 피하는 자는 복이 있도다"
(시 34:8).

이렇게 알게 될 때 참 믿음이 생기며, 그런 믿음일 때 하나님의 역사
가 일어나는 것입니다.

예수님께서는 "할 수 있거든이 무슨 말이냐 믿는 자에게는 능치 못

할 일이 없느니라"(막 9:23)라고 하셨습니다. 우리가 하나님과 깊이 만남으로 이런 믿음을 가지기 원합니다.

그러면, 우리가 어떻게 이런 체험적 믿음을 갖게 될 수 있을까요? 즉 우리가 어떻게 하나님을 체험하면서 살 수 있을까 하는 것입니다.

하나님은 나를 알까?

우리가 하나님을 안다고 할 때 아주 중요한 원리가 있습니다. 그것은 우리가 하나님을 아는 것도 중요하지만 하나님께서 나를 아는가 하는 문제입니다. 내가 하나님을 안다는 것과 하나님이 나를 안다고 하는 것은 전혀 다른 문제입니다. 그러나 우리는 이것을 착각할 때가 많습니다. 대한민국 국민이라면 대통령이 누군지 다 압니다. 그러나 대통령이 우리 개개인을 다 알지는 못합니다. 이렇게 우리가 그분을 안다는 것과 그분이 우리를 안다는 것은 별개의 문제입니다. 그래서 내가 그분을 알고 그분이 나를 알게 될 때 참으로 안다고 하는 것입니다. 이것이 진정한 앎입니다.

"그 날에 많은 사람이 나더러 이르되 주여 주여 우리가 주의 이름으로 선지자 노릇 하며 주의 이름으로 귀신을 쫓아내며 주의 이름으로 많은 권능을 행치 아니하였나이까 하리니 그 때에 내가 저희에게 밝히 말하되 내가 너희를 도무지 알지 못하니 불법을 행하는 자들아 내게서 떠나가라 하리라"(마 7:22-23).

이 말씀은 저에게 큰 충격을 주었습니다. 이 글을 읽는 여러분도 어쩌면 충격을 받으셨을지 모르겠습니다. 스스로는 하나님을 잘 알고 있다고 생각하여 일이 있을 때마다 "주여, 주여" 하며 주님을 부르기도 했습니다. 또 주님의 이름으로 권능을 행하기도 했습니다. 그런데 그런 사람들을 주님이 도무지 모르겠다고 하십니다.

여러분은 어떻게 생각하십니까? 여러분이 하나님을 아는 것만큼 하나님이 여러분을 알고 계시다고 생각하십니까?

성경에 보면 하나님이 크게 들어쓰시는 자를 하나님이 너무 잘 알아 주시고 있다는 것을 알 수 있습니다.

"그러나 나의 종 너 이스라엘아 나의 택한 야곱아 나의 벗 아브라함의 자손아 내가 땅 끝에서부터 너를 붙들며 땅 모퉁이에서부터 너를 부르고 네게 이르기를 너는 나의 종이라 내가 너를 택하고 싫어 버리지 아니하였다 하였노라"(사 41:8-9). ﹨

하나님께서는 아브라함을 나의 벗이라고 부르십니다. 이 얼마나 깊은 사귐입니까? 또 하나님께서는 모세에게 이렇게 말씀하십니다.

"여호와께서 모세에게 이르시되 너의 말하는 이 일도 내가 하리니 너는 내 목전에 은총을 입었고 내가 이름으로도 너를 앎이니라"(출 33:17).

그러면 하나님께서는 어떤 사람을 기억한다고 하십니까?

하나님의 뜻을 따르는 사람을 하나님은 기억하신다

먼저, 하나님의 뜻을 따르는 것을 좋아하는 사람을 하나님은 기억하십니다.

우리가 신앙생활을 하면서 저지르는 중대한 오류는 예수님을 일꾼으로 믿지 주님으로 믿지 않는다는 것입니다. 우리가 하지 못하는 어려운 일을 도와달라고 하는 등 원하는 대로 이용만 할 줄 알지 그분의 뜻을 따르지는 않는다는 것입니다. 입으로는 주여, 주여 하면서 말입니다. 비록 주님이 사랑이 많으셔서 그 사람을 도와주실지는 모르지만 주님은 그 사람을 기억하지 않는다는 사실을 기억하십시오. 그래서 우리 주님은 "나더러 주여 주여 하는 자마다 천국에 다 들어갈 것이 아니요 다만 하늘에 계신 내 아버지의 뜻대로 행하는 자라야 들어가리라"고 하신 것입니다.

예수 믿는 사람들이 해야 할 가장 중요한 일이 무엇이라고 생각합니까? 우리가 그분의 도움을 받아 문제를 해결하는 것이 중요한 것이 아닙니다. 문제는 예수님을 믿는 순간부터 자기의 뜻을 버리고 주님의 뜻대로 살아야겠다는 결단을 하는 것입니다. 그래야 천국 사람이 되는 것입니다. 천국이 꼭 죽어서만 가는 곳은 아니라고 말씀드렸습니다. 천국은 하나님의 뜻이 나타나는 모든 곳입니다.

독재자가 있어서 모든 뜻이 독재자의 뜻대로만 이루어지는 나라가 있다고 합시다. 만일 그 독재자가 잘못된 뜻을 품고 그 뜻을 이루게 했다고 하면 그 나라 백성들은 얼마나 고통 가운데 살겠습니까? 또 집안의 가장이 잘못된 뜻을 가지고 있어 가족들에게 그의 뜻을 이루게 한다면 그 가정이 얼마나 지옥같겠습니까? 그래서 어떤 뜻을 가지고 있느냐가 중요한 것입니다.

주님께서는 우리에게 기도를 가르쳐주셨습니다.

"그러므로 너희는 이렇게 기도하라 하늘에 계신 우리 아버지여 이름이 거룩히 여김을 받으시오며 나라이 임하옵시며 뜻이 하늘에서 이룬 것같이 땅에서도 이루어지이다"(마 6:9-10).

천국은 하나님의 뜻이 이루어지는 곳입니다. 이 세상은 우리가 어느 뜻을 좇아가느냐에 따라, 즉 하나님의 뜻이냐 사탄의 뜻이냐에 따라 천국도 되고 지옥도 될 수 있습니다.

이 세상은 유혹이 심한 곳입니다. 날마다의 유혹을 이기며 하나님의 뜻을 이루기 위하여 애쓰며 싸우는 사람을 하나님은 기억하십니다. 아니, 하나님의 뜻을 따르기를 기뻐하는 자를 하나님은 기억하시고 돕고 계시는 것입니다. 우리는 주님께서 겟세마네 동산에서 하셨던 기도를 기억해야 할 것입니다.

"가라사대 아버지여 만일 아버지의 뜻이어든 이 잔을 내게서 옮기시옵소서 그러나 내 원대로 마옵시고 아버지의 원대로 되기를 원하나이다 하시니 사자가 하늘로부터 예수께 나타나 힘을 돕더라"(눅 22:42-43).

하나님의 종을 하나님은 기억하신다

하나님은 누구를 기억하십니까? 하나님은 선지자 노릇을 하는 사람이 아니라 하나님의 선지자를 기억하십니다. 주님의 이름으로 선지자 노릇하며, 권능을 행하며, 귀신을 쫓아내어도 주님이 모른다고 할 수 있습니다. 그러나 여기서 우리가 조심할 것이 있습니다. 그것은 하나님의 능력 자체, 은사 자체를 부정해서는 안 된다는 것입니다. 하나님의 은사나 권능을 자기 것으로 사유화해서 선지자 노릇을 하면 안 된다는 것입니다. 은사나 능력을 통하여 하나님을 드러내게 하고, 하나님의 종으로서 하나님의 영광을 나타내야 합니다. 그래야 하나님이 기억하십니다.

베드로가 성전 미문에서 앉은뱅이를 주님의 능력으로 고쳤습니다. 그때 사람들은 모두 베드로를 칭찬하며 놀라워했습니다. 베드로가 이것을 보고 사람들에게 말했습니다.

"베드로가 이것을 보고 백성에게 말하되 이스라엘 사람들아 이 일을 왜 기이히 여기느냐 우리 개인의 권능과 경건으로 이 사람을 걷게 한 것처럼 왜 우리를 주목하느냐"(행 3:12).

"그 이름을 믿으므로 그 이름이 너희 보고 아는 이 사람을 성하게 하였나니 예수로 말미암아 난 믿음이 너희 모든 사람 앞에서 이같이 완전히 낫게 하였느니라"(행 3:16).

이 얼마나 놀랍습니까? 예수로 말미암아 난 믿음 때문에 병이 낫게 되었다는 사실을 기억하십시오. 현신애 권사님을 아실지 모르겠습니다. 그분이 기도하다가 잠깐 잠이 들었는데 꿈에 하늘나라에 갔다고 합니다. 예수님 앞에 가니 예수님이 아는 체도 안 하시더라는 것입니다. 그래서 너무 서운해서 "주님 저 모르세요?"라고 했더니 예수님이 모르겠다고 하셨답니다. 그래서 자기가 한국에서 많은 병을 고치고 기도원도 많이 세웠는데 모르냐고 했습니다. 그러자 주님이 그것은 너 자신을 위해서 했지 나를 위해서 한 일이 아니라고 했다고 합니다. 그분이 놀라서 잠을 깼습니다. 그 사건 이후로 이분은 변화되었습니다.

재주나 은사를 자랑하지 맙시다. 많이 배웠다고, 돈 잘 번다고, 지위가 있다고 선지자 노릇하면 안 됩니다. 진정으로 하나님의 선지자, 하나님의 종이 됩시다.

십자가를 지는 사람을 하나님이 기억하신다

"그 때에 내가 저희에게 밝히 말하되 내가 너희를 도무지 알지 못하니 불법을 행하는 자들아 내게서 떠나가라 하리라"(마 7:23).

예수님은 "불법을 행하는 자들아 내가 도무지 알지 못하겠다"고 하셨습니다. 법은 길을 말합니다. 즉, 주님이 가는 길과 다른 길로 가는 자를 불법을 행하는 자라고 말하는 것입니다.

예수님께서는 자신이 예루살렘에 올라가 장로들과 대제사장들과 서기관들에게 많은 고난을 받고 죽임을 당하고 제 삼 일에 살아나야 할 것을 제자들에게 가르치셨습니다. 그 때 수제자인 베드로는 그렇게 하시지 말라고 예수님께 말합니다. 그러자 예수님께서는 "네가 하나님의 일을 생각지 아니하고 도리어 사람의 일을 생각하는도다"(마 16:23)라고 꾸짖으시고 제자들에게 다음과 같이 말씀하셨습니다.

"아무든지 나를 따라오려거든 자기를 부인하고 자기 십자가를 지고 나를 좇을 것이니라"(마 7:24).

그렇습니다. 십자가를 지는 사람을 하나님이 기억하십니다. 우리는 십자가를 지는 법을 배워야 합니다. 그것이 좁은문으로 들어가는 길입니다.

"좁은 문으로 들어가라 멸망으로 인도하는 문은 크고 그 길이 넓어 그리로 들어가는 자가 많고 생명으로 인도하는 문은 좁고 길이 협착하여 찾는 이가 적음이니라"(마 7:13-14).

십자가는 지기 힘이 듭니다. 하지만 십자가 속에는 보화가 있습니다. 그것은 천국이요 영생인 것입니다. 이것을 아는 사람을 하나님이 기억하십니다. 하나님은 인간을 쓰실 때 아무나 쓰시지 않습니다. 십자가를 체험한 사람을 들어 쓰십니다.

우리는 살면서 많은 어려움을 당합니다. 하나님이 어려움을 주시는 이유는 십자가를 체험케 하기 위해서입니다. 죽음을 체험해 보라는 것입니다. 빨리 자아를 죽이라는 것입니다. 그러면 하나님이 쓰신다는 것입니다.

도공은 흙으로 그릇을 빚고 아름답게 그림을 그린 후 그 도기를 화로에 넣고 불을 땝니다. 그것이 구어지면서 생흙이 죽게 됩니다. 그러면 그 도기는 아름다운 백자도 되고 청자도 되는 것입니다. 십자가를 체험하는 것도 이것과 흡사합니다.

십자가를 아는 사람만이 하나님을 알고, 하나님도 그를 알게 됩니다. 그리고 이렇게 고백할 수 있습니다.

"관제와 같이 벌써 내가 부음이 되고 나의 떠날 기약이 가까웠도다 내가 선한 싸움을 싸우고 나의 달려갈 길을 마치고 믿음을 지켰으니"(딤후 4:6-7).

이렇게 고백하는 우리가 되기를 소망합니다. 우리가 하나님을 아는 것만큼 하나님이 우리를 아시기를 원합니다.

하나님을 안다는 것은

하나님 자신을 아는 것을 '야다' 라고 하는데 이는 부부관계처럼 친밀한 관계에서 쓰이는 말이다. 배우자에 대해 잘 모르고서는 일평생 동거동락할 수 없듯이 우리가 하나님을 모르고선 하나님과 함께하는 삶을 살 수 없다. 우리가 하나님을 아는 방법에는 말씀 묵상, 기도, 찬양하는 것이 있다. 하나님에 대해 계속 공부할 때 하나님에 대해 알 수 있게 될 것이다. 하나님을 알아가는 기쁨을 누릴 수 있을 것이다. 믿음이 성숙되길 원한다면 하나님을 공부하라. 그러면 반드시 그분은 자신을 보이실 것이다.

더 나은 믿음을 위해서

하나님께서는 우리가 성숙한 믿음을 가지기 원하신다. 하나님께서는 내게 필요한 것이라면 어떠한 방법으로도 주신다. 우리는 이러한 하나님을 믿고 내게 필요한 것을 구할 것만 아니라 주님의 뜻이 어디에 있는지, 그리고 주님께서 나에게 원하시는 일이 무엇인지를 알게 해달라고 구해야 한다.

어떨 땐 내가 계획한 일이 무참하게 부서지는 일도 있다. 그러나 그것으로 인해 좌절하기보다는 하나님의 뜻이 계시다고 믿고 하나님께 순종할 때 우리는 보다 나은 믿음을 가지게 되고 나를 향한 하나님의 뜻도 잘 알 수 있게 되는 것이다. 믿음은 말씀에 대한 순종이다. 하나님의 뜻이 무엇이든 그것에 대해 순종하는 것이 믿음이다.

우리는 보다 나은 믿음을 소유해야 한다. 정체되어서는 안 된다. 나의 인생을 이끄시는 분이 하나님임을 기억하고 그분의 뜻대로 사는 삶을 살기를 바란다.

일상생활에서의 믿음

이 장은 우리의 삶에 있어서 실제적으로 필요한 내용을 담았다. 〈일상생활에서의 믿음〉
은 우리의 지극히 평범한 일상생활 속에서 하나님을 만나는 길잡이가 될 것이다.

1. 구원이 절대적으로 하나님의 주권임을 믿는가

우리는 입으로는 구원은 100% 하나님께 있다고 말하지만 무의식 중으로, 때론 의식적
으로 내 공로도 있다고 믿기 쉽다. 이러한 의식은 우리로 하여금 시험들게 할 수도 있
다. 구원은 전적인 하나님의 주권이며, 우리가 하나님께 순종했을 때 이루어진다. 나는
이것을 믿는가?

2. 감당치 못할 일이 내게 다가왔을 때

우리는 종종 불가항력적인 어려움을 당할 때가 있다. 이때 어찌할 바를 모르고 주저앉
게 된다. 우리 힘으로는 도저히 감당하지 못할 어려움이 올 때 믿음을 가지고 명령하
라. 여기서 가장 중요한 것은 의심치 말아야 한다는 것이다. 의심치 않는 믿음은 산처
럼 꼼짝 않는 문제를 해결한다는 사실을 기억하자.

3. 나의 믿음을 하나님께 보여주자

종종 하나님은 우리에게 믿음을 보여달라고 요구하신다. 사르밧의 과부를 보라. 그녀
는 엘리야 선지자의 말을 믿고 조금 남은 그들의 음식을 내어주었다. 그녀에게 있어서
그 음식은 전부였다. 엘리야의 말을 믿고 전부를 내어준 것이다. 그렇게 심은 그녀의
믿음은 결국 그녀와 아들을 살렸다. 다음 비가 내릴 때까지 음식이 떨어지지 않는 축
복을 얻은 것이다. "어려움을 넘으려면 너의 믿음을 조금 보여다오"라고 하나님은 말
씀하신다. 심으면 풍성한 열매를 주신다. 이것이 하나님의 역사며 축복이다.

4. 믿음으로 들어가는 실제적인 방법

아무리 아름다운 곳이라 하더라도 그곳에 들어가지 않으면 그 곳에 대해 알 수 없다.
소문만 듣는 것으로, 사진만 보는 것으로는 안 되는 것이다. 믿음의 길은 날마다, 시간
마다, 상황마다 다르기 때문에 그때그때마다 하나님께 의존하고 구해야 한다. 오늘, 내

일이 다르기 때문에 늘 똑같이 처리할 수는 없는 것이다.

시험과 갈등을 통과하면 새로운 은혜를 받아야 한다. 정지하면 약해진다. 고인 물은 썩게 마련이다. 그래서 우리는 늘 새롭게 도전해야 한다. 그러기 위해 우리는 날마다 깨어 기도해야 하는 것이다.

5. 믿음은 다섯 가지 양태가 있다. 이것이 모두 있어야 온전한 믿음이 된다.

① 교리적 믿음—머리로 이해하는 믿음
② 구원하는 믿음—천국행 열차를 탈 수 있는 믿음
③ 칭의의 믿음—'구원하는 믿음'으로 의로워지는 믿음
④ 내주하는 믿음—하나님이 내 속에 연합하는 믿음
⑤ 일상적인 믿음—모든 일에 하나님이 역사하신다는 믿음

6. 하나님은 아래와 같은 사람을 기억하신다. '나'는 하나님이 기억하는 사람인가 점검해보라.

① 하나님의 뜻을 따르기 원하는 사람
② 하나님의 일을 하는 사람
③ 자기 십자가를 지는 사람

7. 하나님 자신을 간구하라

이 세상에서 누릴 수 있는 가장 축복된 응답은 '하나님' 자신을 받는 것이다. 이 이상의 큰 축복은 없다. 하나님 자신이 나에게 임하실 때 최고의 기쁨과 행복을 느낄 수 있다. 하나님과 동행하면 어떤 어려움도 문제가 되지 않는다. 하나님을 구하라!

제 2 장

기도로 하나님을 만나라

기도는 파선당한 자에게 항구이며,
물에 빠져가는 자에게 생명줄이며,
넘어지는 자에게 지팡이며,
가난한 자에게 보석이며,
병든 자에게 의사가 되며,
우리에게 축복의 길을 내며,
환란의 구름을 헤쳐낸다.
오, 기도여! 기도여!

-크리소스톰-

나 자신을 이기는 기도를 하라

신앙의 싸움은

밖에 있는 적과 싸우는 것이 아니라

나 자신, 육신을 이기는 것입니다.

기도만이 신앙의 싸움에서 이기게 합니다.

예수를 믿어도 육신에 속한 자는 분쟁과

시기와 시험과 어려움이 끊이지 않습니다.

기도를 해야만 그것을 넘어설 수 있습니다.

신앙의 적이 어디에 있는지 아십니까? 신앙의 적은 밖에 있지 않습니다. 자기 속에 있습니다. 신앙생활을 잘 하고 싶지만 나 자신, 육신을 극복할 수 없어 실패하는 경우가 많습니다. 자신을 이기는 사람은 신령한 사람이 됩니다. 영적인 사람, 능력 있는 사람, 성령충만한 사람이 되는 것입니다. 만일 자신을 이기지 못한다면 신앙의 어린 아이로 머물러 있을 수밖에 없습니다. 그러면 어떻게 해야 '나 자신'을 극복할 수 있습니까?

신앙의 싸움은 밖에 있는 적과 싸우는 것이 아니라 나 자신을 이기는 것이라고 이미 말씀드렸습니다. 기도만이 신앙의 싸움에서 이기게 합니다. 예수를 믿어도 육신에 속한 자는 분쟁과 시기와 시험과 어려움이 끊이지 않습니다. 기도를 해야만 그것을 넘어설 수 있습니다. 기도만이 유일한 길인 것입니다.

하나님께서 왜 사탄을 허락하십니까? 그것은 '자기 속에 있는 육신을 부수기 위해서'입니다. 이 과정을 이해하지 못하면 신앙생활을 해도 답답하고 어려움이 많지만, 이 과정을 넘는 방법을 알면 평강이 옵니다. 은혜 받고 평강이 오는 것 자체가 육신을 극복하는 것입니다. 육신의 장벽을 극복하는 것, 이것은 평생 동안 우리가 날마다 해야 할 일입니다.

나 자신은 어디에 속해 있는가

인간은 세 부류로 나눌 수 있습니다.

육에 속한 사람

육에 속한 사람은 '자연인'이라고도 하는데, 구원받지 못한 사람을 의미합니다. 이 사람은 신령한 것이라든가 은혜, 천국 등에 대한 감각이 전혀 없습니다. 영이 죽어 있는 사람입니다.

육신에 속한 사람

영은 구원을 받았으나 늘 육신에게 지는 사람을 말합니다. 속사람이 약한 '영적 어린아이'로 늘 시기와 분쟁이 떠나지 않습니다. 고린도전서 3장 1-3절 말씀에 이런 사람들의 특징이 잘 드러나 있습니다.

"형제들아 내가 신령한 자들을 대함과 같이 너희에게 말할 수 없어서 육신에 속한 자 곧 그리스도 안에서 어린아이들을 대함과 같이 하노라 내가 너희를 젖으로 먹이고 밥으로 아니하였노니 이는 너희가 감당치 못하였음이거니와 지금도 못하리라 너희가 아직도 육신에 속한 자로다 너희 가운데 시기와 분쟁이 있으니 어찌 육신에 속하여 사람을 따라 행함이 아니리요."

이 사람은 마음으로는 하나님의 법을 따르고자 하나 육신은 죄의 법을 따르고자 합니다. 이런 생활이 계속되면 그에게는 열매가 없습니다. 이런 사람은 좋은 열매를 맺기 힘들며, 믿지 않는 사람을 전도하기도 힘듭니다. 이 육신을 극복하는 것이 축복의 관건입니다.

영에 속한 사람

이 사람은 신령한 사람입니다. 육신이 없는 것이 아니라 영으로 육신을 이기는 사람입니다. 육신을 이길 때 '성령충만한 사람, 장성한 사람'이 됩니다. 이렇게 될 때 비로소 열매가 있고 평안과 겸손과 기쁨이 있습니다. 그러면 어떻게 이런 사람이 될 수 있습니까?

먼저 깨달아야 합니다. 이는 "말씀이 들어온다", "말씀을 먹었다"는 말로 표현할 수 있습니다. 말씀이 내 속에서 소화되고 양식이 되어야 합니다. 깨닫게 되면 매달리게 되고, 그러면 이기게 됩니다. 신령한 교인은 성령이 역사하는 사람입니다. 내 영이 온전하게 주의 영이 되는 것입니다(고전 6:17). 성령이 내 속에서 나를 온전히 이끌어가므로 내가 못하는 일을 하게 하십니다.

영에 속한 사람이 받는 다섯 가지 축복

1. 온전한 지혜를 받는다

영에 속한 사람은 온전한 지혜를 받게 되는데, 온전한 지혜란 하나님에 대한 지혜의 한 모퉁이를 알게 되는 것을 말합니다.

"그러나 우리가 온전한 자들 중에서 지혜를 말하노니 이는 이 세상의 지혜가 아니요 또 이 세상의 없어질 관원의 지혜도 아니요 오직 비밀한 가운데 있는 하나님의 지혜를 말하는 것이니 곧 감취었던 것인데 하나님이 우리의 영광을 위하사 만세 전에 미리 정하신 것이라"(고전 2:6-7).

인간은 크고, 많고, 지배하여야만 이기는 줄 압니다. 예수님에 대해 잘 모르는 사람은 이런 논리에 사로잡혀 삽니다. 믿는 사람들도 이런 논리에 빠져 살기 쉽습니다. 그러나 하나님이 우리에게 요구하시는 것은 정반대입니다. 높아진 자는 빈곤한 자입니다. 오히려 낮아진 자의 마음속에 충만함이 쌓이는 것입니다. 논리적으로 맞지 않다고 생각할지도 모르지만, 이것이 성경의 질서이고 축복입니다. '내가 아무것도 아니다' 라는 그 인식 속에 하나님이 역사하시는 것입니다.

예수님을 보십시오. 그분은 하나님이면서도 아버지가 원하는 대로만 말하고 행동하셨습니다. 그분은 겸손을 몸소 실천하셨습니다. 그분은 너무 크신 분이시기에 낮아지셨지만 본질이 변하지 않으셨습니다. 자기 자신이 전부가 되면 하나님은 전무(全無)하게 됩니다. 아담과 하와는 자기 자신이 전부인 상태로 가득했습니다. 그들이 선악과를 따먹은 이유는 하나님처럼 되려고 했기 때문입니다. 올라가려는 속성이 있는 한 사탄에게 붙들릴 수밖에 없습니다.

내가 아무것도 아니라는 것을 깨달을 때 하나님이 출발하십니다. 우리는 예수님의 겸손을 배워야 하며 온전한 가운데 다른 사람들을 섬겨야 합니다. 이것이 하나님이 주신 지혜입니다. 이런 지혜를 배울 때 우리 삶에 만족이 충만합니다. 이 십자가의 기본 진리를 이해하고 행할 때 예수님을 알았다고 할 수 있는 것입니다. 성령의 비밀로 우리 자아가 죽을 때 우리는 행할 수 있습니다. 사탄의 속성을 꺾고 우리의 어그러진 자아를 바로 돌려놓지 않으면 우리는 예수님과 상관없는 사람이 됩니다.

나 자신이 얼마나 보잘 것 없는 존재인지를 깨달을 때 우리는 자아를 버리게 됩니다. 그 자아를 버리는 날 은혜가 옵니다. 그 때 육신을 넘어서는 체험을 하게 되고 성령충만이 무엇인지 이해하게 됩니다. 시기와 질투가 사라지고 남을 사랑하게 됩니다.

우리는 병든 지혜 속에 사는 경우가 많습니다. 바울은 "내가 약할 때 기뻐한다"고 했습니다. 자신이 약할 때 그 속에 주님의 능력이 머물러 있게 되기 때문입니다. 내가 가장 참기 어려운 상황이 나를 가장 기쁘게 하는 상황이 될 수 있는 것입니다. 그래서 예수님은 십자가상의 처절한 순간에도 자유함을 누릴 수 있었고, 용서할 수 있었습니다.

2. 하나님의 예비한 것을 알 수 있다

"기록된 바 하나님이 자기를 사랑하는 자들을 위하여 예비하신 모든 것은 눈으로 보지 못하고 귀로도 듣지 못하고 사람의 마음으로도 생각지 못하였다 함과 같으니라"(고전 2:9).

영에 속한 그리스도인이 되면 하나님이 사랑하는 자들을 위하여 예비하신 것을 볼 수 있습니다. 성령께서 하나님의 예비하신 것을 보여주시는데 성령의 인도하심을 받으면 영이 몸의 행실을 이기게 됩니다. 고통 가운데 있을지라도 평안과 감사를 누리게 됩니다. 육신을 이기지 못하면 현실만 바라보게 되고 이로 인해 괴로워하지만, 하나님의 영으로 인도함을 받은 사람은 현실을 극복하게 되며 하나님의 자녀로서의 삶을 살게 됩니다.

3. 하나님의 사정을 알게 된다

하나님을 체험하게 되는 것입니다. 하나님과의 교제가 이루어져야 하나님의 사정을 알게 됩니다. 우리가 영에 속한 그리스도인이 될 때 하나님이 원하는 것을 알 수 있습니다. 느낌으로, 체험으로, 묻지 않아도 하나님의 사정을 알게 됩니다. 하나님이 가장 기뻐하시는 길을 알게 되는 것입니다. 특히 영혼 구원에 대한 관심이 깊어집니다. 전도는 우리 신앙의 방부제와도 같습니다. 전도는 생활로만 하는 것이 아닙니다. 전도는 기도를 많이 하고 담대히 말씀을 전하면서 이루어지는 것입니다.

4. 하나님이 은혜로 주신 것을 알게 된다

우리에게 주신 것은 100% 다 하나님의 은혜입니다. 영적인 사람이 되면 모든 것이 하나님의 선물임을 알게 됩니다. 우리가 어려움에 처하게 되고, 원하지 않던 일이 생기더라도 이는 하나님의 길로 인도하시는 하나님의 계획의 한 부분일 뿐입니다. 이 사실을 알게 되면 모든 일에 감사하게 되고 어려움을 하나님께 맡겨 이길 수 있게 됩니다.

"우리가 세상의 영을 받지 아니하고 오직 하나님께로 온 영을 받았으니 이는 우리로 하여금 하나님께서 우리에게 은혜로 주신 것들을 알게 하려 하심이라"(고전 2:12).

영적인 교인들의 특징은 모든 일에 감사의 생활을 한다는 것입니다. 하나님께서 우리에게 은혜로 주신 것들을 알게 됩니다. 그래서 숨을 쉬며 사는 것도 감사하게 되고, 매일매일 살아간다는 것 자체로도 무한한 감사를 드릴 수 있게 됩니다. 감사가 떠나면 삶이 곤고해지고 불평하고 시험에 들게 될 뿐입니다. 감사하는 성도가 가장 강한 성도입니다. 범사에 감사하는 사람, 그런 사람에게 사탄은 침투하지 못합니다. 세상이 감당하지 못하게 됩니다.

5. 하나님의 마음을 가지게 된다

영적인 사람들은 주님의 마음을 가지게 되는데, 주님의 마음을 가진 자는 함부로 판단하지 않습니다. 주님의 마음은 사랑하는 마음입니다. 사랑하는 마음이야말로 가장 신령한 마음이며 영적인 마음입니다. '영적'이라는 것은 영원한 가치가 유지된다는 의미가 있습니다. 상대방이 아무리 내게 악을 행하고 잘못해도 사랑하는 마음으로 살면 그 악을 이길 수 있습니다. '눈에는 눈으로 이에는 이로'라는 생각으로 상대방을 대하면 얻어지는 것은 상처와 미움뿐입니다. 예수님께서는 심지어 자기를 죽인 사람까지도 사랑하셨습니다. 그들에게 원망의 말 한 마디 하지 않으시고 그들을 포용하셨습니다. 영적인 사람들은 예수님의 마음을 가지게 됩니다.

신앙생활을 하는 사람이라면 누구나 영적인 사람이 되고 싶어할 것입니다. 육적인 생활을 벗어버리고 영적인 생활을 하는 비결은 오로지 기도밖에 없습니다. 기도를 해야 나 자신을 극복할 수 있는 것입니다. 우리 모두 영에 속한 사람이 되어 하나님이 약속하신 축복을 얻기를 소망합니다.

Pray Guide

기도함으로 자기 자신을 극복한 사람이 받는 축복

- 하나님의 지혜를 받는다
- 하나님이 사랑하는 자들을 위하여 예비하신 것을 볼 수 있게 된다
- 하나님의 사정을 알게 된다
- 하나님이 은혜로 주신 것을 알게 된다
- 하나님의 마음을 가지게 된다

Changing Pray

자기 속에 있는 육신을 부수려면…

먼저 하나님의 말씀을 받아들여야 한다. 성경은 "믿음은 들음에서 나며 들음은 그리스도의 말씀으로 말미암았느니라"(롬 10:17)고 말한다. 말씀이 내 속에서 소화되고 양식이 되어야 한다. 깨닫게 되면 매달리게 되고, 그러면 육신을 이기게 되는 것이다.

악의 세력을 제압하는 기도를 하라

능력이 있어도 말씀이

없으면 인격이 병들게 됩니다.

반면 말씀만 있고 능력이 없으면

그것 역시 아무것도 안 됩니다.

이 진리를 잘 깨달아서 양면을 다 볼 줄 알아야

승리할 수 있는 것입니다.

살다보면 우리가 아무리 노력해도 도저히 해결되지 않는 부분들이 있습니다. 사방이 가로막혀 도저히 어쩌지 못하는 부분이 살다보면 한두 가지 정도는 있게 마련입니다. 여러 가지 막힘의 이유가 있겠지만 그 중 악의 세력 때문에 막히는 경우를 살펴보고자 합니다. 악의 세력이란 사탄, 마귀, 귀신의 역사를 가리킵니다. 기도하면 악의 세력을 제압할 수 있게 되는데, 내가 할 수 없는 부분이 풀리는 역사가 일어납니다. 개인, 가정, 국가, 사회 그리고 교회에 이 역사는 일어날 수 있습니다.

악의 세력은 기도 외에는 이길 수 없다

그렇습니다. 악의 세력은 기도 외에는 이길 수 없습니다.

사업이 지독하게 안 된다든지, 남편이 지겹도록 술을 마신다든지, 자녀 문제, 직장 문제, 그리고 자신의 성격 문제 등의 문제들이 우리 주변에서 일어날 수 있습니다. 그런데 이 문제가 보통의 수준을 넘어 사람을 미치게 할 정도로 어려워진다면 문제가 있는 것입니다. 교회도 그렇습니다. 잔인할 정도로 어떤 문제가 풀리지 않고 어려워진다면 그건 무언가 문제가 있는 것입니다.

마가복음에 보면 귀신들린 아이를 예수님께 데려오는 장면이 있습니다. 제자들은 이 아이를 고치지 못했고 예수님은 19절에서 다음과 같이 말씀하십니다.

"대답하여 가라사대 믿음이 없는 세대여 내가 얼마나 너희와 함께 있으며 얼마나 너희를 참으리요 그를 내게로 데려오라 하시매."

예수님은 '믿음이 없는 세대'를 탄식하셨습니다. 예수님이 이 세상에서 사역했던 이유 중에 하나는 제자들에게 믿음을 심어주기 위해서였습니다. 이 사건 뒤에 제자들이 왜 자신들은 귀신을 쫓아낼 수 없었는지 예수님께 물어봅니다. 그 때 예수님은 이렇게 대답하십니다.

"기도 외에 다른 것으로는 이런 유가 나갈 수 없느니라."

신앙의 밸런스가 중요하다

신앙에는 내적 요소와 외적 요소가 있습니다. 내적 요소는 '내가 하는 부분'입니다. 나 스스로 죄 짓지 않고, 기도하고, 말씀 보는 생활을 하는 것입니다. 이렇듯 나 스스로 잘 하면 되는 부분입니다. 그러나 이 내적 요소만으로는 승리할 수 없습니다. 외적 요소를 알고, 이 부분에서도 승리해야 합니다.

외적 요소는 '환경적인 문제'입니다. 우리에게 영향을 미치는 악의 세력을 제압해야 합니다. 주로 순복음교회나 침례교에서는 외적 요소만을 강조합니다. 그러나 한쪽만 잘 하는 것으로는 충분하지 않습니다.

어느 한 부분으로 치우쳐서는 안 됩니다. 개인 신앙만 중요하게 여기는 것만으로는 충분하지 않습니다. 그 사람 속에서 역사하는 악한 사탄의 세력을 몰아내야 합니다. 또, 악의 세력을 쫓아낸 것만으로도 충분치 않습니다. 아무리 악한 세력을 내쫓았다 해도 자기 자신이 더러우면 그 악한 세력이 들어오기 때문입니다. 가령 어떤 사람이 구덩이에 빠졌다고 합시다. 일차적으로는 그 사람을 구덩이에서 건져내야 하지만 구덩이를 메워야 다시 또 거기에 빠지지 않을 것입니다.

보수교단인 장로교회에서는 주로 내적 요소만 강조합니다. 매일 기도하고 말씀 보는 것만 강조합니다. 이것이 기본능력을 갖추게 할 수는 있지만 부흥과 축복의 역사는 일어나기 어렵습니다. 반면, 내적 요소를 무시하고 매일 능력만 강조해도 그 인격이 병들어 있으면 역사가 일어나지 않습니다. 이 두 요소가 조화를 이루어야만 온전한 승리가 가능한 것입니다.

외적 요소를 살펴보겠습니다. 이 부분에 대해 잘 알지 못하는 사람들이 많습니다. 그러나 이 부분에 대해서도 눈을 떠야 근본적인 문제가 해결됩니다. 아무리 스스로 노력해도 바깥쪽에서 쳐들어오는 것을 이겨내지 못하면 당할 수 없기 때문입니다.

저는 목회를 하면서부터 외적 부분에 방해가 많다는 것을 깨달았습니다. 이것을 해결해야 목회가 조화를 이루게 된다는 사실을 알게 되었습니다. 능력이 있어도 말씀이 없으면 인격이 병들게 됩니다. 반면 말씀만 있고 능력이 없으면 그것 역시 죽도 밥도 안 됩니다. 이 진리를 잘 깨달아서 양면을 다 볼 줄 알아야 승리할 수 있는 것입니다.

'예수' 만이 악의 세력을 제압할 수 있다

'믿음' 은 헬라어로 '피스티스($\pi\iota\sigma\tau\iota\varsigma$)' 라고 하며, 그 의미가 매우 다양합니다. 각 방향에서 믿음을 설명할 수 있지만, 믿음은 한 마디로 '내 속에서 주님을 바로 받아들이는 것' 이라고 할 수 있습니다. 내 마음과 주님의 연합이라는 말입니다. 믿음의 분량은 내 속에서 주님이 얼마만큼 나타나는가 하는 정도로 측정할 수 있습니다. 이것은 단순히 예수님을 의지하고 신뢰하는 것만으로는 설명될 수 없습니다. 주님을 받아들이고 연합하여 내 속에서 주님이 나타나야 하는 것이 관건입니다. 이런 믿음만이 악의 세력을 쫓아낼 수 있습니다.

마가복음 9장에 보면 귀신들린 아이의 아버지가 처음에 "무엇을 하실 수 있거든 우리를 불쌍히 여기사 도와주옵소서"라고 하는 장면이 나옵니다. 그러자 예수님은 "할 수 있거든이 무슨 말이냐 믿는 자에게는 능치 못할 일이 없느니라"라고 말씀하십니다. 이 때 아이 아버지의 믿음은 절대적인 믿음이 아니었습니다. 그러나 "내가 믿나이다 나의 믿음 없는 것을 도와주소서"라고 다시 고백했을 때 능력이 나타났습니다. 예수님에 대한 절대적인 믿음은 기적을 일으킵니다.

예수가 절대적으로 옳다고 생각하는 사람에게는 자신이 나타나지 않습니다. 믿음이란 내 속에 예수가 얼마나 절대적으로 나타나느냐 하는 것입니다. 내 자아가 거부되고 예수님이 드러나야 합니다.

마귀는 예수만 나타나면 한 길로 왔다가 일곱 길로 도망갑니다. 마귀는 내가 잘나고 올바르고 똑똑해도 눈 하나 깜짝 안 하지만 예수만 드러나면 두려워합니다. 오늘날 많은 사람들은 자기를 드러내려고 합니다. 그렇기 때문에 능력이 나타나지 않는 것입니다. 기도하지 않는 이유는 '나 자신'에게 미련이 있기 때문입니다. 자기 자신이 괜찮은 사람이라고 믿기 때문입니다. 병든 교만이 있기에 기도하지 못하는 것입니다. 예수가 드러나야 한다는 진리를 안다면 기도하지 않고는 못 견딜 것입니다.

예수님은 첫째(first)에서만 역사하십니다. 둘째(second)에서는 역사하지 않으십니다. 이 사실을 기억하십시오.

기도는 의외로 간단합니다. 그것은 나를 부인하고 주님을 나타내는 것이라고 말할 수 있습니다. 기도 외에는 믿음을 키울 수 없으며 악의 세력을 쫓아낼 수 없습니다. 또한 기도는 믿음을 키우는 첩경입니다. 믿음을 체험한 사람은 언제 어디서든지 늘 기도합니다. 형식적이 아니라 어떤 환경에서도 기도합니다.

기도하면 예수를 잘 알게 된다

기도하면 살아 계신 하나님을 체험할 수 있게 됩니다. 기도는 주님과의 대화이기 때문에 기도를 많이 하다 보면 주님과 깊은 대화를 하게 됩니다. 주님을 '안다' 는 것은 여러 의미가 있습니다. 주님이 위대하고 엄청난 분이라는 것과, 하늘과 땅의 권세를 가진 분이시라는 것을 압니다. 주님이 그리스도시며 살아 계신 하나님의 아들이심을 알 수 있습니다. 베드로는 그 사실을 알았습니다.

저도 기도하다가 주님을 만났습니다. 그분이 창조주시며 전능자, 위대하신 분이라는 것을 알았습니다.

기도하는 만큼 주님을 알 수 있고, 자기 자신을 죽일 수 있습니다. 주님을 내세우지 않는 이유는 주님을 모르기 때문입니다.

"예수께서 나아와 일러 가라사대 하늘과 땅의 모든 권세를 내게 주셨으니"(마 28:18).

우리는 예수님을 강한 분으로 여기지 않고 약한 분으로 여길 때가 많습니다. 십자가에서의 모욕을 참으신 것, 다른 수많은 욕들을 참으신 모습을 보고 약하다고 여기는 것입니다. 그러나 예수님은 십자가의 연약함을 이기셨습니다. 그분은 지금 하늘 보좌 우편에 계시며, 우리에게 하늘과 땅의 모든 권세를 주셨습니다. 그분 말씀으로 우주의 질서가 다스려지는 것입니다. 요한복음 3장 34-35절이 이를 증거합니다.

"하나님의 보내신 이는 하나님의 말씀을 하나니 이는 하나님이 성령을 한량없이 주심이니라 아버지께서 아들을 사랑하사 만물을 다 그 손에 주셨으니.”

하나님은 예수님께 만물을 주셨습니다. 주님의 뜻에 합당한 기도를 하면 그분께서 풍성하게 채워주십니다. 때가 되면 정확하게 우리가 요청한 것들을 아낌없이 주십니다. 기도를 많이 하십시오. 기도는 질보다 양입니다. 기도를 많이 할수록 예수님에 대해 알게 되고, 예수님의 성품을 닮아가게 될 것입니다. 예수님의 성품을 닮아갈수록 나 자신을 잘 알게 됩니다. 나의 허물들, 연약함들을 알게 됩니다. 그것을 알게 될 때 나는 겸손해집니다. 주님께 매달리게 됩니다.

우리 인간들은 죄인입니다. 하나님께서는 자기의 형상대로 인간을 지으셨기 때문에 인간의 원래 모습은 선합니다. 하지만 아담과 하와가 죄를 범하게 된 후부터 이런 선한 모습을 잃어버리게 되었습니다. 원래 하나님이 창조하신 하나님의 형상을 되찾으려면 예수를 붙잡는 길밖에는 없습니다. 예수를 붙잡고 사는 여러분이 되기를 바랍니다.

기도하면 마귀를 알게 된다

기도하지 않는 사람은 절대로 영의 세계를 알 수 없습니다. 악한 세력이 지배하고 붙드는 것을 알 수 없습니다. 예수님은 베드로에게 “시험에 들지 않도록 깨어 있으라”라고 하셨습니다. 또 “보라 사단이 밀까부르듯 하려고 너희를 청구하였으나”라고도 하셨습니다. 우리가 깨어 있지 않으면 악의 세력에게 당하고 살 수밖에 없습니다. 그래서 베드로는 베드로전서 5:8에서 다음과 같이 절실하게 권면합니다.

"근신하라 깨어라 너희 대적 마귀가 우는 사자같이 두루 다니며 삼킬 자를 찾나니."

그는 많은 실패를 겪은 후 이 사실을 깨달았습니다. 우리는 마귀를 대적해야 합니다. 기도하지 않고 인간적인 방법으로 해결하려고 하지 마십시오. 하나님께 부르짖어 기도하시기 바랍니다. 그 때 상상치 못하던 놀라운 역사가 일어납니다. 치료의 역사가 일어납니다.

사람이 전폭적으로 하나님께 매달릴 때 변화를 받습니다. 야곱이 얍복강가에서 필사의 힘을 다해 하나님께 매달렸을 때 그는 '이스라엘'이라고 불리게 되는 축복을 받았습니다. 그는 축복을 얻어내기 위하여 밤새도록 환도뼈가 위골되기까지 매달렸습니다. 그러한 매달림이 결국 축복을 받게 한 것입니다.

이것이 믿음입니다. 이러한 믿음을 가지고 주님 앞에 나아가 기도하시기 바랍니다. 그럴 때 주님이 주시는 축복을 얻을 수 있습니다. 악의 세력이 물러가게 됩니다. 기도 외에는 악의 세력을 물리칠 수 없음을 기억하시기 바랍니다.

기도는 질보다 양이다. 기도를 많이 하라

우리가 기도를 많이 하면 할수록 기도의 질도 향상된다. 그러다 보면 하나님이 원하시는 기도를 하게 되는데 그럴 때 기도의 열매를 맺게 된다. 기도할수록 예수님에 대해 잘 알게 되고 예수님의 성품을 닮아간다. 나의 인간적인 연약함과 허물들을 알게 된다. 이럴 때 나 자신은 겸손해진다. 나의 삶이 변화되기 시작하는 것이다.

예수님의 이름으로 나아가라

오늘날 많은 사람들은 기도의 능력을 잃어가고 있다. 그것은 예수님을 믿지 않고 자기 자신을 믿기 때문이다. 사탄이 무서워 기도를 피하는 사람이 의외로 많이 있다. 예수님에 대해 모르기 때문에 이러한 현상이 나타나는 것이다. 악의 세력은 예수의 이름 외에는 두려워하는 것이 없음을 기억하자. 이 사실을 믿고 예수님의 이름으로 담대히 기도하라. 악의 세력을 대적하라. 그럴 때 악의 세력을 제압할 수 있다.

끈질긴 기도를 배우라

목이 곧은 기도는
하늘문을 닫게 만듭니다.
"하나님이 아니시면 길이 없습니다"라고
고백하고 밤낮으로 매달리십시오.
오직 주님만이 나를 도와주실 수 있는 분이라는
믿음을 가지고 매달리는 그런 심령에 하나님이
어떻게 역사하지 않으시겠습니까?

나님을 믿는 사람이 기도하지 않는다면 그의 신앙생활은 무기력할 수밖에 없습니다. 하나님은 성도 각각에게 무기를 주셨습니다. 그러나 그 무기들을 사용하는 것은 기도임을 알아야 합니다. 사용하지 않는 무기가 아무 소용없듯이 사용하지 않는 기도도 무기력합니다. 신앙생활을 오래 하고 성경을 많이 아는 것만으로는 승리할 수 없습니다.

그러므로 우리는 기도에 대해 배워야 합니다. 자기 방식대로만 하는 것은 안 됩니다. 수준이 높아져야 하는 것입니다. 구약시대와 신약시대, 그리고 오늘날의 기도가 다릅니다. 오늘을 살면서도 구약시대의 기도를 한다면 응답될 리가 없습니다.

기도에 대해 말하는 사람은 많지만 기도를 가르칠 수 있는 사람은 그다지 많지 않습니다. 기도는 이론이 아니기에 신학교에서도 '기도학'이라는 과목은 없습니다. 그만큼 기도는 실제로 우리가 해야 하는 것입니다. 생각날 때마다 하는 것은 기도라고 할 수 없습니다. 기도는 쉬지 말고 '되어져야' 합니다. 기도를 '하는' 것 이상 '되어져야' 한다는 말입니다.

기도의 최고의 비밀은 기도를 계속하게 된다는 사실입니다. 기도를 계속하지 않으면 전혀 하지 않는 것보다 나을는지 모르나 응답 받기가 쉽지 않습니다. 감정풀이로 기도해서도 안 되고 연설하듯, 혹은 위협을 느끼게 하는 폭력적인 기도는 하면 안 됩니다. 하나님을 알게 되고 기도를 알게 되면 그런 기도는 기도가 아니라는 것을 깨닫게 될 것입니다. 그러므로 성경에서도 기도를 배우라고 말씀합니다.

능력 있는 기도를 하게 되기까지는 많은 훈련과 실패를 거듭하게 됩니다. 우리가 은혜 받고 응답 받으면서 체험이 커지고, 그 체험이 쌓여지면서 기도를 배우게 되는 것입니다. 과부의 기도를 아십니까? 그 비유를 통하여 어떻게 해야 능력 있는 기도를 할 수 있을지, 그 비밀에 대해 생각해 보고자 합니다.

과부의 배짱을 배워라

과부는 이 세상 누구보다도 의지할 곳이 없는 사람입니다. 어쩌면 자식이 없을 수도 있고, 또 자식이 있다 해도 어릴지 모릅니다. 그러므로 그에게는 힘이 되는 것이 없습니다. 주님은 왜 과부 비유를 통해 기도를 가르치셨습니까? 그것은 이 과부에 대한 상징적인 의미가 있기 때문입니다. 이 세상 어느 것도 의지할 수 없는 사람, 이런 사람이야말로 그의 의지 대상이 생겼을 때 최고로 매달릴 수 있을 것입니다. 이는 이 세상 속에서 살아가는 경건한 그리스도인을 나타냅니다. 육신적으로 보면 그리스도인은 이 세상에 의지할 곳이 없습니다.

자기 자신은 부족한 것이 없다고 느끼는 사람에게 기도는 아무런 힘을 발휘하지 못합니다. 돈이나 지식, 능력, 배경, 자식 등이 무기라고 생각한다면 그에게 응답이 일어날 리 없습니다.

과부는 부족한 것 투성이었습니다. 그래서 그녀는 조금이라도 자신에게 힘이 될 수 있다고 생각한 불의한 재판관에게 매달립니다.

"그 도시에 한 과부가 있어 자주 그에게 가서 내 원수에 대한 나의 원한을 풀어 주소서 하되"(눅 18:3).

그러면 우리 그리스도인은 얼마나 더 간절히 그리고 절대적으로 하나님께 구하여야 하겠습니까? "주여! 당신만 의지합니다. 정말 주님밖에 없습니다"라고 고백할 때에 하나님의 역사가 일어납니다. 과부에게는 달리 꿈이 없었으므로 그는 막연하지만 재판관에게 밤낮으로 매달렸습니다. 우리도 "하나님이 아니시면 길이 없습니다"라고 고백하고 밤낮으로 매달려야 합니다. 목이 곧은 기도는 하늘문을 닫게 만듭니다. 자기가 가지고 있는 이 땅의 것이 힘이 된다고 생각하면 착각입니다. 그런 것들은 살아가는 과정일 뿐입니다. 중요한 것은 '내가 어떻게 하나님 앞에 매달려 살아가야 하는가' 하는 것입니다.

교회 직책을 맡고 봉사를 할 때에도 이런 마음으로 감당해야 합니다. 무엇이 내 기도의 장벽인가 깨달아야 하는 것입니다. 오직 주님만이 나를 도와주실 수 있는 분이라는 믿음을 가지고 매달리는 그런 심령에 하나님이 어떻게 역사하지 않으시겠습니까? 성경에는 이런 과부 기도를 함으로써 능력 있는 삶을 살았던 사람들의 이야기가 전개되어 있습니다.

과부 기도를 한 사람들

히스기야의 기도를 보십시오.

"나는 제비같이, 학같이 지저귀며 비둘기같이 슬피 울며 나의 눈이 쇠하도록 앙망하나이다 여호와여 내가 압제를 받사오니 나의 중보가 되옵소서"(사 38:14).

학의 특징이 무엇입니까? 목이 길다는 것입니다. 그 만큼 하나님을 기다린다는 표현입니다. 제비가 쉴새없이 지지배배거리는 것처럼 주님을 찾는다는 것입니다. "왕이 무슨 필요가 있습니까? 나를 살려 주소서" 하면서 눈이 침침해지도록 기도했을 때 하나님은 히스기야의 병을 고쳐주셨습니다.

한나의 기도도 그러했습니다.

"한나가 대답하여 가로되 나의 주여 그렇지 아니하니이다 나는 마음이 슬픈 여자라 포도주나 독주를 마신 것이 아니요 여호와 앞에 나의 심정을 통한 것뿐이오니"(삼상 1:15).

다니엘도 어려운 환경 속에서 오직 하나님만을 의지했습니다.

"다니엘이 이 조서에 어인이 찍힌 것을 알고도 자기 집에 돌아가서는 그 방의 예루살렘으로 향하여 열린 창에서 전에 행하던 대로 하루 세 번씩 무릎을 꿇고 기도하며 그 하나님께 감사하였더라"(단 6:10).

다윗도 침상을 띄울 만큼 눈물로 회개의 기도를 했고, 베드로도, 바울도 그런 기도를 했습니다. 이렇게 하나님을 의지할 때 능력을 일으킵니다.

사탄의 세력에 결정적 손해를 입혀야 한다

우리는 악한 세력, 사탄의 세력에 결정적인 손해를 입혀야 합니다. 우리는 누가 우리의 원수인가를 알아야 합니다. 겉으로 나타난 것이 원수가 아니고 배후에 숨어서 역사하고 있는 것이 원수입니다. 원래 사탄은 '속이는 자', '원수', '혁명자' 라는 뜻입니다. 그들은 보이지 않기에 속기 쉽습니다. 가령 누가 나를 어렵게 만들 때 그 사람 자체를 원수로 삼으면 백전백패할 수밖에 없습니다. 그 사람 역시 사탄에게 속아 붙들려 있는 상태인 것입니다.

'혁명자' 란 머리를 부정하는 사람입니다. '머리' 는 잘났든 못났든 하나님이 세운 것입니다. 감정에 의지하여 머리에게 대드는 것은 매우 위험합니다. 물론 머리가 잘못되었을 수도 있습니다. 그러나 그런 경우에라도 하나님이 하나님의 방법대로 처리하시도록 해야 합니다. 혁명을 일으킨 자들이 의로운 사람 같아 보이나, 이 세계의 역사를 살펴볼 때 혁명가는 누구든지 망하지 않은 사람이 없다고 할 수 있습니다.

박정희 대통령이 그랬고 전두환, 스탈린, 히틀러, 마르코스 등 우리가 실제 눈으로 보지 않습니까?

다윗과 같은 하나님의 사람을 보십시오. 그는 그 머리를 대적하지 않기 위해 얼마든지 사울을 죽일 수 있는 처지였음에도 불구하고 그의 옷자락만 베었습니다. 사울은 결국 스스로 죽고 말았습니다. 이것이 하나님의 방법이며 성경적 교훈인 것입니다.

창세기 3장 15절에는 인간이 타락한 후 하나님께서 최초의 복음을 주시는 장면이 나와 있습니다.

"내가 너로 여자와 원수가 되게 하고 너의 후손도 여자의 후손과 원수가 되게 하리니 여자의 후손은 네 머리를 상하게 할 것이요 너는 그의 발꿈치를 상하게 할 것이니라 하시고."

사탄은 하나님께 대적했을 뿐 아니라 인간을 타락시키며 멸망시키므로 하나님과 인간의 원수입니다. 불신자는 마귀의 세력 아래에 있으며 그 아래에서 신음하고 있습니다. 그러나 예수님께서 십자가의 권세로 원수 마귀의 권세를 파괴했습니다. 우리는 이 십자가의 사건에 의지하는 기도를 해야 합니다. 그럴 때 악의 세력이 힘을 잃고 물러납니다.

기도를 배우라

기도는 하나님을 섬기는 사람이라면 해야 하는 것이다. 기도는 '하는 것' 이상 '되어져야' 한다. 기도가 이어지지 않으면 기도응답을 받기가 쉽지 않다. 우리는 감정적으로 기도해서도 안 되고, 연설하듯 혹은 위협을 느끼게 하는 폭력적인 기도를 해서도 안 된다.

기도를 배우라. 하나님은 인격적인 분이시다. 어떻게 그분과 풍성한 교제를 할 수 있을지 기도를 공부하라.

기도의 양을 채우라

기도의 깊은 경지에 들어간 사람은 잠깐씩 기도해도 하나님과 연결되지만 대부분의 사람은 그렇게 하기가 힘들다.

기도해도 못 얻는 것은 아직 기도의 양이 채워지지 않았기 때문이다. 어떤 기도는 많은 기도의 분량을, 어떤 기도는 적은 분량을 필요로 한다. 그 기도의 양이 채워졌을 때 비로소 기도응답이 일어난다. 그러므로 우리는 끈질기게 기도해야 한다. 기도를 많이 하라. 그러다 보면 자연히 기도의 질도 좋아진다. 기도하다 보면 하나님의 뜻을 알게 되는데 이럴 때 비로소 기도가 되는 것이다.

응답받는 기도, 이렇게 하면 된다

기도만 열리면 인생을

살아가는 것이 즐겁습니다.

기도하면 환경을 이겨내는 힘을 받게 됩니다.

그래서 일상생활이 아무리 어렵고 괴로워도

이겨낼 수 있는 것입니다.

삶에 끌려 다니는 것이 아니라

삶을 이끌고 살게 됩니다.

너희가 얻지 못함은 구하지 아니함이요 구하여도 받지 못함은 정욕으로 쓰려고 잘못 구함이니라"라는 말씀의 의미를 아십니까? 물질, 능력, 사랑, 믿음 등 원하는 것을 얻지 못함은 구하지 않기 때문이라고 성경은 말씀합니다. 우리가 아무리 얻으려고 노력해도 인간의 힘으로는 얻지 못하는 것들이 많습니다. 시기해도, 남을 모략한다 해도 얻지 못하는 경우가 허다합니다. 물론 믿는 우리들은 이런 방법으로 얻으려고 해서는 절대 안 됩니다. 하나님께서는 원하는 것을 얻을 수 있는 방법을 소개하셨는데 그것은 바로 기도하는 것입니다.

기도는 질이 아니라 양이다

한번 계산해 보십시오. 건성으로 한 기도는 제외해야 합니다. 기도는 얻는 것과 비례합니다. "기도는 질이 아니고 양이다!" 이는 절대적으로 사실입니다. 기도는 얼마나 많이 했느냐가 중요합니다. 많은 사람들이 기도를 질로 계산하고 있습니다. '기도를 꼭 많이 해야 하나?' 이렇게 말하는 사람은 아직 기도가 무엇인지 모르는 사람입니다. 기도는 잘한다 못한다가 없습니다. 기도의 양이 적기 때문에 얻지 못하는 것입니다. 기도의 분량과 얻는 것은 일치합니다. 이것이 가장 속기 쉬운 부분입니다. '인격적으로…점잖게…' 라는 말은 의미없습니다. 기도하지 않는 것보다는 낫겠지만 문제는 기도의 양인 것입니다.

건성으로 하는 것은 기도라고 할 수 없습니다. 우리는 철저히 기도해서 얻는 방법을 배워야 합니다.

"많이, 길게 하라! 짧게 하는 것은 기도가 아니다!"

저는 감히 이렇게까지 표현하고 싶습니다. 물론 기도의 깊은 경지에 들어간 사람은 잠깐씩 기도를 해도 하나님과 연결됩니다. 그러나 대다수의 사람은 그렇지 않습니다.

먼저 기도로 하나님께 구하십시오. 그렇게 기도하다 보면 하나님께서는 인간이 구한 것이 하나님의 뜻에 합당한 것인지 그렇지 않은 것인지 알려 주십니다. 그 후에 기도를 교정하면 되는 것입니다.

교회에는 나오지만 기도의 능력을 받지 못한 사람이 너무 많습니다. 형식적으로만 알고 있는 사람이 많다는 것입니다. 그러나 반드시 기도의 능력을 받아야 그 사람의 모든 문제가 해결됩니다. 구원받는 것은 믿음으로 되지만, 하나님의 축복, 능력, 은혜, 은사, 성령의 열매 이러한 모든 것은 90% 이상 기도로 이루어집니다.

많은 사람이 기도하면 이루어질 것이라고 막연히 생각할 뿐 실질적으로 기도하지 않습니다. 이것은 큰 문제입니다. 기도만 열리면 인생을 살아가는 것이 즐겁습니다. 기도하면 환경을 이겨내는 힘을 받게 됩니다. 삶에 끌려 다니는 것이 아니라 삶을 이끌고 살게 됩니다. 그래서 일상생활이 아무리 어렵고 괴로워도 이겨낼 수 있는 것입니다.

또한 기도해야 말씀을 들을 때 은혜를 받습니다. 설교가 길고 지루하다고 느끼는 것은 영적 생활에 문제가 있다는 표시입니다. 은사도 기도하는 사람만 개발되는 것입니다. 가르치고, 다스리고, 사랑하고, 손대접하고, 전도하는 등 모든 은사는 기도하지 않으면 성공할 수 없습니다. 성령의 열매도 기도할 때 맺게 되어 있습니다. 모든 것이 기도와 연결되어 있습니다.

큰 소리로 하나님께 부르짖으십시오. 묵상기도는 개인적으로 하시되 금요철야기도라든지 목소리를 내어 기도할 때에는 맘껏 하나님께 부르짖으십시오. 한국 교회의 부흥은 통성기도 소리와 비례한다고 볼 수 있습니다. 그 속에서 성령이 불꽃처럼 역사하기 때문입니다.

기도하면 환경이 움직인다

하나님이 창조한 이 세계는 뜻의 세계입니다. 하나님의 뜻에 순복하게 되어 있습니다. 불의한 일이 법적 제재 없이 적당히 넘어가는 것처럼 보이고, 불의가 승리하는 것처럼 보이지만 잘못된 것은 언젠가는 드러나게 되어 있습니다. 이러한 사실을 알면 기도할 수 있습니다. 우리는 환경에 힘입어 무언가 일을 해보려고 하지만 환경은 뜻에 따라 움직입니다. 문제는 그 뜻이 옳지 않을 때 환경도 꼬이게 된다는 것입니다.

하나님께서는 "빛이 있으라! 물 가운데 궁창이 있어 물과 물로 나뉘게 하리라. 땅은 풀과 씨 맺는 채소와 각기 종류대로 씨 가진 열매 맺는 과목을 내라"고 말씀하셨습니다. 그러한 명령 속에 하나님의 뜻이 있습니다. 이렇게 뜻이 먼저이고 창조가 나중입니다. 천지창조라는 뜻이 먼저 정해지고 그 후에 말씀이 선포되었습니다. 따라서 환경을 바꾸는 것은 뜻을 알고, 믿음을 선포하고, 행함으로 나아갈 때 이루어질 수 있습니다.

백성들이 여리고 성을 돌 때를 생각해 봅시다. 하나님께서는 그들에게 여리고성을 주셨다고 말씀하셨습니다. 백성들이 그 성을 6일 동안 매일 한 바퀴씩 계속 돌았다는 것은 여리고성을 주신다는 하나님의 뜻을 백성들에게 가르치심을 의미합니다. 드디어 일곱째 날 소리지를 때 성이 무너져 내렸습니다. 그것은 환경이 무너짐을 의미합니다. 이렇게 뜻이 먼저이고, 그 다음 믿음이 오고, 그 후에 환경이 변하는 것입니다.

지금 어려운 상황으로 고민하고 있는 분이 있다면 더이상 고민하지 마시고, 이 원리를 가슴에 새기십시오. 아무것도 염려하지 말고 감사함으로 하나님께 아뢰십시오. 지금부터 이 원리를 깨닫고 믿음을 가지고 행동함으로 바꿔나가십시오.

왜 기도가 필요합니까? 첫째는 뜻을 아는데, 즉 깨달음을 얻기 위해 필요합니다. 이는 정적인 믿음입니다. 다음으로는, 아는 것에 대한 믿음을 가지고 그 믿음으로 행동하기 위해서입니다. 이는 동적인 믿음입니다. 이러한 두 고리를 연결하는 것도 기도입니다. 그렇기에 기도는 필수 불가결한 것입니다. 깨닫고 그 깨달은 것을 믿음으로 행동에 옮겨야 합니다. 기도하지 않으면 세상의 뜻, 육신과 정욕의 뜻이 옵니다. 그러나 기도하면 그 만큼 하나님의 뜻이 옵니다. 그러므로 "쉬지 말고 기도"해야 하는 것입니다.

이제, 어떻게 기도해야 응답을 받는지 살펴보겠습니다. 이는 단순하지만 심오한 진리입니다.

응답받는 기도의 5단계

첫째 단계 / 마음을 하나님께로 돌려라

기도하는 순간 생각이 하나님께로 가야 합니다. 하나님과 생각이 통한다는 것은 큰 축복이며 위대한 일입니다. 하나님은 언제나 열려 있습니다. 그러므로 나 자신만 열리면 됩니다. 다니엘 10장 12절 말씀에 이에 대한 증거가 있습니다.

> "그가 내게 이르되 다니엘아 두려워하지 말라 네가 깨달으려 하여 네 하나님 앞에 스스로 겸비케 하기로 결심하던 첫날부터 네 말이 들으신 바 되었으므로 내가 네 말로 인하여 왔느니라."

결심한다는 것은 생각을 한다는 말입니다. 답답할 때 '기도해야지…' 하고 마음만 먹으면 하나님과 연결이 된다는 것입니다. 우리가 지켜야 할 것들이 많지만 가장 최우선으로 지켜야 할 것은 마음입니다. 무릎 꿇는 것이 우리 삶의 첫 번째가 되어야 합니다. 한번 해보십시오. 그러면 빼앗겼던 마음을 찾아올 수 있습니다. 마음을 사탄에게 빼앗기면 아무 소용이 없기 때문에 이 잃어버린 마음을 되찾아오는 것이 가장 중요합니다.

둘째 단계 / 마음을 하나님께 쏟아놓아라

물질 문제, 사람 문제, 걱정, 근심, 시기, 질투, 분노 등 이 모든 무거운 것을 하나님께 그대로 쏟아 놓는 것이 중요합니다. 이러한 것이 왜 필요합니까?

"한나가 대답하여 가로되 나의 주여 그렇지 아니하니이다 나는 마음이 슬픈 여자라 포도주나 독주를 마신 것이 아니요 여호와 앞에 나의 심정을 통한 것뿐이오니 당신의 여종을 악한 여자로 여기지 마옵소서 내가 지금까지 말한 것은 나의 원통함과 격동됨이 많음을 인함이니이다"(삼상 1:15-16).

한나는 술취한 여자처럼 원통함을 하나님께 토로했습니다. 토로할 때부터 무거움에서 자유를 얻게 됩니다. 잘했든 못했든 상관없습니다. 마음에 눌려 있는 상태 그대로 하나님께 털어놓으십시오. 그러면 하나님께서 대답하십니다. 기도는 어려운 것이 아닙니다. 있는 그대로 털어놔야지 하나님이 들으십니다. 하나님은 자기 본 모습을 숨기고 거짓된 모습으로 나아가는 것을 싫어하십니다. 자기의 모습을 하나님께 고백할 때 마음의 평화를 누릴 수 있습니다.

셋째 단계 / 자아의 활동을 막아라

이는 매우 중요합니다. 왜 중요합니까? 우리에게 어려운 일이 닥치고 상황이 어려워지는 대부분의 이유는 자아의 뜻대로 했기 때문입니다. 우리가 예수님을 믿는 사람이라 할지라도 자아가 강한가 아니면 예수의 뜻이 강한가 하는 것은 상충되는 부분입니다. 문제는 자아가 앞설 때입니다. 자아가 앞서게 되면 삶이 힘들어집니다. 자아에서 나오는 일은 실패합니다. 예수를 믿는다고 해도 기도하지 않으면 우리는 자아의 의지대로 할 수밖에 없습니다. 그러나 기도하면 계속 자아가 죽습니다. 자아에서 동작이 나타나지 않도록 묶는 것, 그것은 어려운 싸움입니다.

기도하면 왜 좋아집니까?

우리의 환경은 중성입니다. 이 중성의 환경이 하나님의 뜻에 의해 움직여집니다. 이 세상에는 하나님의 뜻과 흑암의 뜻이 공존하고 있습니다. 흑암의 뜻은 변질된 사탄의 뜻입니다. '나'도 뜻이 있는데 이는 '의존의 뜻'이라 할 수 있습니다. 그리하여 나의 뜻이 하나님의 뜻을 받아들이면 하나님의 뜻대로 움직여 복된 결과를 가져오게 되고, 나의 뜻이 흑암의 뜻을 받아들이면 사탄의 뜻대로 움직여 불행해지는 결과를 낳게 됩니다.

내 자아가 뛰쳐나오면 100% 흑암의 세력과 연결되므로 내 자아를 죽여서 하나님의 뜻이 나타나게 해야 하는 것입니다. 그렇게 되면 환경이 어려워 보여도 축복으로 연결됩니다. 하나님의 뜻을 알면서도 그것을 외면하고 자아와 결탁하게 되면 당장은 환경이 되어지는 것 같아도 결국은 불행으로 가게 됩니다.

사도행전 16장 6-10절을 보면 바울이 아시아로 가려 했을 때 성령이 막으신 장면이 나옵니다. 바울은 기도를 함으로써 성령의 뜻을 알게 된 것입니다. 그래서 그 발걸음을 돌려 마게도냐로 가게 되었습니다. 만일 그가 기도하지 않았다면 아시아로 가서 큰 낭패를 당하게 되었을 것입니다.

오늘도 이런 역사는 기도함으로 이루어집니다. 어려운 상황 속에서도 평안을 잃지 않고 살고 있는 사람들이 많습니다. 우리의 뜻이 하나님의 뜻보다 낮아져서 순종하게 되기를 소망합니다.

넷째 단계 / 기도를 통해 보라

기도해야 보게 되고 알게 됩니다. 이는 같은 말입니다. 이미 하나님이 다 해놓은 것을 보게 하는 것이 기도입니다. 우리를 향한 하나님의 뜻이 있다는 것은 이미 하나님이 완벽하게 일을 해놓았다는 말입니다. 이 단계에서 기도의 능력이 나타납니다.

> "그 신복 중에 하나가 가로되 우리 주 왕이여 아니로소이다 오직 이스라엘 선지자 엘리사가 왕이 침실에서 하신 말씀이라도 이스라엘 왕에게 고하나이다"(왕하 6:12).

이스라엘의 선지자 엘리사가 아람왕이 하는 말을 기도 중에 듣고 그것을 이스라엘 왕에게 고하기 때문에 매번 아람이 진다고 신하가 고하고 있는 장면입니다. 기도함으로 아람왕이 침실에서 하는 말까지 다 알고 있었던 것입니다. 아람왕이 보낸 말과 병거와 많은 군사가 엘리사를 잡으러 그가 있는 곳을 둘러쌌습니다. 엘리사의 종이 이 장면을 보고 황급히 엘리사에게 고하고 두려워했습니다. 그러나 엘리사는 두려워하지 말라고 했습니다. 그는 자기를 지켜주는 불말과 불병거를 기도 중에 보았던 것입니다.

이렇게 우리는 뜻을 봄으로써 길을 보게 됩니다. 그럴 때 완벽한 준비가 보입니다. 더 이상 손댈 수 없을 만큼 완벽한 승리를 보게 됩니다.

하나님은 왜 이렇게 만들어놓고 우리로 하여금 기도하게 하십니까? 하나님은 사람을 통해 일하기 때문입니다. 그렇기에 우리가 기도를 통해 이러한 것들을 보기 원하십니다. 기도해서 본 사람만이 하나님의 일을 행할 수 있습니다. 마태복음 14장 6절에서도 예수님은 오병이어의 기적을 일으키기 위해 "너희가 먹을 것을 주라"고 했습니다. 이미 다 준비되어 있다는 뜻입니다. 믿음으로 보기를 원한다는 말씀입니다.

다섯째 단계 / 기도를 통해 순종하라

순종할 때 하나님의 영광이 나타나게 됩니다. 영광이란 하나님이 나타나시는 것을 말합니다. 다시 말해 '하나님이 저 사람을 통해 일하시는구나' 라는 사실을 다른 사람들이 느끼게 되는 것입니다. 사람 스스로의 힘으로 일하면 하나님의 영광이 나타나지 않습니다. 기도해야 나를 순종케 할 수 있고, 하나님의 영광이 나타납니다. 이때 축복이 오게 됩니다. 나를 하나님께 드리고 먼저 하나님의 나라와 의를 구할 때 나머지 것들은 하나님이 책임져 주시는 것입니다.

우리 모두는 하나님의 종입니다. 성도가 하나님의 뜻대로 살기만 하면 길은 열리게 되어 있습니다. 기도가 되면 삶의 문제가 해결됩니다. 대부분의 사람들은 마음을 쏟아놓는 데까지만 하려고 합니다. 그저 후련한 감정을 느끼는 것으로 만족해 합니다. 또한 사탄은 우리가 늘 '뜻대로 기도해야 한다' 고 속이고 있습니다. 인간이 어떻게 하나님의 뜻을 모두 알겠습니까? 우리는 하나님의 뜻을 단번에 알 수 없습니다. 그러므로 우리는 많이 기도해야 합니다. 뜻을 찾아가는 기도를 해야 합니다.

아이를 키우다 보면 저절로 '부모 속도 모르고…' 라는 한탄이 나올 때가 있습니다. 하지만 아이가 어떻게 부모 속을 알겠습니까? 그 아이가 장성해서 부모가 되어봐야 그 속을 알 수 있습니다. 그 당시는 모릅니다. 그러므로 많이 기도해야 합니다.

우리는 한나가 밤새 술취한 것처럼 기도했듯이 간절하게 기도해야 합니다. 하나님의 아들이신 예수님이 밤새도록 기도해야 할 이유가 무엇입니까? 그분이 죄가 있으셔서 그랬습니까? 그분이 울면서 땀방울이 핏방울이 되도록까지 왜 기도하셔야 했겠습니까?

우리는 기도에 힘써야 할 것입니다. 매일 기도의 양을 늘리십시오. 그렇게 해서 응답받는 기도의 네 번째 단계인 '기도를 통해 보게 되는' 단계에 이르게 되면 그때에 비로소 기도가 되는 것입니다.

마음에 새기는 응답받는 기도의 5단계

1. 마음을 하나님께로 향하라
2. 마음을 하나님께로 쏟아놓으라
3. 자아의 활동을 막아라
4. 기도를 통해 보라
5. 기도를 통해 순종하라

Changing Pray

당신이 절망상태에 놓여 있다면 끈질기게 기도하라

절망적인 상황에 놓여 있을 때 당신은 어떻게 하는가. 성경은 "구하라 그러면 너희에게 주실 것이요 찾으라 그러면 찾을 것이요 문을 두드리라 그러면 너희에게 열릴 것이니"라고 말씀하신다. 오직 주님만이 당신을 도우시는 유일한 분임을 믿는가? 그분이 당신의 환경과 당신의 기도를 도우실 것을 믿는가? 야곱이 얍복강가에서 천사와 씨름했던 사건을 기억하라. 죽으면 죽으리라 하고 매달리는 기도, 그런 기도를 드리라. 그럴 때 당신은 절망에서 해방될 것이다.

큰 기도가 이뤄지면
작은 기도도 이뤄진다

먼저 하나님의
나라를 위해 기도하면 다른 것들을
더해주시겠다고 주님은 말씀하셨습니다.
우선순위를 생각하십시오. '내게 있어서 가장 큰 기도가
무엇인가' 를 먼저 생각하고
그 다음에 내게 필요한 것을 구하십시오.

우리가 '큰 기도' 라 말할 때 그것은 중요하다, 중요하지 않다를 의미하는 것은 아닙니다. '크다' 라는 말은 '근본적이다' 라는 뜻입니다. 바꾸어 말하면, 큰 기도가 이루어지면 작은 것은 저절로 이루어집니다.

오늘날 많은 사람들이 부스러기 기도를, 중요하지 않은 기도를 하고 있습니다. 기도는 하나님이 성도에게 축복하는 최고의 길입니다. 하나님의 축복은 열차와도 같습니다. 기도는 그 열차가 달릴 수 있는 철로입니다. 열차 안에 축복이 가득 실려 있어도 철로가 없으면 열차는 내

게로 올 수 없습니다. 남편이 잘 되기를, 아내가 잘 되기를, 자녀가 잘 되기를 바란다면 그들을 위해 철로를 깔아야 하는 것입니다. 기도하지 않으면서 범사에 잘 되기를 바란다는 것은 있을 수 없는 일입니다. 기도는 성경에서 말하는 가장 기본적인 복 받는 원리입니다.

무조건 토해놓아라

아무것도 염려하지 말고 감사함으로 기도하십시오. 무슨 일이 염려가 되고 걱정이 되면 기도하라는 신호입니다. 무슨 일이든 내 마음에 부담이 오면 이를 위해 기도해야 합니다. 기도로 이 부담을 덜면 축복이 되지만 염려만 하고 있으면 해가 됩니다. 그러므로 부담은 항상 기도로 연결되어야 합니다. 대부분의 사람들은 염려하여 앞을 내다보지 못하지만 믿는 사람은 기도를 함으로 앞을 내다볼 수 있습니다. 기도하면 축복의 문이 열립니다. 계속 기도하십시오. 기도의 철도를 깔아 놓으면 언젠가는 축복이 기도를 타고 오게 됩니다.

하나님 앞에 상세하게 부담스러운 자기 마음을 토해놓다 보면 자기 자신이 왜 마음에 부담이 오는지 알게 됩니다. 그 원인이 무엇인지를 깨닫게 되는 것입니다. 가령 전도하라는 명령이 부담이 된다면, 이를 위해 기도할 때 자신이 영혼을 사랑하지 않았다는 것을 깨닫게 됩니다. 무관심했다는 것을 알게 되는 것입니다. 이런 사실들을 자기 입으로 고백하고 회개하고 하나님께 도와달라고 말하십시다. 평강이 올 때까지 기도하면 어느 순간 전도할 수 있는 능력이 생기게 됩니다. 열매를 거둘 수 있게 됩니다. 이것은 기도함으로 가능한 일입니다. 'A'라는 목표를 위해 기도하게 되면 그 'A'가 내게 오든가 내가 'A'에게 가든가 해서 결국 내가 'Ａ'에 도달하게 되는 신비한 역사가 일어납니다. 이 진리를 터득하면 많은 부분에서 승리할 수 있습니다. 하나님께서는 성도가 고통스러워하고 고민하는 것을 바라지 않으십니다. 우리가 죄를 짓고 세상 걱정을 함으로 해서 근심 걱정이 생기는 것일 따름입니다.

우선순위를 두고 기도하라

기도에도 순서가 있습니다. 큰 기도를 먼저 하면 작은 기도는 이루어지게 되어 있습니다. 예수님께서는 "먼저 그의 나라와 의를 구하라"고 말씀하셨습니다. 그렇게 하면 "이 모든 것을 너희에게 더하시리라"고 하셨습니다. 세상 나라가 번창하기 위해선 먼저 하나님 나라가 번창해야 됩니다. 여러분은 특히 교역자를 위해 기도해야 합니다. 영적 리더인 교역자가 시험당하지 않고 하나님 앞에 바로서게 해달라고 늘 기도해야 하는 것입니다. 사탄의 공격이 차단되어질 수 있도록, 영적으로 깨어 있는 교회가 되기를 소망하며 교회를 위해, 교역자를 위해 늘 기도하십시오.

물론 작은 기도도 아주 세밀한 부분까지 해야 합니다. 그러나 먼저 하나님의 나라를 위해 기도하면 다른 것들을 더해주시겠다고 이미 주님은 말씀하셨습니다. 문제는 우선순위입니다. '내게 있어서 가장 큰 기도가 무엇인가'를 먼저 생각하고 그 다음에 내게 필요한 것을 구하라는 것입니다. 집을 먼저 짓고 그 다음에 방을 꾸미고 그 다음에 가구를 들여놓듯이 순서가 맞아야 합니다.

그렇다면 큰 기도제목은 무엇이겠습니까?

첫 번째 큰 기도 제목

"그 영광의 풍성을 따라 그의 성령으로 말미암아 너희 속 사람을 능력으로 강건하게 하옵시며"(엡 3:16).

바울이 관심을 가진 첫 번째 큰 기도제목은 속사람이 강건해지는 것이었습니다. 하나님이 우리에게 요구하시는 가장 큰 기도제목은 성령으로 말미암아 우리의 속사람이 강건해지는 것입니다. 이것처럼 귀한 기도가 있을 수 없습니다.

예수님을 알기 전 우리에게는 겉사람밖에 없었습니다. 이 겉사람은 육체, 세상 그리고 현재에 관계되어 있습니다. 육체가 늙어가면 아무리 치장을 해도 그 늙음을 감출 수 없습니다. 겉사람을 유지하기 위해 돈에 집착하고, 건강에 집착하고, 젊음에 집착하게 되면 그 인생은 공허할 수밖에 없습니다. 이런 겉사람이 왕성하면 날마나 죄를 지을 수밖에 없습니다. 더욱이 세상은 죄를 짓게 하는 요소들로 가득차 있습니다. 세상 임금이 마귀이기 때문입니다. 성경은 이러한 겉사람이 죽고 속사람이 살아야 한다고 말씀하십니다.

속사람은 거듭난 사람입니다. 그 안에서 예수의 영이 살아납니다. 예수의 영이 살아난다는 표현은 바울이 사용하는 특별한 용어이며, 이 말은 성령이 들어오셔서 인격이 새로 태어난다는 말입니다. 이 속사람은 영적인 것에 관심이 있습니다. 거듭나게 되면 신령한 것에 끌리게 되고 말씀이 꿀송이처럼 느껴집니다. 하나님 나라를 그리워합니다. 영원한 세계, 천국을 바라봅니다. 현재가 아니라 영원한 세계를 사랑합니다.

이 속사람과 겉사람은 대립합니다. 겉사람이 왕성하면 속사람이 죽고, 속사람이 왕성하면 겉사람이 죽습니다. 속사람은 의를 행하게 하고 영생을 얻게 합니다. 육체를 갖고 있으나 신령한 것에 초점을 두고, 이 세상에 살지만 하나님 나라가 기준이 되며, 현재에 살되 영원을 바라봅니다. 이러한 속사람이 강건해질 때 죄를 짓지 않게 되고, 의를 행하게 되고 영생의 축복을 얻게 됩니다.

대부분 사람들의 기도제목들은 겉사람과 연관되어 있는 경우가 많습니다. 그러나 속사람이 강건해지기를 바라는 기도가 삶에 있어서 가장 유용한 기도입니다. 속사람이 강건해질 때 겉사람으로부터 자유를 얻을 수 있습니다. 속사람이 강건해지면 죽음이라도 초월할 수 있습니다. 때가 되면 분명히 알고 깨닫게 됩니다. 그러면서 육체를 벗어나는 준비를 하나님이 시키십니다. 그래서 두려움을 극복하고 여행하는 기분으로 벗어날 수 있습니다.

"심령이 가난한 자는 복이 있나니 천국이 저희 것임이요"(마 5:3).

이 말씀에서 심령이 가난한 자는 겉사람이 약한 자입니다. 자기 것이 없다는 것을 깨달은 자입니다. 지금 우리가 느끼는 억울함, 불행, 그 모든 부정적인 감정은 겉사람이 느끼는 것입니다. 속사람은 경쟁하지 않습니다. 온전히 사랑하고, 하나님 은혜를 바라보고 남을 용서합니다. 우리에게 항상 두 마음이 있으나 속사람은 한 번도 다른 사람을 미워하지 않습니다. "내 속에는 작지만 남을 전혀 미워할 수 없는 속사람이 있습니다"라고 입술로 고백해 보십시오. 그럼에도 불구하고 남을 미워한다면 속사람이 겉사람에게 눌려 있기 때문입니다. 성령은 속사람을 강건해지게 하십니다. 이 성령의 능력을 체험해야 합니다.

그러면 어떻게 성령의 능력으로 속사람이 강건해질 수 있습니까?

우선, 말씀을 들어야 속사람이 강건해집니다.

말씀은 속사람의 양식입니다. 사도행전 10장에 보면 이방인 고넬료의 집에서 베드로가 말씀을 전할 때 성령이 내려진 것을 볼 수 있습니다. 또, 엠마오로 가는 두 제자에게 부활하신 예수님이 말씀을 전하셨을 때 그들의 마음이 뜨거워졌습니다. 말씀을 듣고 보고 묵상하다 보면 속사람이 강건해집니다. 깨달음이 올 때 내 영혼이 풍요로워집니다.

두 번째로, 기도할 때 속사람이 강건해집니다.

기도는 속사람의 운동이며 영혼의 호흡입니다. 기도하지 않으면 속사람이 죽습니다. 그래서 늘 하나님과 교제하고 기도해야 합니다. 제자들이 모여 빌기를 다할 때 성령이 임하셨음을 기억하십시오.

세 번째로, 순종할 때 속사람이 강건해집니다.

순종하는 사람에게 성령이 임하십니다. 이렇게 될 때 육체는 점점 무관해지고 내 영혼은 자유로워지며 평안이 옵니다.

이렇게 속사람이 강건해지면 다른 사람도 구원하게 됩니다. 전도의 능력이 나타나는 것입니다.

두 번째 큰 기도제목

"믿음으로 말미암아 그리스도께서 너희 마음에 계시게 하옵시고"(엡 3:17상).

예수님을 믿으면 '구원받았다. 축복받았다' 고 말합니다. 그것을 가장 구체적으로 표현한 것이 바로 '주님이 내 속에 계신다' 는 말입니다. 이것이 두 번째 큰 기도제목입니다. 주님이 내 속에 계시다는 것은 구원받은 사람이 누리는 가장 실제적인 축복이지만, 그것을 체험하는 사람은 드뭅니다. 어떻게 하면 '주님이 내 속에 계신다' 는 말이 이루어지고 체험될 수 있겠습니까?

주님이 내 속에 계셔야 비로소 사람이 온전해집니다. 하나님은 자기의 형상대로 사람을 창조하셨습니다. 그 하나님의 형상은 바로 '예수' 입니다. 사람이 하나님의 형상대로 지어졌으므로 그 모양 속에 본체가 들어와야 온전해질 수 있습니다. 그렇지 못할 때 내게는 빈 껍질만 남게 되는 것입니다. 우리의 마음은 하나님을 모시는 집입니다. '내 마음은 나도 몰라' 라는 말처럼 위험하기 짝이 없는 말은 없습니다. 내 마음은 원래 하나님을 모셔야 합니다. 주인 없이 살면 주인의 뜻도 모르고 결국 죄를 짓게 됩니다.

"또한 저희가 마음에 하나님 두기를 싫어하매 하나님께서 저희를 그 상실한 마음대로 내어 버려 두사 합당치 못한 일을 하게 하셨으니"(롬 1:28).

여기서 말씀하고 있는 대로 모든 죄의 원인은 딱 하나, 마음에 하나님 두기를 싫어하기 때문입니다. 상실한 마음, 빈 마음을 그대로 두는 것이 죄인 것입니다. 예수 믿는 사람의 큰 축복은 마음속에 주님을 주인으로 모신다는 것입니다.

그렇다면 어떻게 주님이 우리 마음에 계시게 되었습니까? 그 대답은 한 가지, '믿음으로' 입니다.

우리는 먼저, 하나님을 인정해야 합니다. 아무리 삶이 어려워도 우리의 삶 속에 하나님이 임재해 계시다는 것을 인정해야 합니다. 그것을 인정하지 않으면 우리 속에 주님이 와 계셔도 역사하지 않으십니다.

두 번째는, 우리 맘속의 주님을 사모해야 합니다. 요한계시록에서 말씀하신 것처럼, 주님은 문 밖에 서서 두드리고 계십니다. 우리는 마음문을 열고 그 주님을 모셔들여야 합니다. 사모하는 마음으로 기도하고 말씀을 읽고 예배에 참여해야 합니다.

세 번째는, 주님과 교제해야 합니다. 이것이 결정적입니다. 교제한다는 것은 늘 주님께 묻는 것입니다. '이럴 때 주님이라면 어떻게 하실까'를 늘 생각하십시오. 주님이 옆에 계신다고 믿고 주님과 대화하십시오. 그렇게 될 때 주님의 음성이 마음속에 들려오고, 마음이 평안해지며 기도제목에 대한 답을 얻을 수 있습니다. 이러한 신앙의 경지에 올라오게 되면 그때부터 신앙은 획기적으로 변합니다. 하나님과의 교제가 지속되면 더 이상 혈기를 부리지 않게 됩니다. 하나님의 임재를 체험하게 됩니다.

네 번째는, 주님께 주권을 넘겨야 합니다. 내가 원하는 일이라 하더라도 주님이 원하지 않으시면 하지 말아야 합니다. 이것은 쉽지 않으며, 우리가 부딪치는 부분일 수 있습니다. 그러나 하나님은 우리에게 나쁜 것을 주시는 분이 아니며, 하나님이 원하지 않으신다면 거기에는 반드시 그럴만한 이유가 있는 것입니다. 자기를 내어놓으십시오. 주님의 인도하심을 믿고 주님의 뜻에 순종하십시오. 그러면 알지 못하는 축복이 우리에게 임할 것입니다.

세 번째 큰 기도제목

마지막으로 큰 기도의 제목은 하나님의 사랑에 뿌리가 박히도록 하라는 것입니다.

"너희가 사랑 가운데서 뿌리가 박히고 터가 굳어져서"(엡 3:17하).

하나님의 사랑은 인간이 살아가는 원동력이 됩니다. 인간은 사랑만 받으면 살 수 있게 되어 있습니다. 자식, 부부, 친구, 이성친구를 통해 하나님의 사랑을 체험할 수 있습니다. 우리가 하나님의 사랑을 잘 모르니깐 인간의 사랑을 통해서 하나님의 사랑의 모형을 볼 수 있는 것입니다. 아무 이유없이 사랑하는 것, 그것은 하나님이 주신 마음입니다.

인간의 사랑은 복합된 것입니다. 하나님이 주신 것과 세상의 요소가 섞여 있습니다. 부부간에도, 친구간에도 순수한 사랑의 부분은 있고, 이는 하나님이 주신 것입니다. 하나님을 믿지 않아도 그 사람 속에는 하나님의 사랑의 요소가 있습니다. 진정한 사랑은 조건부가 아니며, 이는 하나님의 사랑입니다. 왜 그렇습니까?

이는 하나님께서 모든 사람에게 비를 내려주시는 것과 같은 이치입니다. 우리 속에 있는 사랑의 요소는 인간적인 것과 하나님의 사랑의 요소가 섞여 있는데, 하나님을 믿으면 내 속에 하나님의 사랑이 확대되고, 인간적인 사랑은 작아지게 됩니다. 하나님의 사랑이 확대되고 뿌리박히면 그 하나님의 사랑이 얼마나 큰지 깨닫습니다. 인간의 사랑을 받으면 그 때는 행복할 수 있을지라도 한편으로는 답답함을 느낄 수 있습니다. 자기 자신도 베풀어야 하는 부담감이 있기 때문입니다.

남녀간의 에로스적 사랑에도 아가페적인 하나님의 사랑이 있을 수 있습니다. 이 하나님의 사랑이 점점 침투하면 그 인간적인 사랑도 고귀해지므로 행복이 옵니다.

모든 사람의 사랑의 뿌리는 하나님이 주셨는데, 사탄이 이를 자꾸 빼앗습니다. 하나님의 사랑을 깨닫게 되면 우리가 살아가는 힘의 원동력이 사랑인 것을 깨닫게 됩니다. 하나님의 사랑이 빠지면 부부간의 사랑도 창녀의 사랑이 될 수 있고, 부모자식간에도 칼부림이 날 수 있습니다.

하나님의 사랑의 넓이와 깊이와 높이가 어떠한지를 깨달을 때 감사할 수 있게 됩니다. 모든 것에 대해 감사하게 됩니다. 속썩이는 자식도 감사하게 됩니다. 그 자식을 통해 하나님을 만나게 되기 때문입니다. 몸이 약한 것도 감사할 수 있습니다. 하나님은 구원한 자신의 자녀들에 대해서 모르시는 것이 없습니다. 관여하지 않으시는 것이 없습니다. 그걸 안다면 감사할 수밖에 없습니다.

이렇게 하나님에 대해 감사하게 되면 부정적인 사람도 긍정적인 사람으로 바뀌게 됩니다. 어떤 문제이든지 하나님의 사랑을 깨달은 자는 긍정적으로 생각하게 됩니다.

기도에도 우선순위가 있다. 아래의 사항을 먼저 기도하라

1. 속사람이 강건해지기를 위해 기도하라
2. 주님이 내 속에 계시기를 위해 기도하라
3. 하나님의 사랑을 실천하게 해달라고 기도하라

염려가 있다면 하나님께 털어놓아라

우리는 우리의 모든 것을 사람에게 털어놓을 수도 없으며, 그렇게 하는 것은 결코 바람직하지 않다. 그러나 하나님께는 나의 모든 자존심을 버리고 모두 토해놓아라.

"백성들아 시시로 저를 의지하고 그 앞에 마음을 토하라 하나님은 우리의 피난처시로다(셀라)"(시 62:8). 당신 마음에 평안이 임할 때까지 우리의 피난처이신 하나님께 기도하라. 그러면 당신의 염려는 사라질 것이다.

기도는 하나님의
비전을 갖게 한다

기도하면 하나님의

눈과 생각을 갖게 됩니다.

그 믿음을 붙잡고 기도하면 하나님이 역사하십니다.

기도의 목적과 뜻이 맞는다면,

성경의 상황과 사건에 일치되도록 살면서

기도하면 이루어 주시는 것입니다.

많은 사람들이 기도를 하면서도 어떻게 응답을 받는지 모르는 경우가 많습니다. 자기 기도에 대한 확신이 없는 것도 문제입니다. 교회에 와서 열심히 기도하면서 "믿습니다!"를 외쳐대다가도 교회 문 밖에만 나서면 "하나님, 제 보따리 다시 주세요" 하고는 근심 걱정을 되찾아가는 사람들이 많습니다. 이렇게 자기 기도에 대해 확신이 없으면 하나님으로부터 응답을 듣기 힘듭니다.

성경은 의심치 말고 기도하라고 말합니다. 자기 넌센스, 자기 딜레마에 빠지지 말고 '내가 믿지 않으면 하나님이 역사하시지 않는다' 는 것을 기억해야 합니다. 하나님은 큰 저수지이지만 자기 자신이 가진 수도 파이프가 겨우 물이 똑똑 떨어질 정도의 것이라면 큰 저수지로부터 물을 공급받을 수 없을 것입니다. 그런 상황에서 물이 나오지 않는다고 불평을 할 수는 없는 것입니다. 우리의 기도 응답은 우리의 믿음 때문에 일어납니다. 어떤 사람이 인간적으로는 동정할 만한 여러 문제를 가지고 있다고 합시다. 그의 딱한 사정은 충분히 이해가 가지만 문제는 그것만 가지고 해결되는 것이 아닙니다. 그가 갖고 있는 믿음이 어떤 확신이냐 하는 것이 중요한 것입니다.

성경은 우리가 항상 기도하고 낙심치 말아야 한다고 합니다. 항상 기도하고 낙심치 않는 것, 이것이 기도의 기본이 되는 두 가지 자세입니다. 오늘도 많은 사람이 기도하면서도 확신이 없음으로 해서 낙심합니다. 중요한 것은, 내가 기도한 것에 대해 의심치 말아야 한다는 것입니다. 이것이 응답의 비결입니다. 이것을 좀더 구체적으로 말하고자 합니다.

의심하지 말라–하나님은 믿음으로 역사하신다

하나님은 사랑과 능력이 많으신 분이지만 사람이 믿음을 갖고 있지 않으면 그에게 역사하지 않으십니다.

한 가지 예를 들어봅시다. 어떤 유치원생 아이에게 부자 아버지가 있었습니다. 이 아버지가 그 아이에게 "네가 원하는 것은 무엇이든지 주마"라고 약속하였습니다. 그러나 이 아이가 원할 수 있는 것은 기껏해야 아이스크림이라든지, 장난감 총, 자전거 정도가 아니겠습니까? 하루 종일 사봤자 몇 만 원 정도를 넘지 않을 것입니다. 이 아이의 수준

이상으로 아버지가 해줄 수는 없을 것입니다. 그러나 중 고등학생 정도의 아이라면 이야기가 달라집니다. 요구하는 단위가 다를 것입니다. 어른은 말할 것도 없습니다. 땅 몇 천 평이라든지, 집 한 채 등등을 원할 수 있을 것입니다. 이렇게 하나님의 무한한 능력은 요구하는 그 사람의 믿음의 수준에 따라 결정됩니다. 하나님이 역사하는 것은 내 믿음을 초월하지 않습니다. 하나님은 인격이시기 때문입니다. 그러므로 '믿는 것'이 중요합니다.

2차 세계대전 때 한 일본인 장교가 필리핀 가까이 있는 수마트라 섬에서 전쟁을 하다가 일본이 연합군에게 무조건 항복함으로써 공식적으로 망했다는 소식을 들었습니다. 일본이 다시 일어날 때를 바라보고 굴 속에서 풀뿌리를 뜯어먹으며 산 그 일본 장교는 라디오 방송을 들으면서도 '저것은 나를 끌어내려는 속임수일거야' 하고 외면했습니다. 20여 년을 그렇게 살다가 70년 대에 와서야 일본 사람들까지 와서 그를 설득하고 끌어내었습니다. 그들은 그에게 '일본의 영웅'이라는 칭호를 붙여주었지만 세상에 이런 바보가 또 어디에 있겠습니까?
자기가 믿지 않으면 어처구니없는 삶을 살 수 있습니다. 하나님이 축복을 주시려고 해도 당사자가 받으려고 하지 않는 이상 어쩔 수 없는 것입니다. 만일 어느 마을이 붕괴될 위험에 처해있다고 합시다. 다리를 건너 다른 마을로 건너오기만 하면 살 수 있는데 그 다리가 무너질까 두려워 건너지 못한다면 안타까워도 어쩔 수 없는 것 아니겠습니까? 이것이 믿음의 원리입니다. 자전거를 최고로 알고 있는 아이와 비행기를 요구하는 어른의 수준이 다를 수밖에 없는 이치입니다.

우리는 신앙을 액세서리로 여기지 말고, 하나님에 대한 믿음이 우리 속에 활동하도록 해야 합니다. 그러면 기도에 대한 응답을 반드시 얻을 수 있습니다. 그 만큼 하나님의 역사는 분명합니다. 우리의 믿음에 대한 하나님의 해답이 반드시 있습니다.

기도응답은 환상(꿈)으로 온다

기도가 현실로 이루어지려면 환상이 있어야 합니다. 환상은 믿음의 그릇입니다. 믿음은 환상의 그릇이라는 말과도 같습니다. 믿음은 보이지 않지만 환상은 보입니다. 환상이 떠올라야 믿음이 변치 않습니다.

제가 성전을 건축하기로 마음먹었을 때, 저는 성전에 대한 믿음은 있었지만 '어떻게 지을 것인가'에 대한 확신은 없었습니다. 그때 간절히 기도하던 중 환상을 보았습니다. 설계도가 제 머릿속에 들어오게 되었습니다. 시화성전에 대한 모형도도 나왔습니다. 21일 작정철야를 시작하면서 기도한 응답을 받았습니다. 몇 평이며 얼마의 예산으로 지을 것인지 구체적인 계획이 다 수립되었습니다. 하나님은 그렇게 정확하십니다.

반면 미사여구를 동원하는 기도는 하나님을 우롱하는 기도입니다. 기도는 능력이나 재주의 문제가 아닙니다. 전지전능한 그분께 진실된 마음으로 기도하는 것이 믿음입니다. 안수기도를 하는 것도 믿음이 없이는 치료될 수 없습니다. 예수님께서 앉은뱅이, 중풍병자를 고쳐주실 때에도 "네 믿음대로 될지어다!"라고 자주 말씀하셨음을 볼 수 있습니다. 그 때 그에게 믿음이 있어서 그가 일어나는 환상을 본 것입니다. 그 때 아픈 것이 고쳐졌습니다. 아브라함도 그에게 믿음이 있었기에 아비, 친척, 본토를 떠날 수 있었습니다. 하나님이 그에게 하늘의 별을 보라고 하셨을 때, 아브라함은 하늘을 올려다보며 그 무수한 별들처럼 자신의 후손들이 많아질 것이라는 환상을 보았습니다. 아브라함이 이 것을 믿었을 때 하나님이 이를 그의 의로 여기셨다고 하셨습니다.

믿음은 맨 먼저 말씀으로 옵니다. 말씀을 들어야 기도응답을 받는 씨앗이 심겨지게 됩니다. 말씀은 기도의 원동력입니다. 항상 기도하고, 말씀을 들을 때 믿음이 생겨서 더 구체적으로 기도하게 되고 그 때 환상이 떠오릅니다. 그러므로 믿음의 말씀, 능력의 말씀을 들어야 합니다. 단순히 '이야깃거리'를 듣는 것은 더욱 혼란만 줍니다. 또한 믿음이 생겼다고 모두 응답받는 것은 아닙니다. 이것은 전체적인 믿음이지 개인에게 적용된 것이 아니기 때문입니다. 모든 사람에게 준 믿음이 내게로 와서 내 속에서 구체적으로 적용된 것이 꿈으로, 환상으로 응답되어야 합니다.

요셉은 기도의 사람이었습니다. 그는 꿈 속에서 열한 별과 해와 달이 그에게 절하는 것을 보았습니다. 그 환상을 끝까지 간직하고 있었기에 환난 가운데서도 흔들리지 않을 수 있었습니다. 믿음으로 기도하여 환상이 생기면 이 믿음이 살아남게 됩니다. 이 환상이 없으면 어려움이 닥칠 때 넘어지게 되고, 믿음을 저버리게 됩니다. 엘리야도 3년 6개월을 비를 내려주시기를 기도했습니다. 머리를 무릎 사이에 묻고 간절하게 기도하며 시종더러 몇 번이고 나가서 구름의 흔적을 찾아보라고 했습니다. 그 시종이 조각구름을 보았다고 했을 때 엘리야는 "이제 내려가자"라고 했습니다. 이것이 기도입니다.
말 한마디라도 믿음으로 해야 하나님의 역사하심을 체험하게 됩니다. 이렇게 계속 기도하다가 때가 되면 환상 속에서 믿음이 이루어집니다.

그러면 어떻게 기도가 환상으로 다가올 수 있습니까?

기도는 인간이 하나님의 생각 속으로 들어가는 것입니다. 이는 참으로 놀라운 일입니다. 내 생각을 하나님의 생각과 맞추는 것이기 때문입니다. 하나님의 생각이 구체적으로 표현된 것이 성경입니다. 이는 언약과 축복의 약속입니다. 인간의 생각으로는 성경이 믿어지지 않지만 기도하면 내 생각이 하나님의 생각 속으로 들어가게 됩니다. 성경의 생각을 내가 품게 되면 성경에 있는 것이 내게 다가오게 됩니다. 홍해가 갈라진 것도 하나님의 섭리하심 때문에 갈라진 것으로 믿게 됩니다. "손을 얹은즉 나으리라"고 한 말씀도 믿게 됩니다. 하나님이 흙으로 사람을 지으셨으니 만드신 그 손으로 사람을 낫게 하신 것은 당연하다고 생각하게 되기 때문입니다.

기도하면 하나님의 눈을 갖게 되고 하나님의 생각을 갖게 됩니다. 그 믿음을 붙잡고 기도하면 하나님이 역사하십니다. "홍해를 가르셔서 이스라엘 백성을 구출해주신 하나님이 믿음으로 살려고 하는 우리 가정의 방해물을 왜 치워주지 않겠는가"라고 기도할 때 방해물이 제거되는 환상을 보게 됩니다. 기도의 목적과 뜻이 맞는다면, 성경의 상황과 사건에 일치되도록 살면서 기도하면 이루어 주시는 것입니다.

기도는 시간과 공간의 장벽을 무너뜨린다

하나님께서는 과거, 현재, 미래라는 시간의 제약을 주셨습니다. 그러나 기도는 영으로 하는 것이기에 시간의 제약을 벗어나게 됩니다.

과거, 현재, 미래를 꿰뚫어버리는 것입니다. 하나님은 항상 '현재의 하나님'이십니다. 아브라함과 이삭과 야곱의 하나님이시자 우리의 하나님, 산 자의 하나님이십니다.

몇 년 전 제가 성전건축을 하려 했을 때에도, 우리의 관점에서 볼 때에는 그 일이 미래였지만 하나님의 관점에서 보면 다 이루어진 일이었던 것입니다. 지금 우리는 시간의 장벽 속에 갇혀 있지만 기도를 통해 시간의 제약을 벗어나 자유를 누릴 수 있습니다. 이것만 이해되면 영안이 뜨일 것입니다.

노아가 산 위에서 120년 간 방주를 지었을 때에도 환상을 보았기에 그는 흔들림 없이 그 오랜 세월을 순종할 수 있었습니다. 정확한 때에 홍수가 날 것을 그는 보았던 것입니다. 그러나 환상이 보여졌다고 모든 것이 지금 다 이루어지는 것은 아닙니다. 하나님의 현재성으로 때가 되면 이루어질 것입니다.

그렇다면, 기도하는 사람과 기도하지 않는 사람의 차이는 무엇입니까?

기도하지 않은 사람은 적응하지 못하고 다른 길로 빠지게 됩니다. 그래서 불행해집니다. 그러나 기도하는 사람은 그 환상만 사라지지 않도록 기도하면 기도 응답을 받습니다. 시간이 될 때 그 기도가 정확하게 이루어진 것을 볼 것입니다. 이것을 비전(Vision)이라 말하는 것입니다.

"하나님이 가라사대 말세에 내가 내 영으로 모든 육체에게 부어 주리니 너희의 자녀들은 예언할 것이요 너희의 젊은이들은 환상을 보고 너희의 늙은이들은 꿈을 꾸리라"(행 2:17).

우리가 기도하지 않으면 환상을 주시겠다는 그 축복을 놓치게 됩니다. 기도하면 그 때를 하나님이 조정해 주십니다. 어려운 일, 안개가 낀 것처럼 앞이 보이지 않는다 하더라도 기도하십시오. 주님이 주시는 비전을 바라보시기 바랍니다. 기도함으로써 우리의 삶이 혁명적으로 바뀌기를 기도합니다.

Pray Guide

현실로 이루어지는 기도를 하라

기도가 현실로 이뤄지려면 환상(Vision)이 있어야 한다. 믿음을 가질 때 환상을 볼 수 있다. 아브라함에게 믿음이 있었기에 그가 고향을 떠날 수 있었고, 병자에게 믿음이 있었기에 "네 믿음대로 될지어다"라는 선언에 그 병을 털고 일어날 수 있었던 것이다. 아무런 기대없이 기도하면 하나님이 주신 비전을 볼 수 없다. 하나님을 기대하라. 하나님을 바라라. 하나님을 믿을 때 그가 이루실 것이다.

Changing Pray

진로에 대한 고민, 하나님이 주신 비전이 무엇인지 모를 때

기도하지 않으면 우리는 안개가 낀 것처럼 우리의 앞길을 제대로 볼 수 없게 된다. 그러나 기도하면 하나님이 내게 주신 비전을 볼 수 있게 된다. 하나님은 젊은이들에게 환상(Vision)을 주시겠다고 약속하셨다. 이 말씀을 의지하여 기도하라. 하나님께서 나의 환경을 인도해주시고, 하나님의 비전을 나에게 심어 주실 것이다. 우리의 삶에 혁명이 일어날 것이다.

하나님이 역사하는 기도를 하라

Pray

각자에게 주어진
십자가가 있는데 이 십자가를 질 때
가장 주의해야 할 점은 바로
시험들지 않아야 한다는 것입니다.
그래서 시험을 이기는 기도를
해야 합니다.

예수님께서는 공생애 기간 동안 많은 기적을 베푸셨습니다. 많은 사람들은 예수님이 그들을 로마의 압제에서 해방시킬 것이라고 믿었습니다. 그래서 예수님이 예루살렘에 입성했을 때 많은 사람들은 호산나, 호산나를 외쳤습니다. 그런데 주님은 이상하게도 예루살렘에 오셔서 그 능력은 사용하시지 않고 오히려 갖은 고난과 욕설을 받으며 십자가에서 돌아가셨습니다. 제자들과 그를 따르는 백성들은 실망하기 시작했습니다. 그리고 주님을 떠났습니다. 주님을 따르던 사람들이 떠나고 몇몇 제자들과 함께 주님은 십자가를 지기 위한 마지막

순간의 기도를 하십니다.

그것이 바로 겟세마네 동산에서의 기도입니다. 즉 겟세마네 동산의 기도는 주님의 가장 큰 고뇌가 있는 기도인 것입니다. 주님이 얼마나 간절하게 기도했는지 "예수께서 힘쓰고 애써 더욱 간절히 기도하시니 땀이 땅에 떨어지는 피 방울같이 되더라"(눅 22:44)라고 성경은 말하고 있습니다. 우리 기독교사에서 이 기도가 아주 중요합니다. 왜냐하면 이 기도는 십자가를 질 수 있는 능력의 기도요, 하나님이 역사하는 기도이기 때문입니다. 이런 기도를 드려야 응답을 받을 수 있습니다.

"가라사대 아버지여 만일 아버지의 뜻이어든 이 잔을 내게서 옮기시옵소서 그러나 내 원대로 마옵시고 아버지의 원대로 되기를 원하나이다 하시니"(눅 22:42).

주님께서 기도하시니 즉각 하나님이 역사하십니다.

"사자가 하늘로부터 예수께 나타나 힘을 돕더라"(눅 22:43).

여기에 기도의 비밀이 있습니다.

하나님이 역사하는 기도는 어떤 기도입니까? 여러 가지 있겠지만 단 한 마디로 요약한다면 '자기 십자가를 지는 기도'라고 할 수 있습니다. 모든 사람들은 자기가 질 십자가가 있다는 사실을 알아야 합니다. 그러나 사람들은 그 십자가를 지지 않으려고 하면서도 하나님께 기도 응답을 요청하고 있습니다.

주님께서는 말씀하셨습니다.

"이에 예수께서 제자들에게 이르시되 아무든지 나를 따라오려거든 자기를 부인하고 자기 십자가를 지고 나를 좇을 것이니라"(마 16:24).

그러면, 자기 십자가를 지는 기도는 어떻게 하는 것입니까?

자기 십자가를 지는 기도

간단히 설명하면, 자기 십자가는 자기에게 주어진 환경 속에서 하나님의 뜻을 좇아갈 때 주어지는 짐입니다. 부담입니다. 그것을 극복하면서 기도해야 합니다. 이것은 사람마다 각각 다른 것입니다.

하나님께서 갈대아 우르에서 아브라함을 부르셨습니다.

"여호와께서 아브람에게 이르시되 너는 너의 본토 친척 아비 집을 떠나 내가 네게 지시할 땅으로 가라 내가 너로 큰 민족을 이루고 네게 복을 주어 네 이름을 창대케 하리니 너는 복의 근원이 될지라"(창 12:1-2).

이 때 아브라함은 자기 아버지 데라와 조카 롯을 데리고 나와서 갖은 고난을 당하게 됩니다. 아버지는 하란에서 죽게 되고 롯과는 너무 많은 문제에 봉착하게 됩니다.

롯의 아내의 경우는 어떻습니까? 그녀는 분명히 소돔과 고모라를 떠날 때 뒤를 돌아보지 말라는 말을 들었습니다. 그러나 그녀는 미련을 이기지 못해 뒤를 돌아보았고 결국 소금기둥이 되었습니다. 이는 자기 십자가를 지는 데 실패한 것입니다. 반대로 자기 십자가를 지는 데 성공한 경우도 있습니다.

사르밧의 과부가 극심한 가뭄을 견디지 못해 조금 있는 가루와 기름으로 떡을 해먹고 아들과 함께 죽으려고 했습니다. 그때 엘리야가 그녀에게 가서 하나님이 축복하실테니 음식을 자기에게 달라고 했습니다. 그녀는 그 말에 순종하여 그 음식을 선지자인 엘리야에게 줍니다. 자기 십자가를 지는 것입니다. 이에 하나님이 응답하셨습니다. 그리하여 비가 올 때까지 그들의 음식이 떨어지지 않았습니다.

이렇듯 각자에게 주어진 십자가가 있는데 이 십자가를 질 때 가장 주의해야 할 점은 무엇입니까? 그것은 바로 시험들지 않아야 한다는 것입니다. 그래서 시험을 이기는 기도를 해야 합니다. 성경 곳곳에 보면 시험들지 않도록 기도하라는 권면의 말씀이 나옵니다. 예수님도 그런 말씀을 하셨습니다.

"그 곳에 이르러 저희에게 이르시되 시험에 들지 않기를 기도하라 하시고"(눅 22:40).

"이르시되 어찌하여 자느냐 시험에 들지 않게 일어나 기도하라 하시니라"(눅 22:46).

'시험든다'는 말은 영어로 템테이션(temptation)이고 헬라어로 페이라조($\pi\epsilon\iota\rho\acute{\alpha}\zeta\omega$)입니다. 이것은 마음속에서 유혹에 붙들린다는 것입니다. 시험들게 되면 영적으로 마귀의 영역에 들어가기 때문에 문제가 되는 것입니다. 그러니까 시험들면 하나님의 응답은 기대할 수 없습니다.

시험들지 않는 기도

습관에 따라 항상 쉬지 말고 기도해야 합니다.

주님은 이 땅에 계실 때 늘 습관에 따라 기도하셨습니다. 이것이 시험을 이기는 비결입니다. 날마다 주님의 은혜로 살아갈 때 자기 십자가를 질 수 있고, 시험을 이길 수 있습니다.

기도의 사람 다니엘의 경우를 보십시오. 그는 바벨론에 포로로 갔습니다. 다니엘의 승승장구함을 시기하던 사람들이 그를 해칠 구실을 찾았으나 흠을 찾지 못하고, 궁리 끝에 그의 종교를 빌미로 넘어뜨리고자 하였습니다. 그래서 다리오왕에게서 30일 동안 왕 외에 다른 신이나 사람에게 절하면 그 사람을 사자 우리에 던져넣겠다는 조서를 받아내었습니다. 다니엘은 그 조서가 내려진 것을 알고 있었지만 전혀 개의치 않고 늘 하던 습관을 좇아 아침, 점심, 저녁 세 번 기도를 드렸습니다. 그 결과 그는 사자 우리에 던져졌지만 하나님이 보호하셔서 무사하게 되었습니다.

30일 동안의 기도금지령이었다는 것을 기억하십시오. 그는 그 기간 동안 기도하지 않을 수도 있었습니다. 그러나 그는 그 시험을 이겼습니다. 그는 사람을 보지 않고 하나님을 보았습니다. 그가 항상 하나님과 동행했기에 적에게서 존경을 받을 수 있었습니다. 그리고 숱한 어려움을 이길 수 있었습니다.

둘째, 주님의 임재를 항상 느끼면서 기도해야 합니다.

"그 곳에 이르러 저희에게 이르시되 시험에 들지 않기를 기도하라 하시고 저희를 떠나 돌 던질 만큼 가서 무릎을 꿇고 기도하여"(눅 22:40-41).

주님은 제자들에게서 멀리 떨어져서 기도하지 않으시고 제자들 가까이에서 기도하셨습니다. 이 장면에 우리 가까이에 주님이 계시다는 의미를 부여할 수 있습니다. 이렇게 우리가 주님의 임재를 믿고 체험할 때 시험을 극복하고 자기 십자가를 질 수 있는 것입니다.

예수님이 붙잡힌 후 제자들은 멀리 도망갔습니다. 베드로는 멀리감치 예수님을 쫓아갔습니다. 그는 여차하면 도망갈 준비를 하고 있었던 것입니다. 안타까운 마음은 있었지만 가까이에 있으면 그를 알아보는 사람들에게 붙잡힐 것 같으니까 멀리서 예수님을 바라보고 있었던 것입니다. 우리가 예수님 가까이에 있지 않고 멀리 있다면, 주님의 능력 많으심을 믿지 못한다면 우리도 주님을 부인할 수 있습니다.

우리는 주님의 임재를 믿고 느껴야 합니다. 주님이 육신의 신령한 몸으로는 하나님 보좌 우편에서 우리를 위하여 기도하시고, 영으로는 우리 속에 오셔서 역사하신다는 사실을 믿으십시오. 그 믿음을 가지고 기도하시기 바랍니다.

셋째, 내 뜻을 버리고 하나님의 뜻을 받아들여야 합니다.
우리가 나 자신의 뜻을 버리고 하나님의 뜻을 받아들여야 시험을 이길 수 있습니다. 이것이 결정적인 뜻입니다.

"가라사대 아버지여 만일 아버지의 뜻이어든 이 잔을 내게서 옮기시옵소서 그러나 내 원대로 마옵시고 아버지의 원대로 되기를 원하나이다 하시니"(눅 22:42).

이것이 자기 십자가를 주시는 이유가 됩니다. 하나님이 역사하는 기도는 내 원대로 마옵시고 아버지의 원대로 하옵소서 하는 기도, 즉 자기를 극복한 기도입니다. 이런 기도를 드릴 때 시험을 이길 수 있습니다. 여기가 내 십자가의 종착역입니다.

하나님이 우리에게 무겁고 힘든 십자가를 주시는 이유는 무엇입니까? 그것은 그 십자가를 지고 주님과 함께 십자가에서 우리의 속사람이 죽기를 원하기 때문입니다. 그 기도가 "내 원대로 마옵시고 아버지의 원대로 되기를 원하나이다"라는 기도입니다.

이 때 하늘문이 열리게 되는 것입니다. 백부장의 기도를 우리는 잘 알고 있습니다. 그는 자기 하인이 중풍에 걸리자 예수님께 치료해 주시기를 부탁합니다. 그래서 주님이 가서서 고쳐주겠다고 하시자 그 백부장은 "주여 내 집에 들어오심을 나는 감당치 못하겠사오니 다만 말씀으로만 하옵소서 그러면 내 하인이 낫겠삽나이다"라고 말했습니다. 그는 예수님을 전적으로 믿은 것입니다. 이 때 예수님께서는 네 믿음대로 될 것이라고 하셨습니다.

이러한 믿음을 가지고 하는 기도가 하늘문을 여는 기도입니다.

"내 원대로 마옵시고 아버지의 원대로 되기를 원하나이라"라는 기도를 하기란 그리 쉬운 일이 아닙니다. 그러나 주님은 그 기도를 이루셨습니다. 주님은 주기도문에서 우리에게 하나님의 뜻대로 하는 기도를 가르쳐주셨습니다.

주님이 십자가에서 죽으심으로 우리 죄 값을 다 지불하셨습니다. 우리가 이 사실을 믿고 기도하면 자기 십자가를 질 수 있고, 하늘문을 여는 기도도 할 수 있습니다.

우리 모두 내가 원하는 기도가 아닌 하나님이 원하시는 기도를 하기를 소원합니다.

시험들지 않으려면
1. 쉬지 말고 기도하는 습관을 가지라
2. 주님의 임재를 항상 느끼며 기도하라
3. 내 뜻을 버리고 하나님의 뜻을 받아들이라

Changing Pray

당신은 십자가를 지고 주님을 따라가는가?

자기 십자가를 지는 삶이야말로 하나님만을 바라보며 사는 삶이다. 자기 자신의 옛 모습을 버리고 자기의 이익보다는 하나님의 영광을 위해 사는 삶, 자기가 이루고 싶은 꿈 대신 하나님이 주신 꿈을 소유하고 사는 삶이다. 신앙의 길은 영광을 얻는 길이 아니라 영광을 버리는 길이다. 내가 가진 것을 조금도 손해보지 않으려고 한다면 결코 십자가의 길을 갈 수 없다. 주님께서는 자기를 따라오려거든 결코 쉽지 않은 그 길을 가라고 말씀하신다. 우리는 기억해야 한다. 자기 것을 버림으로 진정 더 좋은 것을 얻음을 말이다.

일상생활에서의 기도

이 장은 우리의 삶에 있어서 실제적으로 필요한 내용을 담았다. 〈 일상생활에서의 기도 〉
는 우리의 지극히 평범한 일상생활 속에서 하나님을 만나는 길잡이가 될 것이다.

1. 철저하게 하나님과 그의 아들 예수 그리스도를 믿어라

우리는 누구에게 기도하고 있는지 분명히 알고 있어야 한다.

2. 외식을 극복하라

바리새인들은 기도할 때 사람들 앞에 보이려고 큰 소리로 기도하는 경우가 많았다. 그
러면 사람들이 저 사람은 거룩하고 경건한 사람이라는 칭찬을 했다. 기도의 대상은 인
간이 아니다. 기도의 대상은 하나님이시기에, 우리가 사람을 의식하게 되는 순간 그 기
도는 외식이 되고 마는 것이다. 그러한 기도는 응답되어지지 않는다. 내가 하나님 앞에
서 있다는 믿음이 중요하다. 이러한 인식으로부터 진정한 기도가 시작된다.

3. 골방기도를 하라

골방은 밀폐된 장소라는 의미도 있지만 영적인 골방을 말한다. 골방기도를 하라는 것
은 영적으로 아무것도 방해받지 아니하고 하나님과의 일대일 만남의 영적 환경을 만
들어 기도하라는 뜻이다. 그럴 때 은밀하게 보시는 하나님이 그 기도를 갚아주신다. 기
도에 몰두하라. 하나님을 전심으로 찾으라. 그럴 때 하나님을 만나게 될 것이다.

4. 중언부언하지 말라

우리의 말로 하나님을 설득하지 말고 우리가 하나님의 뜻에 순종해야 한다. 하나님과
뜻이 통해야 하는 것이다. 기도는 하나님의 뜻을 깨달아가는 과정이다. 여기에 순종하
면 우리가 구하지 아니하여도 하나님이 주신다.

5. 의심하지 말라

하나님은 믿음으로 역사하시므로 의심하지 말아야 한다. 하나님은 내 믿음의 분량을

넘어 역사하지 않는다. 그분은 인격적인 분이기 때문이다.

6. 무조건 토해놓아라

무슨 일이든, 마음이 어떤 상태이든지 간에 당신이 가지고 있는 모든 것을 하나님께 토해놓아야 한다. 조금이라도 마음속에 숨기는 것은 죄가 된다. 모든 것을 토해놓았을 때 말할 수 없는 지극한 평강이 당신에게 임할 것이다.

7. 우선순위를 두고 기도하라

먼저 하나님나라와 그의 의를 구하라. 그리하면 모든 것을 우리에게 더하실 것이다.

8. 하나님의 뜻을 기꺼이 받아들여라

하나님의 뜻과 나 자신의 뜻이 다른 경우가 종종 있다. 자기가 꿈꾸고 생각해왔던 것을 버리기는 쉽지 않지만 그래도 우리는 우리 의지를 내려놔야 한다. 하나님께서는 항상 좋은 것들만 주심을 기억하라. 우리의 의지대로 한다면 그 의지는 곧 우리 인생의 걸림돌이 될 것이다. 하나님의 뜻이 이해되지 않는다 하더라도 우선 순종하라.

제 3 장

생각으로 하나님을 만나라

당신이
하늘문을 찾기를 원한다면
당신 마음의 문을 찾아라.
그리하면 그 문이 하늘나라의
문인 것을 알게 될 것이다.
-크리소스톰-

생각도 훈련이다

성령은 인간의 생각을 통해 역사하십니다. 생각이 잘못되면 성령은 나타날 수 없습니다. 생각에서 승리하는 사람은 실패하는 삶을 살지 않습니다. 살아 계신 하나님을 믿고 말씀에 입각하여 바르게 생각하는 훈련을 하면 신앙생활에서 승리할 수 있습니다.

우리는 성령을 좇아 행하라는 말을 많이 합니다. 어떻게 하면 육신을 좇지 않고 성령을 따라 살 수 있습니까?

성령은 인간의 생각을 통해 역사하십니다. 생각이 결정적인 것입니다. 못한다고 생각하면 못하고, 할 수 있다고 생각하면 할 수 있는 것입니다. 성령은 보이지 않는 영입니다. 우리가 볼 수 없고, 만질 수 없고, 느낄 수 없어도 성령은 생각으로 역사하실 수 있다는 것입니다. 생각이 잘못되면 성령은 나타날 수 없습니다. 생각을 조정하는 것이 쉽지 않지만 생각에서 승리하는 사람의 삶은 실패하지 않습니다. 살아 계신 하나님을 믿고 말씀에 입각하여 바르게 생각하는 훈련을 하면 신앙생활에서 승리할 수 있습니다.

잘못된 생각에는 역사가 일어나지 않는다

"우리 가운데서 역사하시는 능력대로 우리의 온갖 구하는 것이나 생각하는 것에 더 넘치도록 능히 하실 이에게"(엡 3:20).

우리 속에 성령이 나타날 수 있는 입구가 생각입니다. 성령은 인격을 갖고 있기에 그 인격에 맞는 생각을 소유하지 않으면 역사할 수가 없습니다. 인간의 생각이 성령의 생각과 일치될 때 하나님의 넘치는 역사가 일어나기 때문에 생각이 중요한 것입니다.

예수님도 생각이 잘못된 사람에게는 역사하실 수 없습니다. 물에도, 불에도 빠지는 아이를 그 아버지가 예수님께 데려왔습니다. 제자들이 그 아이를 고칠 수 없었기 때문에 아버지는 예수님도 전폭적으로 신뢰하지 못했습니다. 그래서 "할 수만 있으면 고쳐주십시오"라고 했습니다. "할 수만 있으면"이라는 생각이 잘못되었기에 주님의 무한한 능력이 그에게는 나타날 수 없었습니다. 그가 자신의 믿음 없음에 대한 주님의 책망을 듣고서야 비로소 온전한 신앙고백을 할 수 있었고, 그때 기적은 일어났습니다.

이렇게 생각은 그의 믿음과 일치합니다. 믿음의 뿌리가 생각이며, 믿고 있는 것이 생각으로 표출되는 것입니다. 파스칼이 '인간은 생각하는 갈대'라고 한 것도 인간이 약하지만 생각할 수 있는 존재이기에 그렇습니다. 하나님과 만나는 포인트가 바로 생각입니다. 이 우주만물

중 생각할 수 있는 존재는 인간밖에 없습니다. 하나님의 형상으로 지음받았기 때문입니다.

동물들은 그들의 습성에 따라 본능적으로 훈련된 감각에 의해 행동할 뿐입니다. 오직 인간만이 하나님과 교제할 수 있습니다. 그래서 위대합니다. 하나님을 닮을 수 있는 위대한 존재가 인간입니다. 그런 존재가 병들고 쓰러지며 사탄에게 속고 있습니다. 이는 병든 생각을 갖고 있기 때문입니다. 그 생각을 고치지 않으면 하나님이 역사하시지 않습니다.

성경에서는 '생각'을 어떻게 말하고 있는지 살펴보겠습니다.

성경의 '생각'

"육신의 생각은 사망이요 영의 생각은 생명과 평안이니라"(롬 8:6).

생각에 따라 사망과 평강 사이, 그러니까 지옥과 천국 사이를 오가게 됩니다. 이 땅에서 똑같이 살면서도 그 차이가 이렇게 엄청납니다. 기도응답도 생각으로 옵니다. 가령 라디오의 주파수가 93.9인데 93.5나 93.7에 놓으면 잘 들리지 않을 것입니다. 정확히 93.9에 놓아야 잘 들립니다. 이렇듯 우리의 생각이 하나님의 생각과 일치될 때 그분의 음성을 듣는 것입니다. '나는 하나님의 음성을 들어본 적이 없고 기도응답도 받아본 적이 없다'라는 사람은 하나님과 사이클이 맞지 않아서 그런 것입니다. 그런 사람에게는 계속 잡음만 들릴 것입니다. 하나님의 생각과 한 번도 명확하게 일치하지 않았기 때문입니다. 이런 사람은 오랫동안 신앙생활해도 소용없습니다. 생각이 병들면 기도응답을 받을 수 없는 것입니다.

"대저 그 마음의 생각이 어떠하면 그 위인도 그러한즉 그가 너더러 먹고 마시라 할지라도 그 마음은 너와 함께 하지 아니함이라"(잠 23:7).

위의 말씀은 생각에 따라 그 사람이 결정된다는 것을 가르쳐줍니다. 예배 드리러 올 때도 괜히 '피곤해 죽겠어'라고 하면서 나오면 영락없이 졸게 되어 있습니다. 이렇게 생각이 그 사람을 지배하고 행동을 결정하는 것입니다.

"땅이여 들으라 내가 이 백성에게 재앙을 내리리니 이것이 그들의 생각의 결과라 그들이 내 말을 듣지 아니하며 내 법을 버렸음이니라"(렘 6:19).

위의 말씀은 저주와 재앙도 생각의 결과라는 것을 보여 줍니다. 이것은 무섭고 끔찍한 일입니다. 생각 때문에 망할 수도 있기 때문입니다. 아무리 어려워도 생각만 바로 서면 승리할 수 있습니다. 아브라함 링컨 같은 사람은 제대로 교육을 받지 못하였으나 생각을 잘 가짐으로 미국의 대통령이 되었습니다. 석, 박사가 되었다 하더라도 생각이 잘못되어 있으면 오히려 사회에 악을 끼칩니다. 부모가 자식을 키울 때도 머리 좋게, 지식만 많아지게, 즉 두뇌 훈련에만 힘을 쏟아서는 절대로 안 됩니다. 생각이 훌륭하게 자리잡도록 해야 합니다.

우리는 착하고 정직한 사람은 환난을 당하지 않는다고 생각하기 쉽습니다. 그러나 그런 사람도 그의 생각이 하나님과 연결되어 있지 않으면 환난을 당하지 않는다는 보장을 받을 수 없습니다.

늘 자신이 복 받은 사람이라고 입술로 고백하고, 하나님이 주신 비전을 바라보면 축복의 역사가 일어납니다. 이것은 교만이나 호기가 아닙니다. 주님을 모신 사람은 늘 이런 의식을 가져야 합니다. '아멘' 으로 긍정할 때 우리 속에 복받는 의식이 들어옵니다. 어린아이 같은 심정으로 '아멘' 하면 사탄이 침투하지 못합니다. 성령충만한 사람에게는 부정적인 생각이 떠나고 사탄이 장난치지 못합니다.

생각이 행복을 보장합니다. 생각을 고쳐야 하나님이 역사하십니다. 우리는 어둠의 생각에서 돌아서야 합니다. 보지도 말아야 합니다. 그것이 우리의 영혼을 지키는 길입니다. 영혼은 한번 병들면 고치기 힘듭니다. 생각을 내가 가꾸지 않고 방치하면 쓰레기통이 되어버리고 마는 것입니다. 성경은 "무릇 지킬 만한 것보다 더욱 네 마음을 지키라 생명의 근원이 이에서 남이니라"(잠 4:23)고 하였습니다. 저는 자기의 마음을 방치하는 사람은 자기 삶을 포기한 사람이라고 과감하게 말하고 싶습니다. 회개하고 기도하는 것은 자기 마음을 가꾸겠다는 의지이기도 합니다. 쓰레기도 계속 치우면 깨끗해집니다. 치우지 않은 쓰레기에서 혈기도 나고 부정적인 생각도 나오는 것입니다.

성령과 교통하는 생각 다섯 가지

1. 긍정적인 생각

하나님은 빛이시기에 어둠에서는 역사하지 않으십니다. 문제의 심각성은 내가 부정적이라는 것을 알지 못한다는 데 있습니다. 부정적인 생각은 남이 잘 되는 것을 못 봅니다. 늘 불안하고 어두운 데 앉아서 안정감과 편안함을 느낍니다. 매사에 자기중심적입니다. 이런 사람에게는 절대 하나님이 역사하지 않으십니다. 밝은 쪽에서 보아도 다 못 보는 게 사람입니다. 어두운 쪽에서 보지 마십시오. 이것이 중요합니다.

그럼 어떻게 해야 합니까? 저 사람이 잘 되어야 나도 잘 된다는 믿음을 가져야 합니다. 한 몸을 이루는 지체 중 어느 한 부분이 아프면 온 몸이 다 아픈 것처럼 한 몸 된 우리 모두가 다 건강해야 한다고 생각해야 합니다. 그런 눈으로 다른 사람을 볼 수 있어야 합니다. '저 사람의 아픔이 나의 아픔이고, 저 사람의 기도가 응답되어야 내가 기쁘다' 는 의식을 가져야 하는 것입니다.

'저 사람이 천국에 갔으면 좋겠다' 는 마음을 가질 때 전도할 수 있게 됩니다. 부정적인 데서 벗어나지 못하면 신앙생활을 아무리 열심히 해도 소용이 없습니다. 모든 것이 하나님 안에서는 좋아지고, 가능해지고, 선하고, 복되다는 생각을 가져야 합니다. 이것이 하나님을 높이는 생각입니다.

2. 적극적인 생각

이를 긍정적인 생각과 구별하기가 쉽지 않지만, 차원이 다릅니다. 긍정적인 생각은 판단의식에서 출발하여 다분히 정적이지만, 적극적인 생각은 행동의식에서 출발하기 때문에 다분히 동적입니다.

적극적인 사람은 자기 환경 속에서 벌어진 모든 것에 자기가 책임이 있다는 생각을 합니다. 내가 움직여야 저 문제가 해결될 수 있다고 믿습니다. 무슨 일이 잘못되면 적극적인 사람은 '나 때문이야' 라고 생각해서 회개의 기도를 하지만, 소극적인 사람은 남을 원망하고 핑계를 댑니다. '나와는 상관이 없다' 고 생각합니다. 그러나 '여기에 나도 상관 있고 관련이 있다' 고 생각하고 행동에 옮기려 할 때 하나님이 역사하십니다. 그 때 축복도 있게 됩니다. 느끼는 만큼, 책임만큼 하나님의 역사를 체험할 수 있습니다.

에스더서에 보면 유대인이 하만의 흉계로 다 죽게 되었을 때 모르드개가 내시인 하닥을 통해 에스더에게 말을 전하는 장면이 나옵니다.

"너는 왕궁에 있으니 모든 유다인 중에 홀로 면하리라 생각지 말라 이 때에 네가 만일 잠잠하여 말이 없으면 유다인은 다른 데로 말미암아 놓임과 구원을 얻으려니와 너와 네 아비 집은 멸망하리라 네가 왕후의 위를 얻은 것이 이 때를 위함이 아닌지 누가 아느냐"(에 4:13하-14).

아무리 왕후라 하더라도 왕의 명령 없이는 왕의 면전에 나아갈 수 없었습니다. 만일 나아갔다가 긍휼함을 사지 못하면 목숨을 잃게 되어 있었습니다. 모르드개는 에스더가 왕후가 된 것이 이 때를 위함이라고 확신했습니다. 그러므로 마땅히 에스더가 이 일에 개입해야 한다고 말했습니다. 그때 에스더가 깨닫고 3일 금식하면서 "죽으면 죽으리라"고 나아갔을 때 하나님의 놀라운 역사가 일어났던 것입니다.

개인적인 욕망과 정욕에 사로잡힌 사람이 소극적으로 됩니다. 하나님의 뜻보다는 자기의 뜻만 내세우는 이기적인 사람이 그런 사람입니다. 그런 사람일수록 자기와 관련된 것에는 병적으로 집착하게 마련입니다. 우리는 이런 것을 벗고 적극적인 생각을 가져야 하겠습니다.

3. 가능한 생각

하나님은 가능하다고 믿는 사람 속에 역사하십니다. '내 상황이 아무리 어려워도 길은 있다'고 믿고 자기 상황을 포기하지 않는 사람에게, 어떤 난관에 봉착해도 거기에 가능한 길이 있다고 믿는 사람에게 그 길은 뚫려 있습니다. 그것이 성경적인 사고입니다. 그렇지 못한 사람은 어떤 일을 해도 쉽게 포기합니다. 그러나 성령의 사람은 아무리 어려워도 중간에 포기하지 않습니다.

사실 예수님도 많은 딜레마에 부딪쳤습니다. 세금 문제 때문에 올무에 걸릴 위험에 처했을 때와 같은 경우가 그것입니다. 만일 내야 한다고 하면 '어떻게 하나님의 아들이 가이사에게 세금을 내는가' 할 것이고, 내지 말아야 한다고 하면 법을 어기는 것이 되어 처벌을 받아야 합니다. 그 때 예수님은 동전을 가져오라고 하여 "누가 그려져 있느냐?" 하고 물으셨습니다. 그러면서 "가이사의 것은 가이사에게 바치라"고 하셨습니다. 이 얼마나 명쾌한 대답입니까?

또한 현장에서 간음하다가 붙잡힌 여인을 사람들이 끌고 와 돌로 쳐 죽이고자 예수님께 물었습니다. 그때 주님이 그 여인을 죽이라고 한다면 구세주가 사랑이 없다고 비판할 것이요, 살려주라고 하면 율법을 어겼으니 하나님의 사람이 아니라고 할 상황이었습니다. 그러자 예수님은 "죄 없는 자가 먼저 돌로 치라"(요 8:7)고 하셨습니다.

하나님의 사람은 항상 이깁니다. 금방 끝날 것처럼 하지 말고, 가능하다는 생각 속에 믿음을 갖고 하나님의 뜻을 구하십시오.

4. 소망적인 생각

이것은 가능한 생각과는 조금 다릅니다. 소망을 떠올리라는 것입니다.

"나 여호와가 말하노라 너희를 향한 나의 생각은 내가 아나니 재앙이 아니라 곧 평안이요 너희 장래에 소망을 주려 하는 생각이라"(렘 29:11).

이는 기도하면서 하나님 앞에 자기 모습을 긍정적으로 그리라는 것입니다. 이것이 비전입니다. 비전은 인간의 힘으로는 가질 수 없습니다. 가령 사업을 할 때에도 사업이 잘 되는 생각을 떠올려야 합니다. 우리 속에는 늘 절망적인 생각이 꽉 차 있기 때문에 이것이 쉽지는 않습니다. 아인슈타인이 말한 것처럼, 우리 속에 열한 가지 좋은 생각을 가져야 한 가지 소망적인 생각이 떠오르는 것입니다. 좋은 것보다는 나쁜 것이 더 많이 머릿속에 채워져 있다는 말입니다.

우리 모두는 과거에 부정적이고 소극적인 생각에 젖어 있던 사람들이었습니다. 아담의 저주 아래서 태어났기 때문에 어쩔 수 없습니다. 그러나 이제는 빨리 이것을 성령의 소망적인 생각으로 바꿔가야 합니다.

야곱은 외삼촌 라반에게 속아서 20년 동안 품삯도 받지 못하고 일했습니다. 그는 꾀를 내어 양이 얼룩무늬가 있는 새끼를 낳게 되면 그것을 자기 소유가 되게 해달라고 라반에게 말했습니다. 그렇게 해놓고는 건강한 양이 물을 먹으러 오면 살구나무와 신풍나무의 푸른 가지를 벗겨 얼룩지게 만들어 놓은 것을 보게 했습니다. 양이 그것을 보고 얼룩무늬 있는 새끼를 배게 되었고, 그것은 야곱의 차지가 되었습니다. 이것은 계시입니다. 미물의 짐승도 보는 대로 새끼를 낳는데 하물며 사람이겠습니까? 바라보고 소망을 떠올리는 것이 중요합니다.

남편의 믿음이 없을지라도 믿음 좋은 남편의 모습을 떠올리고, 아플 때에도 병이 낫는 모습을 떠올리십시오. 이런 식으로 지금 처한 암울한 상황 반대편의 아름다운 그림을 그릴 때 하나님이 역사하십니다. 성령의 생각, 소망의 생각으로 바꿔야 합니다. 미래에 행복할지 어떨지는 그 사람의 마음에 그려진 그림으로 결정됩니다.

기도해야 소망적인 생각을 떠올릴 수 있습니다. 현실만, 환경만 보지 마십시오. 우리는 훈련받아서 소망적인 생각을 떠올려야 합니다. 기도가 중단되면 소용없습니다. 쉬지 않고 기도해야 합니다. 한두 번으로 그쳐서는 안 됩니다. 간구는 일단 응답되면 안 해도 되지만 기도는 중단되어서는 안 됩니다. 가장 중요한 것은 계속되어야 한다는 것입니다. 정한 시간, 정한 분량을 계속해야 합니다. 이것이 응답의 첩경입니다.

기도를 하다가도 중도에서 포기하고 마는 사람들이 많습니다. 좋은 말을 쓰려 하지 마십시오. 기도는 어렵지 않습니다. 그저 마음에 있는 그대로 솔직하게 털어놓기만 하면 됩니다. 기도도 습관입니다. 기도의 습관을 기르시기 바랍니다.

5. 거룩한 생각

이는 구별된 생각, 소망이 하나님께 있는 생각입니다. 우리는 깨끗하고 죄가 없는 생각을 가져야 합니다. 정욕과 음란을 버리고 순전하게 사랑하는 생각을 가져야 하며, 하나님의 독특한 구별된 생각, 하나님의 거룩한 성품의 생각을 가져야 하는 것입니다.

지금까지 우리는 성령의 다섯 가지 생각을 알아보았습니다. 생각도 훈련하기 나름입니다. 여러분의 생각이 성령의 생각과 같아지기를 원합니다. 생각으로 하나님을 만나십시오. 여러분이 성령의 능력을 힘입어 하나님의 뜻을 이루게 되기를 기도합니다.

성령과 교통하는 생각 다섯 가지
1. 긍정적인 생각
2. 적극적인 생각
3. 가능한 생각
4. 소망적인 생각
5. 거룩한 생각

Changing Thought

잘못된 생각이 잘못된 결과를, 좋은 생각이 좋은 결과를 낳는다

'나는 ○○○한 사람이기 때문에 절대 그 일을 할 수 없어'라든가 '그 사람은 ○○○하기 때문에 잘못된 거야'라는 부정적인 생각은 결국 부정적 결과를 낳는다. 사람은 생각하는 대로 움직이기 때문이다. 어려운 상황에 놓여 있다 할지라도 좋은 생각을 가지면 승리할 수 있다. 좋은 생각이 우리 맘에 자리 잡도록 노력해야 한다.

하나님의 생각을 사모하라

하나님의 생각에 따라 사는 것을 말합니다.

믿음생활이란 결국 내가 하나님의 생각에 따라 사는 것입니다.

상황이나 여건이 어려운데도 성공하고 승리하는 사람은

그가 그런 어려운 상황 속에서도

복된 생각을 했다고 결론을 내릴 수 있습니다.

인간의 삶에 있어서 승리하느냐 실패하느냐는 생각에 달려 있습니다. 제가 이것을 강조하는 것은 그만큼 생각이 중요하기 때문입니다. 왜 믿음생활이 축복인지 아십니까? 하나님을 믿는 사람과 믿지 않는 사람의 차이가 분명하게 드러나기에 그렇습니다. 즉 믿는 사람은 하나님의 생각을 가지고 있고, 믿지 않는 사람은 인간 그대로의 생각을 갖고 살기 때문입니다. 그러므로 사느냐 죽느냐 하는 것도 생각에 달려 있습니다.

사실 복된 생각을 갖는 것은 참 어려운 일입니다. 그러나 복된 생각을 가져야 승리할 수 있습니다. 복된 생각이란 하나님의 생각에 따라 사는 것을 말합니다. 믿음생활이란 결국 내가 하나님의 생각에 따라 사는 삶입니다. 하나님의 말씀을 경청하십시오. 그러면 내 생각이 물러나고 하나님의 생각이 들어오므로 승리할 수 있게 되는 것입니다. 부정적인 생각, 병든 사고를 버리십시오. 상황이나 환경이 우리를 불행하게 만드는 것이 아닙니다. 잘못된 생각이 우리를 불행하게 하는 것입니다. 역으로 생각하면, 상황이나 여건이 어려운데도 성공하고 승리하는 사람은 그가 그런 어려운 상황 속에서도 복된 생각을 했다고 결론을 내릴 수 있습니다.

하나님의 창조원리

하나님은 세상을 창조하시고 "보기에 좋았더라"라고 하셨습니다. 하나님의 창조원리는 다음의 세 가지로 말할 수 있습니다.

창조원리 하나 / 복된 생각

하나님은 감사와 충만이 넘치는 에덴동산을 먼저 생각하셨습니다. 우리도 이런 복된 생각이 먼저 떠올라야 합니다. 그 생각이 발전하면 마음에 환상이 그려지게 됩니다.

창조원리 둘 / 복된 말씀

복된 생각이 있기에 복된 말씀이 나오는 것입니다. 그러므로 말을 함부로 하는 사람은 이미 그 생각이 어두워진 것입니다. 말은 생각의 표현이기 때문입니다. 그래서 말이 중요합니다.

창조원리 셋/ 복된 행위

하나님께서 말씀으로 세상을 창조하셨지만, 행위로 하신 부분도 있었습니다. 바로 사람을 흙으로 지을 때가 그것입니다. 우리가 복된 말을 해야 복된 행위를 할 수 있습니다. 우리의 행위는 우리가 말한 것에 묶이기 때문입니다.

하나님의 이러한 공식대로 하나님의 선한 창조가 나온 것입니다. 그렇게 되었을 때의 결과가 바로 복된 환경입니다.

선한 창조의 결과, 복된 환경

환경이 나쁘니까 행위가 나빠지는 것이 아닙니다. 생각이 나쁜 사람은 어디를 가든 원망과 불평뿐이지만, 생각이 복된 사람은 사막에서도 천국을 이룹니다. 이러한 원칙에 따라 늘 좋은 말, 소망적인 말을 하기 원합니다. 말이 나빠지면 행동이 나빠집니다. 이것은 급속도로 빠르게 진행됩니다. 톱니바퀴가 돌 듯 물려 돌아가는 불행의 연결고리를 잘라내야 합니다.

제가 처음 교회를 개척하던 당시 교인들이 변화되어 복을 받을 수 있도록 하나님께 기도할 때, 말과 생각을 통해 인간을 바꾸는 체험을 하게 되었습니다. 그들의 운명이 바뀌고 기적이 일어나는 것을 제 눈으로 보았습니다. "이거다! 이것이 바로 하나님의 역사로구나" 하는 진리를 깨닫게 되었습니다. 하나님의 역사는 참으로 놀라움의 연속이었습니다.

누구든지 하나님의 말씀에 순종만 하면 길이 열립니다. 내 생각을 내세우지 마십시오. 내 생각이 중심이 되면 길이 열리지 않습니다. 하나님 생각을 하십시오. 하나님의 생각으로 바뀌면 환경이 달라집니다.

전도도 그렇습니다. 전도할 생각조차 하지 않는 경우가 참 많습니다. '나는 원래 성격이 그래서…' 라고 생각하는 사람은 평생 한 명도 전도할 수 없습니다. 우리의 생각을 통해 하나님은 무한대로 역사하실 수 있습니다. 궁극적으로는 하나님이 하시는 것이므로 내게 능력주시는 자 안에서 내가 모든 것을 할 수 있는 것입니다.

여러분은 탕자의 비유를 잘 아실 것입니다. 탕자의 비유를 통해 우리는 아버지의 생각과 아들의 생각이 대조가 됨을 알 수 있습니다. 물론 아버지의 생각은 하나님의 생각이고 아들의 생각은 인간의 생각입니다.

먼저 아들의 생각에 대해 알아보겠습니다. 여기 아들은 소위 '돌아온 탕자' 입니다. 왜 탕자입니까? 다음의 네 가지 생각을 가지고 있었기 때문입니다.

아들, 즉 인간의 생각

스스로 독립하겠다는 생각

"또 가라사대 어떤 사람이 두 아들이 있는데 그 둘째가 아비에게 말하되 아버지여 재산 중에서 내게 돌아올 분깃을 내게 주소서 하는지라 아비가 그 살림을 각각 나눠 주었더니"(눅 15:11-12).

독립하겠다는 말이 세상에서는 좋은 말일지 모르나 여기서 아버지를 떠나 독립하겠다는 것은 하나님 없는 생각입니다. 그 당시 유대 풍습으로는 아버지가 살아있는 한 아들은 그 아버지 집에서 살아야 했습니다. 아버지가 죽은 후에야 유산을 나눠받을 수 있었습니다. 그런데 아버지가 죽기도 전에 유산을 달라고 한 것은 스스로 자유롭게 살겠다는 말입니다. 오늘날도 가장 심각하게 병든 사고가 이것입니다.

인간은 하나님의 형상으로 만들어져 있기에 하나님을 떠나서는 살수 없습니다. 그러나 우리는 하나님이 내게 있으면 부자유하다고 느낍니다. 이렇게 율법적으로 생각하는 게 문제입니다. 그러나 사실은 하나님이 내게 역사하실 때 가장 자유로운 것입니다. 하나님이 내게 간섭하는 양이 많을수록, 나를 주관하는 것을 느끼는 분량이 크면 클수록 내게 축복이라는 것을 알아야 합니다. 거기서 자유롭겠다는 사탄의 아편을 먹지 말아야 합니다. 삶을 살아가면서 하나님이 내게 관여하신다는 것을 느낄 때 얼마나 큰 행복을 느낄 수 있는지 알아야 합니다. 하나님의 뜻대로 산다는 것을 율법이나 부담으로 생각하지 마십시오. 그것은 나를 가장 기쁘게 하고 만족하게 해주는 것이라는 확신이 있어야 합니다.

물고기가 물 속에서만 자유롭듯이 우리는 하나님 안에서만 자유로울 수 있습니다. 주님이 우리 삶에 들어오셔서 나의 인생을 간섭하시기를 위해 기도하십시오. 그분만이 우리의 삶을 윤택하게 하십니다. 하나님의 뜻대로 산다는 것은 율법이나 부담이 될 수 없습니다. 하나님의 뜻대로 살면 세상에서 얻지 못하는 것들을 얻습니다. 그 평안함과 위로하심은 세상의 무엇과도 바꿀 수 없는 값진 보물입니다. 하나님의 뜻대로 살면 삶의 문제들이 해결됨을 얻습니다. 산다는 것이 신이 납니다.

보이는 대로 판단하는 생각

"그 후 며칠이 못되어 둘째 아들이 재산을 다 모아 가지고 먼 나라에 가 거기서 허랑방탕하여 그 재산을 허비하더니 다 없이한 후 그 나라에 크게 흉년이 들어 저가 비로소 궁핍한지라 가서 그 나라 백성 중 하나에게 붙여 사니 그가 저를 들로 보내어 돼지를 치게 하였는데"(눅 15:13-15).

그 아들이 유산을 받아 부자가 되었습니다. 그는 그 돈(보이는 것)이 자기를 부유하게 해줄 줄 알았습니다. 유산이 자기를 지켜줄 줄 알았던 것입니다. 그러나 그는 허랑방탕하여 그 재산을 다 탕진했습니다. 그에게 아무것도 없게 되자(보이는 것이 없게 되자) 그는 좌절했습니다.

인간은 무엇인가 가진 것이 있으면 교만하고, 없으면 절망합니다. 그 보이는 것은 우리를 보증해주지 않습니다. 그것이 힘을 줄 수는 없습니다. 우리에게 힘을 주시는 분은 하나님 한 분이십니다. 물론 인간은 보이는 것에 좌우되기 쉽습니다. 이 유혹을 떨쳐버리기는 쉬운 일이 아닙니다. 그러나 보이는 것은 나타난 것으로 된 것이 아니라 보이지 않는 하나님의 말씀으로 된 것입니다. 하나님이 은혜를 주시느냐 안 주시느냐가 문제입니다. 그것을 놓치면 누구도 탕자가 될 수밖에 없습니다.

무릎으로 산다는 것이 무엇인지, 섬김이 무엇인지 깨닫고 이 진리를 놓치지 않기 위해 몸부림쳐야 합니다. 직책이 높다고, 큰 집이 있다고, 건강하다고, 자식이 잘 되었다고 교만하지 마십시오. 늘 변함없는 마음으로 겸손하게 하나님의 은혜를 구해야 합니다.

부정적인 생각

부정적인 생각은 위의 두 번째 생각과 깊은 관련이 있습니다.

"저가 돼지 먹는 쥐엄 열매로 배을 채우고자 하되 주는 자가 없는지라 이에 스스로 돌이켜 가로되 내 아버지에게는 양식이 풍족한 품꾼이 얼마나 많은고 나는 여기서 주려 죽는구나"(눅 15:16-17).

이 아들은 물질이 떨어졌으므로 금방 죽는다고 생각했습니다. 매사를 부정적으로 보는 것은 참으로 나쁜 습관입니다. 부정적인 사람은 100개 중 한 개만 나빠도 그 나쁜 한 개만 보지만, 긍정적인 사람은 100개 중 한 개만 잘 되어도 그 잘 된 한 개만 봅니다. 그것이 사람을 살려내는 것입니다.

율법적인 생각

이는 큰아들의 사고입니다.

"아버지께 대답하여 가로되 내가 여러 해 아버지를 섬겨 명을 어김이 없거늘 내게는 염소 새끼라도 주어 나와 내 벗으로 즐기게 하신 일이 없더니 아버지의 살림을 창기와 함께 먹어 버린 이 아들이 돌아오매 이를 위하여 살진 송아지를 잡으셨나이다"(눅 15:29-30).

돌아온 작은아들을 위해 잔치가 열리는 것을 보고 큰아들은 속이 뒤집혔습니다. 아버지는 큰아들에게 "내 것이 다 네 것"이라고 말하지만 그래도 큰아들의 마음은 편치 않습니다. 이 역시 병든 사고입니다. '이러니까 저 사람은 벌을 받고, 나는 상을 받아야지' 하는 식의 사고입니다. 세상 사람들의 사고가 대부분 이렇습니다. 그러나 하나님 앞에서는 칭찬 받을 수 없는 사고입니다. 잘한 사람이 상을 받는 것은 당연합니다. 그러나 못한 사람도 다시 시작하기만 하면 회복시켜 주시는 것이 하나님의 공의입니다. 시기와 질투, 경쟁, 분쟁은 다 율법적인 사고에서 나오는 것입니다. 이것을 버려야 합니다. 인간은 그렇게 온전하지 못합니다. 나 자체도 하나님의 은혜로 태어나 은혜로 사는 것입니다. 우리도 속을 들여다보면 별 볼 것 없는 존재입니다. 우리가 많은 것을 알고 있고, 존귀해 보인다 하더라도 한번 자기 내면을 들여다보면 아무것도 아님을 알 수 있을 것입니다. 하나님의 은혜를 뺀다면 우리에게 남은 것은 아무것도 없습니다.

우리 속에는 위의 4가지 요소가 너무 많습니다.

그렇다면 아버지의 생각은 어떻겠습니까?

아버지, 즉 하나님의 생각

은혜의 생각

"이에 일어나서 아버지께 돌아가니라 아직도 상거가 먼데 아버지가 저를 보고 측은히 여겨 달려가 목을 안고 입을 맞추니"(눅 15:20).

둘째 아들이 잘못한 것이 많이 있었어도 아버지는 그가 돌아온 것을 먼저 보았습니다. 누구든지 어떤 잘못을 했어도 하나님께로 돌아오면 모두 용서하십니다. 이것이 은혜입니다. 그러나 하나님은 돌아오지 않는 자를 용서하시지는 않습니다. 둘째 아들이 돼지치는 곳까지 하나님이 가시지는 않았다는 것입니다. 거기서 나올 때 용서했습니다.

회개하면 하나님은 용서하십니다. 그러나 죄의 상태 그대로 있을 때는 용서하지 않으십니다. 상거가 먼 데서 기다리는 것입니다. 더 이상은 아버지가 갈 수 없다는 말입니다.

가장 중요한 것은, 하나님께서는 인간이 자기의 잘못된 것을 알고 자유의지로 돌아설 때 용서하신다는 것입니다. 많은 사람들은 그 사실을 모르고 '하나님은 사랑이 많으신 분이니까…' 라며 편하게만 생각합니다. 그러나 잘못되었다는 것을 알고 돌아서야 용서하시는 것입니다. 은혜를 주시고 책임져주십니다.

좋은 생각

"아버지는 종들에게 이르되 제일 좋은 옷을 내어다가 입히고 손에 가락지를 끼우고 발에 신을 신기라"(눅 15:22).

돌아온 그 아들에게 아버지는 제일 좋은 옷을 입힙니다. 그리고 손에 가락지를 끼워줍니다. 이 가락지를 끼운다는 것은 회복을 의미합니다. 그 시대의 가락지는 도장의 역할도 했기 때문입니다. 둘째 아들은 새로 태어난 것입니다. 아버지는 과거를 묻지 않고 "새로 시작하라!"고 하십니다. 얼마나 좋은 분입니까!

늘 이런 하나님에 대한 좋은 생각을 가져야 합니다. 좋은 생각을 할 때 내게 만족이 오고 기쁨과 감사가 있게 됩니다.

사랑의 생각

"이 내 아들은 죽었다가 다시 살아났으며 내가 잃었다가 다시 얻었노라 하니 저희가 즐거워하더라"(눅 15:24).

이는 교제입니다. 사랑은 나눈다는 특징이 있습니다. 최소한 두 명은 있어야 사랑을 나눌 수 있습니다. 하나님은 우리가 서로 기도하고 또 하나님과 교제하는 것을 기뻐하십니다. 하나님 안에서 아름다운 교제를 이루어야 할 줄로 믿습니다.

소망의 생각

"이 네 동생은 죽었다가 살았으며 내가 잃었다가 얻었기로 우리가 즐거워하고 기뻐하는 것이 마땅하다 하니라"(눅 15:32).

죽었다가 살고, 잃었다가 찾는 등 하나님을 믿으면 늘 이렇게 소망이 넘치게 됩니다.

이것이 아버지의 생각입니다. 우리는 아들의 생각을 버리고 아버지의 생각을 가져야 할 것입니다. 하나님의 생각으로 충만한 삶을 사는 우리가 되기를 원합니다.

인간의 생각		하나님의 생각
하나님 없이 혼자 할 수 있다는 생각		은혜의 생각
보이는 대로 판단하는 생각	Vs	사랑의 생각
부정적인 생각		소망의 생각
율법적인 생각		좋은 생각

Changing Thought

하나님의 생각을 본받아 이웃에게 실천하라

1. 다른 사람이 나에게 잘못한 것이 많아도 사과하거든 용서하라.
2. 잘못을 묻지 말고 좋은 것을 베풀어주라.
3. 아름다운 교제를 이루라.
4. 하나님을 소개하라.

마음을 정결케 하는 다섯 가지 실천원리

마음이 병들어 있다면
아무리 좋은 환경이 갖추어져 있다 하더라도
결과는 병들 수밖에 없습니다.
그러나 하나님을 체험하면 마음을 바꿀 수 있습니다.
그 후부터 범사가 잘 되고 강건해집니다.

신앙생활을 바로 한다는 것은 마음을 바르게 경영하는 것입니다. 가장 중요한 것은 마음의 경영입니다. 마음의 경영을 잘 하지 못하면 그 인생은 실패합니다. 사업경영을 잘 하기에 앞서 마음경영을 바르게 해야 합니다. 은금을 갖고도 만족할 수 없기 때문입니다. 이 마음을 바르게 경영하는 것은 하나님으로부터 옵니다. 성경은 "무릇 지킬 만한 것보다 더욱 네 마음을 지키라 생명의 근원이 이에서 남이니라"(잠 4:23)라고 말씀합니다. 돈도 명예도 가정도 건강도 다 지켜야 하지만 그 중 가장 먼저 지켜야 할 것이 마음이라는 것입니다.

마음을 지켜야 산다

요한복음 13장 2절 말씀에 마음을 지키지 못하여 멸망한 사람이 나옵니다.

"마귀가 벌써 시몬의 아들 가룟 유다의 마음에 예수를 팔려는 생각을 넣었더니."

가룟 유다는 원래 예수님의 열두 제자 중 제대로 공부를 한 똑똑한 사람이었습니다. 그런데도 그는 예수님을 판, 그리하여 나지 아니하였으면 좋을 뻔한 사람이 되고 말았습니다. 그가 결정적으로 실패했던 것은 마음의 경영을 잘못했기 때문이었습니다. 예수님을 팔기 전에 사탄이 그의 마음에 침투했던 것입니다.

이혼하려고 결혼하는 사람은 없을 것입니다. 그런데도 결혼생활이 엉망진창이 되고 결국 파국으로 치닫는 것은 마음 경영이 실패했기 때문입니다. 모든 삶은 마음으로부터 나오는 것입니다. 마음을 바르게 고치는 역사가 있어야 행복이 있을 수 있습니다.

우리의 마음은 컴퓨터와 같습니다. 컴퓨터가 그 안에 있는 여러 프로그램에 의해 작동할 수밖에 없듯이 마음 상태가 변하지 않는 한 수백 번을 다시 해도 결과는 똑같은 것입니다. 우리의 인생 프로그램을 바꾸기 전에는 계속 똑같은 결과가 나오는 것입니다. 마음속에 불행해지는 프로그램이 있다면 이를 바꿔야 합니다. 수가성 여인이 남편을 다섯 번 바꿨던 것은 그 여인의 마음의 프로그램에 남자가 그럴 수밖에 없었던 존재였기 때문입니다. 이렇게 마음속에 무슨 프로그램이 있는가 하는 것은 중요한 문제입니다. 그것을 잘 고쳐야 성공할 수 있습니다.

마음이 병들어 있다면 아무리 좋은 환경이 갖추어져 있다 하더라도 결과는 병들 수밖에 없습니다. 마음이 썩어 있는 한 어그러진 삶이 나올 수밖에 없는 것은 당연한 이치입니다. 그러나 하나님을 만나면 마음을 바꿀 수 있습니다.

호세아 선지자는 "너희 묵은 땅을 기경하라"고 권고합니다. 영혼이 잘 되는 것은 마음이 잘 되는 것입니다. 그 후부터 범사가 잘 되고 강건해집니다.

하나님께서는 우리의 외모나 우리가 가진 것을 보시지 않습니다. 그분은 우리 마음의 중심을 보십니다. 그 중심이 비틀거린다면 하나님께서는 그 사람을 사용하시지 않습니다. 하나님이 사용하는 손잡이가 마음입니다. 그릇이 있어도 손잡이가 있어야 물을 퍼마실 수 있음과 같습니다.

예수님이 열두 제자를 택하실 때 왜 많이 배운 바리새인과 서기관들을 제쳐두고 배우지 못한 어부들을 쓰셨습니까? 그것은 예수님이 순수한 어부들의 마음을 잡을 수 있었기 때문입니다. 하나님은 우리의 아버지십니다. 아들이 잘못되는 것을 좋아할 아버지는 아무도 없습니다. 우리의 마음만 잘 되면 환경은 좋아질 수 있습니다. 마귀는 자꾸 환경을 보라고 우리를 부추깁니다. '네가 얼마나 바쁘냐, 그럴 수 있다…' 하는 식으로 말합니다. 그러나 내 마음이 하나님을 바라보면 환경은 나를 따라오게 되어 있습니다.

설교 역시 마음상태만큼 나오게 되어 있습니다. 잘 쓰려고 노력하는 것이 아니라 내 마음을 얼마나 은혜롭게 지키는가가 문제인 것입니다. 사업을 할 때도 자금을 확보하고 시장조사만 완벽하게 한다고 해서 되는 것이 아닙니다. 되느냐 안 되느냐 하는 마음 상태가 중요합니다.

마음의 경영을 잘 하되 그것을 한 순간만이 아니라 계속 지켜야 합니다. 기도응답도 될 때까지 해야 합니다. 제가 마음속 깊이 느꼈던 인생의 성공비결은 바로 '마음의 경영을 획기적으로 해야겠다'는 것이었습니다. 가령 누가 미워도 그를 사랑할 수 있도록 성령이 역사하실 것을 간구했습니다.

신앙은 그 마음의 경영법입니다. 우리 안에 있는 프로그램을 하나님이 원하는 대로 바꾸지 않으면 우리는 행복해질 수 없습니다.

"독사의 자식들아 너희는 악하니 어떻게 선한 말을 할 수 있느냐 이는 마음에 가득한 것을 입으로 말함이라 선한 사람은 그 쌓은 선에서 선한 것을 내고 악한 사람은 그 쌓은 악에서 악한 것을 내느니라"(마 12:34-35).

우리는 마음에 가득한 것을 입으로 말하게 됩니다. 남을 비판하고 원망하고 흠을 들추어내는 것은 우리 마음에 이미 구정물이 있기 때문입니다. 말에는 신성(神性)이 있습니다. 행동은 말에 묶이게 되는 것입니다. 우리가 기도하는 동안은 나쁜 말을 할 수 없습니다. 그 순간은 자유롭습니다. 그래서 기도가 축복인 것입니다.

병든 사람은 속은 안 보고 겉치레만 합니다. 그래본들 속에서 구정물이 나오기에 어리석은 것입니다. 마음경영을 못하고 겉만 챙기는 것이 가장 실수하는 것입니다. "그 마음의 생각이 어떠한즉 그 위인도 그러하리라." 이렇게 그 생각에 따라 그 사람이 결정되는 것입니다.

그렇다면 실제로 나의 마음이 어떻게 바꿔지겠습니까? 이것이 방법론이자 결론입니다. 여기에는 다섯 가지 실천원리가 있습니다.

마음을 바꾸는 다섯 가지 원리

첫째 원리 / 마음의 주인을 바꾸라

이것이 첫째 관문입니다. 마음에는 주인이 있다는 사실을 인정해야
합니다. 주인이 누군지 모르면 안 됩니다. 대다수의 사람은 자기 마음
의 주인이 누군지 모른 채 살아가고 있습니다. 빈 집에는 도둑이나 걸
인, 지나가는 사람 아무나 들어갑니다. 마음의 집도 마찬가지입니다.
마음의 집에 주인이 없다면 그 사람은 황폐한 인생을 살 수밖에 없습
니다. 우리 스스로는 내 마음의 주인이 될 수 없습니다. 누군가가 주인
이 되어야 하는데, 믿는 우리는 하나님을 모셔야 합니다.

"또한 저희가 마음에 하나님 두기를 싫어하매 하나님께서 저희를 그 상실한 마
음대로 내어 버려 두사 합당치 못한 일을 하게 하셨으니"(롬 1:28).

우리가 마음에 하나님 두기를 싫어하면 하나님께서는 상실한 마음
대로 내버려두신다는 것입니다. 그러므로 우리는 늘 마음이 하나님께
돌려지도록 힘써야 합니다.

내 마음이 하나님께 돌려진 것을 어떻게 알 수 있습니까? 확인하는
방법이 있습니다. 어떤 상황이 있다고 합시다. 예전 같았으면 반드시
혈기부리고 반대했을 텐데, 마음이 하나님께 돌려진 후로는 그 상황이
되어도 그렇게 하지 않는다는 것입니다. 그래서 늘 마음이 평안합니
다. 결과가 내 생각과 반대가 되어도 그렇습니다. 그러나 마음이 하나
님께 가 있지 않으면 예전의 습관들이 그대로 나타나게 되는 것입니

다.

둘째 원리 / 잘못을 고백하라

반드시 우리의 입으로 잘못을 고백해야 합니다. 잘못을 고백하여 죄 사함 받아야 합니다. 그래서 하나님과의 막힌 담이 없어야 합니다. 요한일서 1장 9절에 그 죄사함의 근거가 나와 있습니다.

"만일 우리가 우리 죄를 자백하면 저는 미쁘시고 의로우사 우리 죄를 사하시며 모든 불의에서 우리를 깨끗케 하실 것이요."

그냥 '하나님, 제가 잘못한 것 아시죠?' 라면서 구렁이 담 넘어가듯 넘어가면 안 됩니다. 철저히 모두 고백해야 합니다. 자기 마음의 상태까지 철저하게 다 말해야 합니다. 그럴 때 주의 보혈로 사함을 얻습니다. 철저하게 고백하는 것을 간과할 때 하나님과 멀어집니다. 잘못된 내 마음과 생각, 행동, 나태함, 일하지 않은 것 등 모든 죄를 전부 고백해야 합니다. 그리하여 주의 보혈로 사함을 받을 때 하나님과의 관계가 좋아지는 것입니다.

하나님께 마음을 돌린 사람이라면 죄를 고백하지 못했을 때 불안하고 답답함을 느낍니다. '내가 잘못한 일이 없나' 하고 돌아보게 됩니다. 그러면 반드시 그 원인이 나타납니다. 그것을 온전히 찾아내어 철저히 고백해야 합니다. 그러면 금방 평안이 옵니다. 이는 경험해 본 사람만이 압니다. 회개를 자주 하지 않았던 사람은 느끼지 못합니다. 이미 무뎌졌기 때문입니다. 자백하면 불의에서 건져집니다. 그렇기 때문에 순간순간 계속 기도해야 합니다.

한 단계 더 적극적으로 나아가자면, 내가 할 일을 고백해 보십시오.

그랬을 때 답답하고 불안하면 그 계획한 일을 일단 보류하시기 바랍니다. 주님께 허락을 맡아야 하는데, 평강이 와야 허락된 것이기 때문입니다.

셋째 원리 / 말씀을 묵상하라

이것이 가장 결정적이고 적극적인 방법입니다. 이것을 하느냐 하지 않느냐에 따라 엄청난 차이가 있습니다. 바울은 "내 자녀가 진리 안에서 행한다는 말을 듣는 것보다 더 기쁜 일이 없다"고 말했습니다. 진리 안에서 행한다 함은 말씀을 묵상하는 것을 말합니다. 이것은 내 마음의 프로그램을 바꾸는 일입니다. 묵상은 여러 구절을 가지고 하는 것이 아닙니다. 한두 구절을 가지고 하는 것입니다. 묵상한 말씀을 계속 생각하고 내게 적용시켜 보는 일을 계속하는 것이 중요합니다.

말씀에 마음을 두지 않고 TV나 게임 등에 빠져버리게 되면 마음이 피폐해집니다. 하나님과 멀어지는 것입니다. 우리는 하나님의 말씀을 놓치지 말아야 합니다. 시편 1장 1-3절 말씀처럼 복 있는 사람은 "악인의 꾀를 좇지 아니하며 죄인의 길에 서지 아니하며 오만한 자의 자리에 앉지 아니하고 오직 여호와의 율법을 즐거워하여 그 율법을 주야로 묵상하는 자"입니다. 그 사람은 "시냇가에 심은 나무가 시절을 좇아 과실을 맺으며 그 잎사귀가 마르지 아니함 같으니" 그 행사가 다 형통합니다. 형통하다는 것은 프로그램이 바뀌었다는 것입니다.

사람이 새로워지는 것은, 그의 안에 복된 프로그램이 집어넣어져야 가능합니다. 복된 프로그램은 복된 말씀을 들을 때 만들어집니다. 그러므로 우리는 끊임없이 말씀을 묵상해야 하며, 우리의 삶 속에 말씀이 역사하도록 해야 합니다. 성경을 아무리 많이 본다하더라도 그 말씀이 내 삶에 적용되지 못하면 소용없습니다.

위대한 기독교의 인물들은 성경 한 구절로 변화를 받은 경우가 많습니다. 종교개혁을 일으킨 마틴 루터는 "오직 의인은 믿음으로 살리라"(롬 1:17)는 말씀으로, 조지 뮬러는 "하나님은 고아의 아버지시며"(시 68:5)라는 말씀으로 그들의 삶이 변했습니다. 우리에게도 새 일이 일어날 것입니다. 우리의 심령이 그렇게 좇아 행하는 동안 모든 문제는 해결될 것입니다.

넷째 원리 / 묵상한 것을 입으로 말하라

자주 입으로 되뇌이십시오. 시인하십시오. 성경말씀을 말하는 한 우리는 부정적인 말이나 나쁜 혈기 부리는 일을 할 수 없습니다. 우리의 행동이 더딜지라도 우리는 말부터 잘해야 합니다. "나는 사랑하겠어요. 나는 전도하겠어요"라고 말하십시오. 하나님의 말을 하십시오. "나는 못해도 하나님이 하시게 하면 할 수 있습니다." 계속 이런 말을 하면 성령이 역사하십니다. 신명기 30장 14절 말씀은 중요한 진리를 가르쳐줍니다.

"오직 그 말씀이 네게 심히 가까와서 네 입에 있으며 네 마음에 있은즉 네가 이를 행할 수 있느니라."

입으로 말하고 마음에 와 있으면 행동으로 옮길 수 있는 것입니다.

다섯째 원리 / 하나님이 주시는 말씀대로 행하라

우리가 자꾸 말할 때 행할 수 있는 능력이 나타납니다. 말씀을 묵상하고, 그 묵상이 말로 나올 때 행동이 따르게 된다는 것입니다. 이렇게 내 속에 떠오르는 성령의 소리에 귀기울이고 그대로 실천하면 길이 열립니다.

늘 깨끗함을 유지해야 한다

정결하다는 것은 오염되거나 악한 것이 없는 깨끗한 상태라고 말할 수 있다. 물질적인 것이든 영적인 것이든 간에 정결하지 못하면 열매를 맺을 수 없기 때문에 마음을 깨끗게 하는 것이 중요하다. 그래서 우리는 늘 회개해야 한다. 나의 뜻을 온전히 주께 맡기고, 세상에서 죄 짓지 말고 하나님의 말씀에 순종해야 하는 것이다. 성령은 우리가 열매를 맺도록 도우시는 분이다. 그분은 우리가 열매를 맺도록 우리의 마음과 우리의 삶을 정결케 하실 것이다. 그러므로 우리는 성령께서 우리 안에 늘 충만하시도록 기도해야 한다.

행동은 말에 묶인다. 말을 조심하라

사람들은 그들의 모든 행실과 말에 대해 책임이 있다. 마음에 가득한 것을 입으로 말하게 되기 때문에 우선 마음 경영을 잘해야 한다. 우리가 아무 의미 없이 내뱉는 말이라 할지라도 그 말은 반드시 우리 행동에 제약을 가져온다. 잘못된 말은 더욱 그러하다. 그러므로 의식적으로라도 말을 조심해야 한다. 입술에 파수꾼을 붙여달라고 했던 시편 기자의 말을 상기하자.

두려움을 이렇게 극복하라

두려움은 무지에서 옵니다. 진리를 안다면 두려워하지 않게 됩니다. 하나님이 말씀하신 것에 대한 신뢰를 가질 때에 우리 속에 두려움이 쫓겨가게 됩니다.

경에는 마음의 상태를 나타내는 말들이 많은데 그 중 '두려움' 이라는 말이 많이 나옵니다. 우리는 이 말을 막연하게 생각하지만 성경은 이에 대해 비중있게 다루고 있습니다. 이 두려움의 실체를 파악하지 못하면 신앙생활에서 실패할 뿐 아니라 가장 불행한 일이 벌어질 수도 있는 것입니다.

이 두려움은 사람의 마음 상태 중 가장 불행하고 실패하게 만드는 뿌리가 됩니다. 남을 원망하고, 비방하고, 염려하고, 부정적 사고를 가지게 하고, 병들게 하고, 교만하게 하는 이 모든 문제가 표출되는 근본적인 뿌리가 두려움입니다. 이 두려움을 이해해야 외적, 내적 치유가 일어날 것입니다. 가장 나쁜 교만의 뿌리도 사실은 두려움에서 나옵니다. 자신이 두렵기 때문에 그것을 덮어두기 위해서 남보다 자신을 앞세우는 것이기 때문입니다.

가장 먼저 오는 내적치유, 평안

예수님을 믿어서 구원받은 후 제일 먼저 오는 내적 치유의 감정은 평안입니다. 이는 두려움에서 극복되는 표시입니다. 저는 이유는 잘 모르지만 교회에 오면 평안함을 느낍니다. 성경을 읽어도, 찬송을 불러도, 예배를 드려도 평안합니다. 그렇게 두려움이 진단되지도 않은 상태에서 '아, 내가 두려워하고 있었구나' 라는 사실이 반증되는 것입니다.

예수님은 자신이 주는 평안이 세상 것과 다르다고 하셨습니다. 이렇게 하나님이 주시는 구원은 두려움을 근본적으로 치유하십니다. 우리에게 평안이라는 뿌리가 없으면 모든 삶의 질서가 무너지게 됩니다.

두려움은 참 무서운 존재입니다. 제2차 세계대전 때 사망한 연합군의 숫자는 30만 명이었는데 반해, 아들이나 남편을 전쟁터에 보내놓고 가슴을 졸이다가 심장병으로 죽은 사람의 숫자가 100만 명이었다는 통계가 이를 증명해 주고 있습니다. 두려움은 원자폭탄보다도, 총칼보다도 무서운 것입니다.

성경이 말하는 두려움

요한일서 4장 18절에 보면, 두려워하는 자에게 형벌이 온다고 되어 있습니다.

"사랑 안에 두려움이 없고 온전한 사랑이 두려움을 내어쫓나니 두려움에는 형벌이 있음이라 두려워하는 자는 사랑 안에서 온전히 이루지 못하였느니라."

살아가는 데 있어서 하나님을 신뢰하지 못하고 하나님보다 세상을 더 두려워하면 반드시 그 결과가 옵니다. 형벌이라는 대가가 오는 것입니다. 그 두려움의 이유가 무엇이든지 간에 반드시 형벌이 있습니다. 이 땅에서, 살아가는 데서 오는 대가를 치러야 한다는 것입니다.

요한계시록 21장 8절은 두려워하는 자에게 심판이 있다고 말합니다.

"그러나 두려워하는 자들과 믿지 아니하는 자들과 흉악한 자들과 살인자들과 행음자들과 술객들과 우상 숭배자들과 모든 거짓말하는 자들은 불과 유황으로 타는 못에 참여하리니 이것이 둘째 사망이라."

둘째 사망은 지옥에 떨어짐을 말합니다. 현재의 역경이나 핍박을 겁내고 배교한다면 결국 불못에 던져지고 말 것입니다. 두려움은 우리가 이겨내야 할 싸움일 수밖에 없습니다. 하나님을 경외하고 하나님을 전적으로 의지한다면 두려움을 충분히 극복할 수 있습니다. 그러면 그 두려움의 원인이 무엇이겠습니까?

두려움의 원인

두려움을 느끼는 원인은 쉽게 이야기해서, 사탄의 영향력 아래 있기 때문입니다. 사탄의 영향을 받기 때문에 두려워합니다.

"너희는 다시 무서워하는 종의 영을 받지 아니하였고 양자의 영을 받았으므로 아바 아버지라 부르짖느니라"(롬 8:15).

"무서워하는 종의 영"은 사탄의 영을 말합니다. 사탄에게 지배됨으로 말미암아 그의 종이 된다는 것은 상당히 심각한 말입니다. 예를 한 번 들어봅시다.

예수님은 이웃뿐만 아니라 심지어 원수까지도 사랑하라고 하셨습니다. 이것이 하나님의 계명입니다. 그런데 우리는 어떤 사람은 좋아하고, 어떤 사람은 싫어하는 경향이 많습니다. 나와 다르다는 이유만으로도 그렇게 합니다. 그러나 그 내면세계를 들여다보면 두려워하는 영이 있기 때문에 그렇다는 것입니다. 그런 사람은 자유하는 영에 붙들려 있지 못한 상태입니다. 남을 미워하고, 시기하고, 질투하고, 험담하는 것은 모두 두려움에서 나오는 것입니다. 자기 자신을 방어하려고 하기 때문에 그렇습니다.

이 두려움이 우리 속에 뿌리깊게 박혀 있는 경우가 너무도 많습니다. 이 모든 것이 성령의 역사로 하나님에 의해 극복되어야 할 줄로 믿습니다. 그래야 다른 사람에 대한 선입견없이 그들과 대화할 수 있고, 더 나아가 전도도 할 수 있게 됩니다.

두려움의 현상과 영향력

두려움은 부정적인 사람으로 만듭니다. 이것이 가장 심각한 문제입니다. 두려움은 절대로 사람으로 하여금 긍정적이지 못하게 합니다. 진리로, 빛으로 나아오지 못하게 합니다. 이러한 두려움이 해결되어야 하나님과 교제할 수 있고 주님의 빛에 들어올 수 있습니다.

이스라엘 백성들이 가나안 땅에 정탐꾼을 보내었습니다. 정탐꾼은 사흘 동안 가나안 땅을 살펴보고 나서는 그 가나안 족속의 신장이 너무 거대해서 그들을 이길 수 없다고 말했습니다. 이미 하나님께서 그 땅을 이스라엘에게 주겠다고 약속하셨는데도 불구하고, 그 약속을 생각하지도 않고 지레 겁을 먹은 것입니다. 그 두려움의 결과가 어떠했는지는 여러분들이 잘 아실 것입니다.

우리는 하나님만 바라보고 살아야 할 것입니다. 다른 사람의 시선에 신경쓰면 그들로 인해 실족하게 되기 쉽습니다. 하나님만 바라볼 때 담대해지고 두려움을 이길 수 있습니다.

하나님은 빛의 영이시며 긍정적이십니다. 오랫동안 예수님을 믿는다고 하면서도 걱정 근심에 싸여 사는 사람들이 있습니다. 자기 자신이 그런 줄도 모르고 신앙생활을 잘 하고 있다고 생각합니다. 그런 사람은 다른 사람에게 영향력을 끼칠 수 없으며 성령의 역사가 일어나기도 힘듭니다. 우리가 하나님의 은혜를 받아야 긍정적이 되어 하나님과 교제하고 다른 사람을 사랑하게 됩니다. 두려움을 버리고 하나님의 은혜를 구해야 될 줄로 믿습니다.

두려움이 가져오는 것들

두려움은 염려와 걱정을 가져옵니다. 염려하고 걱정한다는 것은 마음이 나뉘어진다는 말입니다. 일어날 가능성이 없는 일을 가지고 걱정하는 경우가 너무도 많습니다.

주님은 "염려함으로 그 키를 한 자나 더할 수 있느냐"고 하셨습니다. 또 하늘의 나는 새와 들의 백합화를 보라고 하셨습니다. 그들은 심지도 거두지도 않지만 하나님이 입혀주신다고 말씀하셨습니다. 하물며 하나님이 사랑하시는 사람이겠습니까. 하나님께서는 우리의 모든 것을 알고 계십니다. 그 사랑의 하나님이 우리의 모든 것들을 책임져 주실 것입니다.

모든 만물은 목적을 가지고 태어났습니다. 생명을 주신 분이 하나님이십니다. 먹고 마시는 것은 살기 위한 도구에 지나지 않습니다. 그 의식주에 너무 집착한다면 우리의 생의 값어치가 떨어질 것입니다. 하나님을 위한 삶을 사십시오. 그러면 그 나머지 것들은 그분이 책임져 주십니다. 이러한 삶의 원리를 알 때 우리는 보다 나은 삶을 살 수 있습니다.

또한 두려움은 거짓말을 말하게 합니다. 진실을 외면하게 만듭니다. 교만은 자기에게 속은 것인데, 교만 역시 거짓의 일종입니다. 자기가 위대한 사람인 줄 착각하게 하는 것입니다. 아담과 하와가 죄를 짓고 하나님을 멀리하면서부터 그들에게 두려움이 왔습니다. 그래서 핑계를 대었습니다.

회개한다는 것은 정말 용기가 필요한 일입니다. 복받은 사람만이 진실할 수 있습니다. 진실하지 않으면 평안이 없습니다. 거짓은 불행을 초래하며 그 속에 공허함만이 남게 됩니다. 그 원인이 두려움에 있다는 것을 깨달아야 합니다.

두려움은 사람을 미워하게 합니다. 미워하는 이유가 있습니다. 그것은 자기를 방어하려는 것입니다. 내 약점이 있기 때문입니다. 두려움에서 해방되면 남을 사랑하고 도울 수 있습니다. 가인이 아벨을 살해한 것도 두려움의 발로에서였습니다. 아벨을 시기하기 전에 '하나님이 날 버릴지도 모른다. 날 벌주면 어떻게 하지?' 라는 두려움이 있었다는 말입니다. 이렇게 남을 비판하고 공격하는 것 자체가 이미 내 속에 두려움이 와 있다는 증거입니다.

스데반처럼 두려움을 몰아낸 자가 순교도 할 수 있습니다. 그를 돌로 쳐죽인 유대인들은 그를 죽이지 않으면 자기들이 죽을 것이라는 두려움에서 그렇게 했습니다. 이런 이치를 이해해야 근본적으로 '내 속에 치유되지 못한 것이 있구나' 하는 것을 깨닫게 되고 자기진단이 확실해집니다. 적당히 얼버무리면 해결되지 않습니다. 하나하나 붙들며 하나님께 매달려야 치유의 역사가 일어날 것입니다.

결론적으로, 두려움은 죄를 짓게 합니다. 사람이 두려워지면 도피하게 되어 있습니다. 그래서 쾌락으로 도피하고, 미워하게도 하고 결국 죄를 짓게 만드는 것입니다.

두려움 극복하기

진리에 대한 믿음은 두려움을 극복하게 합니다. 두려움은 무지에서 오기 때문에 진리를 안다면 두려워하지 않게 되는 것입니다. 사람은 누구나 죽음에 대한 두려움을 가지고 있습니다. 죽어본 경험이 없기 때문입니다. 죽음 저편의 세계에 대해 모를 때 그 두려움은 더욱 커집니다. 그러나 진리에 대한 믿음, 하나님이 말씀하신 것에 대한 신뢰를 가질 때에 우리 속에 두려움이 쫓겨가게 됩니다. 말씀은 영원하기에 그것을 믿을 때에 두려움이 없어집니다. 평안은 말씀을 믿을 때에 임합니다.

또한 사람은 상황이 변하는 것을 두려워합니다. '앞으로 내가 병들면 어떻게 하지? 내 배우자에게 큰일이 있으면? 사고가 나면 어떻게 하지?' 라는 막연한 두려움, 또 살면서 일어날 수 있는 일, 즉 변화될지도 모르는 상황에 대한 두려움이 있을 수 있습니다. 그러나 하나님에 대한 믿음이 있다면 그 두려움을 극복할 수 있습니다.

이 두려움을 극복하는 방법이 있습니다. 그것은 사람을 두려워하는 것이 아니라 하나님을 두려워하는 것입니다.

"몸은 죽여도 영혼은 능히 죽이지 못하는 자들을 두려워하지 말고 오직 몸과 영혼을 능히 지옥에 멸하시는 자를 두려워하라"(마 10:28).

"사람을 두려워하면 올무에 걸리게 되거니와 여호와를 의지하는 자는 안전하리라"(잠 29:25).

사람을 두려워하면 사탄의 올무에 걸리게 됩니다. 세상의 눈에 어떻게 보일까 두려워할 필요가 없음을 인지하시기 바랍니다. 하나님을 두려워하십시오. 하나님을 두려워한다는 것은 그분을 경외한다는 뜻입니다.

"모세가 백성에게 이르되 두려워 말라 하나님이 강림하심은 너희를 시험하고 너희로 경외하여 범죄치 않게 하려 하심이니라"(출 20:20).

하나님을 경외한다는 것은 영적으로 말해 하나님과 연결되어야 한다는 말입니다. 어린아이가 아버지 손을 붙잡고 가면 어딜 가도 두려움이 없듯이 우리는 그렇게 하나님과 연결되어야 합니다. 인간에게는 근본적 실존의 두려움이 있습니다. 하나님을 만나기까지는 그것을 해결할 길이 없습니다. 하나님으로부터 지음을 받았기에 이것은 당연한 것입니다.

그리고, 사랑해야 두려움을 이깁니다. 두려움을 이기는 첩경은 바로 사랑입니다. 요한일서 4장 18절 말씀은 이를 뒷받침해 주고 있습니다.

"사랑 안에 두려움이 없고 온전한 사랑이 두려움을 내어쫓나니 두려움에는 형벌이 있음이라 두려워하는 자는 사랑 안에서 온전히 이루지 못하였느니라."

온전한 사랑에는 두려움이 있을 수 없습니다. 아이를 구하기 위해 부모는 불 속에라도 뛰어들 수 있습니다. 이것이 사랑의 속성입니다. 우리는 하나님의 사랑으로 두려움을 쫓아야 합니다. 그 사랑만 있으면 됩니다. 어떤 사람을 사랑하지 못하면 그 사람이 내게 두려움으로 옵니다. 그러나 예수님은 십자가에 못박히시면서도 그 못박은 자들을 사랑할 수 있었기에 두려움이 없었습니다.

주님의 그 온전한 사랑이 내 속에 들어오기 전까지 우리는 두려움을 내쫓을 수 없습니다. 그 사랑을 받은 사람만이 두려워하지 않고 담대해지는 것입니다.

마지막으로, 의를 행해야 두려움을 이길 수 있습니다. 이 말은 죄를 짓지 말아야 한다는 것입니다. 인간의 힘은 의를 행함으로 옵니다. 죄를 지으면 두려움이 먼저 옵니다. 지금 우리 마음에 두려움이 있다면 그것은 죄를 지었기 때문입니다.

이 세상에 살면서 두려움을 완전히 몰아내는 것은 불가능합니다. 그러나 믿음 안에서는 가능합니다. 극복해야 승리할 수 있습니다. 그렇지 않으면 실패하고 병들고 두려움에 붙잡혀 살 수밖에 없습니다.

하나님을 경외함으로, 사랑으로 배우고 실천함으로, 죄를 짓지 않고 의를 행함으로 두려움을 내쫓으시기 바랍니다. 그럴 때 이기는 길이 점점 더 넓어질 수 있습니다.

두려움이 주는 것
- 염려와 걱정
- 거짓말을 하게 함
- 사람을 미워하게 함

두려움을 이기려면
- 진리를 알아야 한다
- 하나님을 경외하라
- 온전한 사랑을 하라
- 의를 행하라

"내 인생이 잘못되면 어떻게 하지?"

사람은 상황의 변화에 대해 두려워하는 경향이 있다. 일어나지도 않은 상황을 상상하여 사서 걱정하는 경우, 작은 일을 크게 부풀려 생각하여 두려워하는 경우가 우리 주변에서 심심찮게 발견된다. 당신은 자신의 인생을 어디에 맡겨두고 있는가? 사업의 성공, 학업, 취업, 결혼 등등에 자신의 인생을 걸고 있진 않은가? 가장 안전한 삶은 하나님께 모든 것을 거는 삶이다. 자신의 삶을 하나님께 맡겨둘 때 자유를 누리게 되며, 안전한 보험에 저축해 두는 것 같은 안정감을 맛볼 수 있을 것이다. 두려움과 안정감, 당신은 어디에 인생을 걸겠는가?

세상이라는 풍랑을 이기는 비결

우리 주님을
보는 것이 우리 마음을 두려움에서
지키는 것이고 풍랑을 이기는 길입니다.
우리 주님은 풍랑보다 훨씬 크신 분입니다.
두려워하지 마십시오.

우리가 사는 이 세상을 흔히 고해라고 부릅니다. 즉 고통스러운 바다라는 것입니다. 쉬지 않고 풍랑이 일어나고 바람이 불기 때문입니다. 아마 이것은 주님이 이 땅에 다시 올 때까지 계속될 것입니다.

그렇다고 우리가 세상을 너무 부정적으로나 어둡게 생각할 필요는 없습니다. 우리에게는 이 풍랑을 이기게 하시는 하나님이 계시기 때문입니다.

"야곱아 너를 창조하신 여호와께서 이제 말씀하시느니라 이스라엘아 너를 조성하신 자가 이제 말씀하시느니라 너는 두려워 말라 내가 너를 구속하였고 내가 너를 지명하여 불렀나니 너는 내 것이라 네가 물 가운데로 지날 때에 내가 함께할 것이라 강을 건널 때에 물이 너를 침몰치 못할 것이며 네가 불 가운데로 행할 때에 타지도 아니할 것이요 불꽃이 너를 사르지도 못하리니 대저 나는 여호와 네 하나님이요 이스라엘의 거룩한 자요 네 구원자임이라 내가 애굽을 너의 속량물로, 구스와 스바를 너의 대신으로 주었노라"(사 43:1-3).

그러면 믿는 우리들은 어떻게 우리에게 다가오는 풍랑을 극복하고 이길 수 있겠습니까?

주님은 오병이어의 기적을 베푸신 후 제자들을 먼저 바다 건너편 가버나움으로 보내십니다. 주님은 함께 그 배에 타시지 않고 제자들만 먼저 보내고 산기도하러 가셨습니다. 그런데 이 제자들이 탄 배가 얼마를 간 후에 심한 풍랑을 만나게 되어 큰 시련을 만나게 됩니다. 이 때 주님이 바다 위를 걸어오셔서 이 풍랑을 만난 제자들을 구해주십니다.
이 사건을 통해 우리는 어떻게 풍랑을 극복하고 이길 수 있는지 배울 수 있습니다.
세상이라는 풍랑을 이기는 방법을 배우도록 하겠습니다.

세상을 이기는 방법/두려워하지 말라

"배가 이미 육지에서 수리나 떠나서 바람이 거슬리므로 물결을 인하여 고난을 당하더라"(마 14:24).

제자들은 풍랑에 지쳐버렸습니다. 그리고 죽을 것 같은 두려움에 휩싸였습니다. 그러다보니 정작 그들을 구해줄 주님이 나타났는데도 유령이라 하면서 무서워하였습니다. 그래서 주님이 안심하라고 그들에게 말하신 것입니다.

우리는 여기서 중요한 것을 배울 수 있습니다. 밖의 환경이 아무리 어렵다 하더라도 마음을 빼앗기지 말아야 한다는 것입니다. 내 마음을 두려움에 빼앗기면 절대 풍랑을 이길 수 없습니다.

우리 속담에 "호랑이 굴에 끌려가도 정신만 차리면 산다"는 말이 있습니다. 이는 우리의 마음을 두려움에서 지킬 수 있다면 어떤 풍랑도, 시련이라도 다 극복할 수 있다는 말입니다.

사실, 세상의 풍랑이 내게 어려우냐, 어렵지 않느냐 하는 것은 밖의 환경에 있다기보다는 우리의 마음속에 있는 것입니다. 우리 마음이 평안하지 못하면 아무리 작은 풍랑이라도 힘들고 어려운 것이고, 내 마음을 평안으로 지킬 수 있다면 어떤 시련도 이길 수 있는 것입니다. 그 시련이 나에게 영향을 끼치지 못하는 것입니다.

"무릇 지킬 만한 것보다 더욱 네 마음을 지키라 생명의 근원이 이에서 남이니라"(잠 4:23).

그러면 어떻게 우리가 환난과 풍랑 속에서 오는 두려움으로부터 우리 마음을 지킬 수 있습니까? 주님의 임재를 믿어야 우리 마음을 지킬 수 있습니다. 즉 보이지 않지만 주님의 역사하심을 믿어야 합니다. 오병이어로 많은 사람들을 먹이신 주님이십니다. 그분이 바로 하나님이십니다. 그분이 가라고 한 갈릴리 바다를 건너갔을 때 어려움을 만났다면 반드시 그분이 도우셔서 건너게 하십니다. 그것을 믿는다면 어려움이 오더라도 이길 수 있습니다. 마음의 평안을 유지할 수 있습니다.

"예수께서 즉시 제자들을 재촉하사 자기가 무리를 보내는 동안에 배를 타고 앞서 건너편으로 가게 하시고 무리를 보내신 후에 기도하러 따로 산에 올라가시다 저물매 거기 혼자 계시더니"(마 14:22-23).

주님이 기도하고 계신다면 누구를 위하여 기도하겠습니까? 제자들을 위하여 기도하지 않겠습니까? 제자들이라면 풍랑보다는 보이지 않는 주님의 역사를 더 믿어야 했습니다. 그것이 제자들끼리만 갈릴리 바닷가로 보내신 이유입니다. 주님이 부활승천하여 제자들에게 보이지 않을 때를 대비하여 믿는 훈련을 미리 시키신 것입니다
여러분은 하나님 보좌 우편에서 우리를 위해 기도하시는 주님을 보십니까? 우리 주님을 보는 것이 우리 마음을 두려움에서 지키는 것이고 풍랑을 이기는 길입니다. 우리 주님은 풍랑보다 훨씬 크신 분입니다. 두려워하지 마십시오.

세상을 이기는 방법/주님을 기대하라

풍랑이 일어날 때 우리는 어떤 경우에도 주님이 역사할 것이라는 기대를 해야 합니다.

"밤 사경에 예수께서 바다 위로 걸어서 제자들에게 오시니 제자들이 그 바다 위로 걸어오심을 보고 놀라 유령이라 하며 무서워하여 소리지르거늘 예수께서 즉시 일러 가라사대 안심하라 내니 두려워 말라"(마 14:25-26).

제자들은 풍랑을 맞아 어려움을 당하였을 때 두려움에 겨워 주님이 구원해 주실 것이라는 생각도 하지 못했습니다. 그래서 정작 주님이 구원해 주시려고 바다 위로 걸어오시니까 유령이라고 소리지르는 것입니다.

즉, 기대도 하지 않으면, 주님이 비록 역사하신다고 해도 응답을 받을 수가 없는 것입니다. 기대하는 믿음만 있으면 우리의 환경은 하나님의 축복의 현장이 됩니다. 아무리 어려운 환경이라 해도 말입니다. 어떤 어려움이 온다 해도 주님을 기대하십시오. 그래서 시편 기자는 "나는 너를 애굽 땅에서 인도하여 낸 여호와 네 하나님이니 네 입을 넓게 열라 내가 채우리라"(시 81:10)고 하였습니다.

열왕기하 4장에 보면 선지자의 수련생들의 아내 가운데 남편을 잃은 한 여인이 빚쟁이에게 쫓겨 엘리사에게 부르짖는 장면이 나옵니다. 그리고 그에게 도움을 청합니다. 그녀에게 기름이 조금밖에 없는 것을 안 엘리사는 이웃사람들에게 그릇을 되도록 많이 빌리라고 하였습니다. 그 여인은 엘리사가 시키는 대로 그릇을 구했고, 두 아들과 함께 방 안으로 들어가 엘리사가 시키는 대로 기름을 부었습니다. 기름이 그릇마다 가득하자 엘리사는 그 여인에게 기름을 팔아 생계를 유지하라고 하였습니다.

여기서 빈 그릇이라는 것은 하나님을 기대하는 믿음입니다. 기대할 때 하나님이 역사하십니다. 어떤 어려움이라도 주님을 기대하는 믿음을 가지고 있으면 주님은 바다 위로 걸어오셔서 우리를 건져주십니다.

세상을 이기는 방법/순종해야 한다

환경이 어려울수록, 풍랑이 심할수록 주님의 명령에 순종해야 합니다.

"베드로가 대답하여 가로되 주여 만일 주시어든 나를 명하사 물 위로 오라 하소서 한대 오라 하시니 베드로가 배에서 내려 물 위로 걸어서 예수께로 가되"(마 14:28-29).

베드로는 엉뚱하게도 물 위를 걷게 해달라고 주님께 요청합니다. 풍랑 때문에 다들 정신없고 고통받고 있는데 "주여 주시어든 나를 명하여 물 위로 오라 하소서"라고 말합니다. 그때 주님도 맞장구를 치시듯 오라 하십니다. 과연 풍랑을 맞아 배가 뒤집히려고 하는 마당에 베드로가 바다 위를 걷는 이 일이 무슨 의미가 있을까 생각해보아야 합니다. 그것은 아주 중요한 의미가 있습니다.

그것은 어떤 어려움이 오더라도 주님의 명령을 순종만 한다면 풍랑 위를 걸을 수 있다는 것입니다. 즉 순종만 한다면 어떤 시련이나 고난도 그것을 초월하여 정복할 수 있고 이길 수 있다는 것을 보여주는 것입니다. 그러나 반대로, 주님의 명령보다 환경에 먼저 눈을 돌리면 곧 그 풍랑에 빠지게 됩니다.

우리는 어려울수록 주님의 명령에 귀를 기울이고 주님만 바라보며 의심하지 말고 앞으로 나아가야 합니다. 반드시 풍랑은 지나갑니다.

세상을 이기는 방법/주님을 모셔들이라

"예수께서 즉시 손을 내밀어 저를 붙잡으시며 가라사대 믿음이 적은 자여 왜 의심하였느냐 하시고 배에 함께 오르매 바람이 그치는지라"(마 14:31-32).

결국 풍랑은 주님을 모셔들여야 끝나게 됩니다. 즉 임마누엘의 믿음을 소유하면, 주님이 함께하시면 이 세상 어떤 풍랑도 이길 수 있습니다. 사도행전 27장에 보면 바울이 가이사에게로 호송되어가는 모습이 그려져 있습니다. 백부장은 바울의 말보다는 선장의 말을 들어 항해하게 되는데 결국 큰 풍랑을 만나게 됩니다.

"여러 날 동안 해와 별이 보이지 아니하고 큰 풍랑이 그대로 있으매 구원의 여망이 다 없어졌더라"(행 27:20).

모든 사람이 두려움에 떨었지만 바울은 하나님의 임재를 늘 체험하고 있기에 풍랑은 문제가 되지 않았습니다. 그래서 이렇게 외칩니다.

"내가 너희를 권하노니 이제는 안심하라 너희 중 생명에는 아무 손상이 없겠고 오직 배뿐이리라 나의 속한 바 곧 나의 섬기는 하나님의 사자가 어제 밤에 내 곁에 서서 말하되 바울아 두려워 말라 네가 가이사 앞에 서야 하겠고 또 하나님께서 너와 함께 행선하는 자를 다 네게 주셨다 하였으니 그러므로 여러분이여 안심하라 나는 내게 말씀하신 그대로 되리라고 하나님을 믿노라"(행 27:22-25).

그렇습니다. 아무리 어려운 풍랑이라도 주님의 임재만 있으면, 주님만 모시면 풍랑은 끝이 납니다. 이러한 사실을 의지하고 늘 승리하는 여러분이 되시기를 바랍니다.

두 마음을 품은 베드로 이야기

베드로는 바다 위를 걸어오시는 예수님께 자신도 걷게 해달라고 요청한다. 예수님은 이에 응하셨고, 베드로는 바다 위를 걸어온다. 그러나 풍랑이 이는 것을 보고 곧 물에 빠지고 만다. 왜 베드로가 물에 빠졌을까? 그것은 '두려워 했기' 때문이다. 이는 두 마음을 가졌음을 의미한다. 베드로는 걸어오라는 예수님의 말씀과 곧 물에 빠질 것 같은 두 마음 속에 흔들렸다.

우리는 철저히 하나님의 약속을 믿어야 한다. 환경을 보는 것이 아니라 약속 위에 든든히 서야 할 것이다. 그럴 때 세상에서 불어오는 풍랑을 이길 수 있다.

몰아치는 고난으로 인해 삶이 무서울 때

세상이라는 풍랑을 잠잠케 하신 하나님이 우리와 함께 계시다는 사실을 기억하자. '어려움'을 향하여 "너는 아무것도 아니다"라고 호령하라. 그리고 믿음을 가지고 하나님께 기도하라. 모든 만물이 하나님의 주권 아래에 있음을 고백하고 하나님께서 지금 불고 있는 풍랑을 잔잔케 해주시길 기도하라.

"마음을 강하게 하고 담대히 하라 두려워 말며 놀라지 말라 네가 어디로 가든지 네 하나님 나 여호와가 너와 함께 하느니라"고 말씀하시는 하나님을 의지하자.

하나님께 나아가는 길

우리가 진실한

마음으로 한 것만 하나님께

심은 것이 되며 열매를 맺게 됩니다.

이 말씀은 우리가 하나님께 나아가는 길이,

즉 하늘로 열리는 길은 다른 곳에 있는 것이 아니라

바로 우리 마음속에 있다는 것을 말해주고 있습니다.

전선 가까이에 있는 임진각 옆에 가면 6.25 이후에 북한으로 가는 열차가 중단되어 그대로 서 있는 모습을 볼 수 있습니다. 그 열차 옆 팻말에 보면 "철마는 달리고 싶다"는 말이 기록되어 있습니다. 그 열차와 팻말을 바라볼 때마다 분단의 아픔과 북한에 가족을 두고온 실향민의, 고향을 찾고 싶은 간절한 마음이 느껴져 가슴이 저려옵니다. 꼭 가야 할 곳은 가야 하고, 달리고 싶은 데는 달려야 합니다. 그런데도 마땅히 가야 할 곳을 가지 못하고 서로 사랑해야 함에도 불구하고 사랑하지 못하는 데에 우리 민족의 아픔과 어려움이 있고 고통과 불행이 있는 것입니다. 요즈음 남북교류의 문이 열리고 있는 것은 참 다행스런 일이라고 생각합니다. 하루 속히 남북이 활짝 열리고 모든 사람들이 자유롭게 통하고 왕래하는 역사가 있어야 할 줄 압니다.

우리 신앙생활도 마찬가지라고 생각합니다. 하나님을 믿는 성도는 늘 하나님과 통해야 하고, 언제든지 하늘로 길이 열려야 합니다. 왜냐하면 하나님을 믿는 성도의 본향은 하늘나라이기 때문입니다. 우리의 믿음의 선진들은 이 땅에 살지만 하늘이 돌아갈 본향으로 알고 이 땅에서 나그네처럼 살아갔다는 것을 알 수 있습니다.

"저희가 이제는 더 나은 본향을 사모하니 곧 하늘에 있는 것이라 그러므로 하나님이 저희 하나님이라 일컬음 받으심을 부끄러워 아니하시고 저희를 위하여 한 성을 예비하셨느니라"(히 11:16).

"오직 우리의 시민권은 하늘에 있는지라 거기로서 구원하는 자 곧 주 예수 그리스도를 기다리노니"(빌 3:20).

그렇습니다. 우리 성도의 본향은 하늘입니다. 그러므로 우리에게는 늘 하늘과 통해야 하며 또 항상 하늘로 통하는 길이 열려야 합니다. 그것이 우리의 생명줄이고 소망이며, 거기에 구원의 길이 있는 것입니다.

그러면 하늘로 가는 길은 어디에 있으며 어떻게 하면 하늘로 가는 길이 열리게 됩니까?

사탄의 공격을 막아라

주님은 바리새인들이 형식이나 습관, 유전, 율법 등에 매여 마음에도 없는 신앙생활하는 것을 꾸짖습니다.

"이 백성이 입술로는 나를 존경하되 마음은 내게서 멀도다 사람의 계명으로 교훈을 삼아 가르치니 나를 헛되이 경배하는도다 하였느니라 하시고"(마 15:8-9).

주님은 "심은 것마다 내 천부께서 심으시지 않은 것은 뽑힐 것"(마 15:13)이라고 말씀하셨습니다. 이 말씀은 우리가 진정한 마음으로 하는 것이 아니면 하나님께 심은 것이 아니고 다 뽑혀 버린다는 의미입니다. 즉 우리가 진실한 마음으로 한 것만 하나님께 심은 것이 되고 어떠한 경우에도 뽑히지 않고 열매를 맺게 된다는 것입니다. 이 말씀은 우리가 하나님께 나아가는 길이, 즉 하늘로 열리는 길은 다른 곳에 있는 것이 아니라 바로 우리 마음속에 있다는 뜻입니다.

그렇습니다. 하늘로 나아가는 길은 멀리 있는 것이 아니라 우리 마음속에 있는 것입니다.

"무릇 지킬 만한 것보다 더욱 네 마음을 지키라 생명의 근원이 이에서 남이니라"(잠 4:23).

존 크리소스톰은 유명한 말을 했습니다. "당신이 하늘문을 찾기를 원한다면 당신 마음의 문을 찾아라. 그리하면 그 문이 하늘나라의 문인 것을 알게 될 것이다."

이렇듯 우리 마음이 중요하기 때문에 사탄이 우리 마음을 공격하는 것입니다. 우리 마음을 공격하여 그 사람의 하늘문을 막아 버리는 것입니다. 사도행전 5장에 보면 아나니아와 삿비라가 하나님을 속이고 땅 판 사건이 나옵니다.

"베드로가 가로되 아나니아야 어찌하여 사단이 네 마음에 가득하여 네가 성령을 속이고 땅 값 얼마를 감추었느냐"(행 5:3).

그들은 하나님을 속였고, 결국 죽고 말았습니다. 사탄이 마음 가득히 있어 하늘문을 막아버린 것입니다.

"마귀가 벌써 시몬의 아들 가룟 유다의 마음에 예수를 팔려는 생각을 넣었더니"(요 13:2).

가룟 유다의 마음속에도 사탄이 들어갔습니다.
우리의 마음이 사탄의 공격 목표임을 알아야 합니다.
그러면 이제 어떻게 우리 마음속에 있는 그 하늘길이 열리는가를 생각해 보겠습니다.

자기 마음에 늘 가까이 하는 삶을 살아야 하늘길이 열린다

"이 백성이 입술로는 나를 존경하되 마음은 내게서 멀도다 사람의 계명으로 교훈을 삼아 가르치니 나를 헛되이 경배하는도다 하였느니라 하시고"(마 15:8-9).

바리새인들은 마음과 멀리 떨어져 있는 삶을 살고 있었습니다. 인간의 마음속에는 누구에게나 양심이라는 것이 있습니다. 다소 정도의 차이는 있지만 말입니다. 이것은 불신자 혹은 살인, 강도라 하더라도 있습니다. 그래서 인간은 누구라도 자기 양심에 가까이하면 반드시 하나님을 만나게 되어 있습니다. 양심이 인간을 구원하는 것이 아니라 양심에 충실하면 하나님을 만날 수 있다는 것입니다. 양심은 하나님이 주신 마음이기 때문입니다.

"바울이 공회를 주목하여 가로되 여러분 형제들아 오늘날까지 내가 범사에 양심을 따라 하나님을 섬겼노라 하거늘"(행 23:1).

"물은 예수 그리스도의 부활하심으로 말미암아 이제 너희를 구원하는 표니 곧 세례라 육체의 더러운 것을 제하여 버림이 아니요 오직 선한 양심이 하나님을 향하여 찾아가는 것이라"(벧전 3:21).

바리새인들은 하나님을 섬긴다고 하지만 그것은 하나님을 섬기기보다는 자신의 욕망을 채우기 위해서 행동했습니다. 하나님 계명의 참 뜻은 생각하지 않고 형식과 문자에 매여 행동했습니다. 그래서 예수님의 제자들이 식사할 때 손 씻지 않은 것을 트집잡기도 하였습니다. 하나님이 가장 싫어하는 외식하는 신앙을 갖고 있는 것입니다. 그들은 입술로는 하나님을 공경한다고 하면서 실제 마음은 하나님과는 멀어져 있었습니다. 하나님과의 길이 막혀버린 것입니다.

우리는 작든지 크든지 우리의 마음이 실려 있는 삶을 살아야 합니다. 즉 양심에 따라 살아갈 때 하늘문이 열릴 것입니다.

우리의 마음이 커져야 하늘문이 열린다

"예수께서 대답하여 가라사대 심은 것마다 내 천부께서 심으시지 않은 것은 뽑힐 것이니"(마 15:13).

예수님께서는 하나님께서 심으시지 않는 것은 다 뽑힌다고 말씀하십니다. 이것은 인간 스스로 심는 것은 다 허사라는 이야기입니다. 하나님이 심으신 것만이 영원히 열매를 맺습니다. 그러면 하나님은 어디에다 축복을 심어 주십니까? 하나님은 인간의 마음에 축복을 심어주십니다. 그래서 우리의 마음을 넓혀야 합니다. 우리의 마음이 좁으면 하늘문이 닫히고 시험들게 되는 것입니다. 우리가 선행을 한다 할 때도 그것은 우리가 하는 것이 아닙니다. 마음이 넓을 때 하나님이 심어주어서 우리가 실행할 수 있는 것입니다. 우리의 마음이 좁으면 하나님이 그 속에 심을 수 없는 것입니다.

인간의 마음은 참 이상하여 좁아지기로 하면 바늘구멍 하나 들어가지 못할 만큼 좁아지기도 합니다. 그래서 조그마한 일에 사람을 미워하고 시기하고 싸우고 결국 사람을 죽이기까지 하는 것입니다. 사울은 다윗을 좋아하면서도 시기하고 죽이려고 했습니다. 사람들이 "사울의 죽인 자는 천천이요 다윗은 만만이로다"라고 한 노래가 빌미가 되었습니다. 사울은 자신의 왕권이 위태롭다고 생각했기 때문에 그를 죽이려고 몸부림을 쳤습니다.

그러나 요나단은 그렇지 않았습니다. 그는 다윗을 자기 목숨보다 더 사랑했습니다. 그래서 다윗을 숨겨주고 살려준 것입니다. 다윗이 살면 자기가 왕이 될 수 없다는 것을 그는 너무 잘 알았음에도 불구하고 말입니다.

그러면 우리는 어떻게 마음을 넓힐 수 있습니까? 그것은 우리의 마음속에 우주를 창조하시는 주님을 모시면 됩니다. 그러면 우리의 마음이 넓어지는 것입니다.

"믿음으로 말미암아 그리스도께서 너희 마음에 계시게 하옵시고 너희가 사랑 가운데서 뿌리가 박히고 터가 굳어져서"(엡 3:17).

"내가 자녀에게 말하듯 하노니 보답하는 양으로 너희도 마음을 넓히라"(고후 6:13).

사탄은 우리의 마음을 한없이 좁히고, 하나님은 우리의 마음을 한없이 넓혀 주십니다.

마음이 깨끗해야 하늘문이 열린다

"입에 들어가는 것이 사람을 더럽게 하는 것이 아니라 입에서 나오는 그것이 사람을 더럽게 하는 것이니라"(마 15:11).

"입으로 들어가는 모든 것은 배로 들어가서 뒤로 내어 버려지는 줄을 알지 못하느냐 입에서 나오는 것들은 마음에서 나오나니 이것이야말로 사람을 더럽게 하느니라"(마 15:17-18).

여기서 주님이 말씀하시는 것은, 겉에서 들어가는 것이 사람을 더럽게 하는 것이 아니라 사람의 마음속에서 나오는 것이 사람을 더럽게 한다는 것입니다. 문제는 인간을 더럽게 또는 깨끗하게 하는 것이 외부에 있지 않고 인간의 마음에 달렸다는 것입니다.

하나님은 거룩하신 분이므로 깨끗한 곳에 역사하십니다.

"마음이 청결한 자는 복이 있나니 저희가 하나님을 볼 것임이요"(마 5:8).

인간의 마음은 하나님께 철저히 회개하고 주님의 보혈로 씻김을 받아야 합니다. 그러면 하늘길이 열립니다.

"너희는 옷을 찢지 말고 마음을 찢고 너희 하나님 여호와께로 돌아올지어다"(욜 2:13상).

마음이 주께 열려야 하늘문이 열린다

"마음에서 나오는 것은 악한 생각과 살인과 간음과 음란과 도적질과 거짓 증거와 훼방이니"(마 15:19).

마음이 하나님께 열려 있지 못하고 세상으로 열려 있으면 악한 생각을 하게 됩니다. 그래서 우리는 늘 주님께만 우리 마음의 문을 열어 드려야 합니다.

홀만 허트가 그린 <문을 두드리는 예수>가 있습니다. 그 그림을 보면 예수님이 문앞에 아주 가까이 서 계십니다. 그러나 밖에 손잡이는 없습니다. 그 문은 안에서 열어주어야만 들어갈 수 있는 것입니다.

그렇습니다.

우리가 주님께 우리 마음의 문을 열어드려야 주님은 우리 속에 들어 오십니다.

기도는 주님께 우리 마음의 문을 열어드리는 것입니다.

"너희는 내게 부르짖으며 와서 내게 기도하면 내가 너희를 들을 것이요 너희가 전심으로 나를 찾고 찾으면 나를 만나리라 나 여호와가 말하노라 내가 너희에게 만나지겠고 너희를 포로된 중에서 다시 돌아오게 하되 내가 쫓아 보내었던 열방 과 모든 곳에서 모아 사로잡혀 떠나게 하던 본 곳으로 돌아오게 하리라 여호와의 말이니라 하셨느니라"(렘 29:12-14).

하늘로 길이 열리면 하나님을 만나고 구원을 얻습니다.

우리는 하늘문을 열어야 합니다. 하늘문은 멀리 있지 않습니다. 우리 마음속에 있습니다. 마음을 열고 하나님을 영접하십시오. 그러면 하늘이 열리고 하나님을 만날 수 있습니다. 하나님을 만나면 여러분의 삶이 풍성해집니다. 그러한 풍성함을 체험하시기 바랍니다.

마음을 지키라

성경은 우리가 지켜야 할 것은 마음이라고 말한다(잠 4:23). 그런데 인간의 마음을 인간 스스로는 조절할 수 없다. 마음은 마음의 주인이 조절해야 하는 것이기 때문이다. 우리는 단순히 마음지기일 뿐임을 명심하라. 우리는 우리 마음의 왕좌에 하나님을 모셔야 하며, 그분께서 조정해주시기를 기도해야 한다. 이것이 하나님이 기뻐하시는 마음을 가지는 첫 걸음이다.

타성에 젖은 신앙생활, 나는 습관에 젖어서 신앙생활을 하고 있을까?

바리새인들은 겉으로 보기엔 완벽한 신앙생활을 하였다. 지키기 어려운 율법을 철저히 지키는 생활을 영위했다. 그러나 그들은 마음으로는 하나님을 찾지 않았다. 말로만 하나님을 경외하였을 뿐이다. 그들은 습관에 의해, 그리고 자신의 만족을 위해 신앙생활을 하였다.

우리는 어떠한가? 우리도 각종 예배에 꼬박 참석하고 경건의 생활을 꾸준히 하면서 그 자체에만 만족하고 있지 않은지 살펴보아야 한다. 자기 마음을 살펴보라. 하나님이 내 마음의 주인이신지, 그분이 원하는 삶을 우리가 살아가고 있는지 말이다.

이 장은 우리의 삶에 있어서 실제적으로 필요한 내용을 담았다. 〈일상생활에서의 생각〉은 우리의 지극히 평범한 일상생활 속에서 하나님을 만나는 길잡이가 될 것이다.

1. 당신 마음을 지키라

"무릇 지킬 만한 것보다 더욱 네 마음을 지키라 생명의 근원이 이에서 남이니라"(잠 4:23).

자기 마음을 방치하는 사람은 자기 삶을 포기한 사람이다. 자기 생각을 가꾸지 않고 방치하면 결국 쓰레기통이 되어버리고 만다. 치우지 않은 쓰레기에서 혈기도 나고 부정적인 생각도 나오는 것이다. 회개하고 기도하는 것은 자기 마음을 가꾸겠다는 의지이다. 쓰레기도 계속 치우면 깨끗해지듯이 우리 마음도 청소하면 깨끗해진다.

2. 하나님이 기뻐하시는 마음으로 바꾸라

① 마음의 주인을 하나님으로 바꾸어라
② 죄를 지었으면 그 죄를 입으로 시인하라
③ 말씀을 묵상하라
④ 묵상한 것을 입으로 말하라
⑤ 하나님이 주시는 말씀대로 행하라

3. 두려움은 극복할 수 있다

두려움은 일종의 자기 방어이다. 특히 과거에 받았던 상처는 다른 사람으로부터 나를 방어적으로 만들게 한다. 남을 미워하고, 시기하고, 험담하는 것은 모두 두려움에서 나오는 것이다. 또한 두려움은 부정적인 사람으로 만든다.

특히 어느 때보다 빠르게 흘러가는 세상 속에서 자기 정체성을 잃어버린 현대인 그리고 상대주의적 사고방식에서 어떤 것이 진리인지 몰라 두려워하는 현대인에게 두려움은 큰 존재일 것이다.

이러한 두려움을 해결하는 유일한 길은 하나님을 두려워하는 것이다. 여기서의 두려움은 경외함을 의미한다. 하나님을 경외하면 어떤 존재도 두려움의 대상이 되지 못한다. 오히려 하나님이 나를 이끄신다는 사실만으로 평안함을 누릴 수 있는 것이다.

4. 직장, 학교, 가정, 교회 등등에서 환난을 만났을 때 이기는 방법

① 문제를 두려워하지 말라
② 주님이 구원해주실 것을 기대하라
③ 주님의 명령에 순종하라
④ 주님을 모셔들여라

5. 부정적인 생각은 나의 적, 긍정적인 생각을 하도록 노력하자

꼼꼼하게 상황을 판단하는 것도 좋지만, 꼼꼼함 때문에 너무 비관적으로 생각하지 않기를 바란다. 모든 상황을 끌어안고 있으면 부정적이 되기 쉽다. 하나님께 그 상황을 맡기고 당신은 자유를 얻어라!
어떤 결과가 오든지 간에 하나님이 모든 것을 선하게 하실 것이란 마음을 갖자. 상황이 긍정적이어서 긍정적인 마음을 갖는 건 당연하다. 부정적 상황이라도 긍정적으로 보는 것이 중요하다. 모든 환경을 주관하시는 분이 하나님이라는 사실을 믿고, 모든 것을 그분께 맡기자.

제 4 장

삶으로 하나님을 만나라

> 그리스도인이란
> 그리스도가 생각하는 마음이며,
> 그가 사랑하는 가슴이고,
> 그가 말씀하는 음성이며,
> 그가 도와주는 두 손이다.
>
> -펍퍼트-

구원 후의 삶을 말한다

옛사람이 살아 있으면
우리의 몸이 죄의 몸이 됩니다.
그러나 옛사람이 못박혀지면 대신 새사람이
지배하게 되고 의의 몸이 됩니다.
그리스도인은 옛사람이 십자가에 못박혀졌으므로
새사람이 된 사람들입니다.

원을 받은 사람은 성화의 삶을 살아야 합니다. 우리는 나름대로 각자가 가지고 있는 취약한 부분들이 있습니다. 어떤 사람은 물질에, 어떤 사람은 감정에, 어떤 사람은 자존심에, 잠에, 혈기 등등에 약합니다. 이러한 약함은 극복되어야 하는데 이것을 극복할 때 굉장한 능력을 받게 됩니다.

우리는 예수님을 믿어서 죄사함 받고 구원을 얻은 것에 대해서는 확신을 합니다. 그러나 그 구원에 대해 착각을 하는 부분이 있습니다. 그것은 '나 자신 전체가 구원받았다'는 깨달음이 부족하다는 것입니다.

쉽게 이야기해서 내 인격, 삶, 인생, 건강 등에서도 구원을 받았다는 믿음이 필요한 것입니다.

사람의 인격은 지, 정, 의로 나눌 수 있습니다. 이 셋이 각각 분리되어 개개의 것으로 존재하는 것은 아니지만 편의상 그렇게 나누어서 이 부분들의 구원에 대해 차례로 살펴보겠습니다.

지정의(知情意)에서 구원받았다는 믿음이 필요하다

지(知)에서 구원받았다는 믿음이 필요하다

구원받고 기도하면 머리가 트이게 되어 있습니다. 그 한 예로 유럽이 성령충만하고 기독교가 왕성하게 부흥했던 시기에 발명특허가 가장 많았음을 볼 수 있습니다. 지적 활동이 가장 왕성했다는 말입니다.

자녀가 성령충만하면 지적인 부분도 열리게 됩니다. "너는 예수님을 믿으니 잘 할 수 있다"라는 확신을 심어주어야 합니다. 부모가 구원 후의 삶에 대해 믿음이 너무 없기 때문에 중3, 고3의 아이들이 하나님으로부터 멀어지는 경우가 너무 많습니다. 그 잃어버린 믿음을 찾으려면 많은 방황과 고생을 해야 합니다. 부모된 사람은 우선순위가 무엇인지 분별하여야 하며, 확실한 믿음을 가지고 자녀를 지도해야 합니다.

정(情)에서 구원받았다는 믿음이 필요하다

인간은 감정을 느끼며 살아갑니다. 이 감정이 잘못되면 죄로 연결되기 때문에 복된 감정을 갖는 것은 아주 중요합니다. 감정이 영적으로 순화되고 구원되어야 합니다. 감정이 죄를 짓는 데에 발산되지 않도록 해야 하는 것입니다.

TV 연속극을 한번 보십시오. 거의 삼각관계와 불륜이 그 테마입니다. 불륜을 아름답게 그리기도 합니다. 이는 병든 감정입니다. 우리는 병들고 죄짓는 감정이 아니라 복된 감정을 가져야 합니다.

예수님을 잘 믿게 되면 감정이 숭고해지고 깨끗해지고 청순해집니다. 남을 동정하게 됩니다. 물질에 관해서도 자유함을 얻습니다. 그런 복된 감정이 우리에게 들어옵니다. 누구든지 자기 일에 최선을 다하는 모습을 보면 저는 길을 가다가도 잠시 멈추어서 그 사람을 위해 기도하고 가게 됩니다. 예수를 믿는다는 것은 이렇게 교리적, 논리적으로 되는 것이 아닙니다. 남녀가 교제를 하다가도 하나님의 뜻이면 헤어질 수도 있다는 자세가 필요합니다. '누구든지 나를 만난 사람은 잘 되도록 하고 손해를 끼치지 않는다'는 믿음을 가져야 하나님이 축복하실 것입니다. 남에게 이익이 된다는 그런 믿음이 중요합니다. 그럴 때 그에 걸맞은 복을 주십니다. 자기 자신이 조금 손해를 봐도 괜찮습니다. 하나님이 더 흔들어서 채워주실 것입니다. 이것이 기독교인의 삶의 기본자세입니다. 그렇게 될 때 막히는 것이 없게 됩니다. 이는 어려운 게 아닙니다. 구원받은 자의 당연하고도 자연스러운 삶인 것입니다.

의(意)에서 구원받았다는 믿음이 필요하다

가장 중요한 결론입니다. 내 의지가 구원받아야 합니다. 의지가 구원받게 되면 죄를 이길 수 있게 됩니다. 역으로 말해 의지가 구원받지 못하면 아무리 노력해도 제자리로 돌아가게 됩니다. 이 원리를 알면 놀라운 비결을 깨닫게 됩니다. 그 비결만 알게 되면 우리가 행하기 어려운 부분에 하나하나 적용하여 승리할 수 있습니다.

그렇다면 의지의 구원이란 무엇입니까?

우리에게는 한계가 있습니다. 자기의 의지를 총동원해서 하는 것이 의지의 구원이 아닙니다. 새롭게 구원받은 의지가 나타나야 합니다. '나도 할 수 있다'는 의지의 구원만 일어나면 전도도 할 수 있습니다.

지, 정, 의에서 의가 가장 나중에 일어납니다. 따라서 깨닫는 것부터 구원은 시작됩니다. 로마서 6장 6절에 보면 "우리가 알거니와 우리 옛 사람이 예수와 함께 십자가에 못 박힌 것은 죄의 몸이 멸하여 다시는 우리가 죄에게 종노릇하지 아니하려 함이니"라고 기록하고 있습니다. '우리가 알거니와'라는 말로 시작하고 있는데, 이 말은 깨닫는 것을 의미합니다. 신앙생활의 승리요건은 먼저 깨닫는 데 있습니다. 깨달은 후에는 행함이 있어야 합니다. 이 행함은 구원받은 의지로만 가능합니다. 신앙이 열매를 맺게 됩니다. 깨달음이 전제될 때 의지로 행하여 승리할 수 있습니다. "예수가 십자가에서 죽을 때 나도 죽고, 보혈 흘려 주셨을 때 내가 죄 씻음을 받았고, 부활했을 때 나도 부활했고, 승천했을 때 나도 승천했다"는 사실이 깨달아져야 믿음이 생기고 거기에 대한 행함이 나올 수 있습니다.

그렇다면, 무엇을 깨달아야 하는 것입니까?

이미 죽었음을 깨달아야 한다

"그러므로 우리가 그의 죽으심과 합하여 세례를 받음으로 그와 함께 장사되었나니…"(롬 6:4)라고 말씀하셨습니다. 우리가 세례받는 것은 예수와 합해진다는 것입니다. 합한다는 것은 헬라어 원어로 '쑴포토이', 즉 접붙인다는 뜻입니다. 또 로마서 6장 5절에 "만일 우리가 그의 죽으심을 본받아 연합한 자가 되었으면 또한 그의 부활을 본받아 연합한 자가 되리라"고 말씀하고 있습니다. 우리는 죽지 않고 이렇게 살아 있습니다.

그렇다면 언제 죽었다는 말입니까? 믿음으로 세례받을 때 죽었습니다. 예수와 연합됨으로 예수가 죽을 때 나도 죽었고, 예수가 부활할 때 나도 부활했습니다. 영적으로 시간을 초월한 사건입니다. 이것을 깨달아야 합니다.

'예수와 연합하여 우리는 죽고 다시 살아났다!' 이것이 세례받음으로 된 줄을 믿는 것, 이것이 깨달음입니다. 이 사실이 믿어지면 행동이 달라지고 기적이 일어납니다. 이것이 신앙입니다.

로마서 6장 6절에 보면 "우리가 알거니와 우리 옛 사람이 예수와 함께 십자가에 못 박힌 것은 죄의 몸이 멸하여 다시는 우리가 죄에게 종 노릇하지 아니하려 함이니"이라고 말씀하고 있습니다. '못박혔다' 는 것은 원어의 뜻을 살펴볼 때 '무기를 잃었다' 는 뜻입니다. 없어졌다는 것이 아니라 기능을 상실했다, 능력이 없어졌다는 뜻입니다. 우리의 존재가 없어진 것은 아닙니다. 죽을 때까지 있습니다. 아무리 예수를 잘 믿어도 옛 생각이 날 수 있습니다. 이것을 이해해야 처리방법이 생깁니다.

또 "죄의 몸이 멸하여"라는 말씀을 살펴봅시다. 여기서 '멸한다' 는 말은 '기능을 상실한다' 는 뜻입니다. 우리의 몸, 육체는 중성입니다. 죄를 지을 수도 있고 짓지 않을 수도 있다는 말입니다. 옛사람이 살아 있으면 우리의 몸이 죄의 몸이 됩니다. 그러나 옛사람이 못박혀지면 대신 새사람이 지배하게 되고, 그러면 의의 몸이 됩니다. 그리스도인 은 옛사람이 십자가에 못박혀졌으므로 새사람이 되었습니다. 이 사실을 알아야 합니다. 이것을 모르면 옛 생각이 날 때 '예수 믿어도 소용 없구나' 하고 착각하게 됩니다. 깨닫지 못하면 사탄이 다시 옛사람에게 무기를 던져줍니다.

옛 생각이 떠오른다 할지라도 힘이 없다는 것을 알아야 합니다. 기도하지 않으면 자꾸만 생각이 떠오르기 때문에 이 사실을 깨닫고 기도함으로 과감하게 물리쳐야 합니다.

> "이와 같이 너희도 너희 자신을 죄에 대하여는 죽은 자요 그리스도 예수 안에서 하나님을 대하여는 산 자로 여길지어다"(롬 6:11).

위의 "여길지어다"라는 말은 헬라어로 '로기조마이'라는 말로서 '인간의 어두운 심리로는 느끼기 어려운 것에 대하여 지혜를 받음으로 맹약적으로 태도를 결정하고 간주하는 행위'를 말합니다. '인간의 어두운 심리'는 죄악된 상태를 말합니다. '밝은 지혜를 받는다'는 것은 성령의 역사를 가리킵니다. '맹약적으로'라는 말은 맹세하고 약속한다는 말입니다. 맹세코 이렇게 된 것으로 믿고 결정하는 태도를 의미합니다. 가령 옛 생각이 날 때 '나는 옛사람이 죽었다'고 여기고 맹세하고 약속하고 태도 결정을 하라는 것입니다. 그러면 옛사람이 행동을 못합니다. 지금은 깨닫는 것이 약하다 할지라도 때가 되면 알게 됩니다. 옛사람을 죽이는 방법은 이것밖에 없습니다. 옛사람은 끝까지 있으므로 늘 경계해야 합니다. 그러므로 우리는 아무리 은혜를 많이 받았어도 끝까지 겸손해야 합니다.

맹약적으로 믿고 간주하십시오! 과감하게 옛생각에 대해 물리치십시오! 그렇게 할 때 그것이 그 사람 속에서 눈 녹듯이 사라집니다. 침투하지 못합니다.

적용, 행함의 문제

이제, 적용, 행함의 문제에 대해 살펴보고자 합니다.

진리를 위해 십자가에서 죽는 체험을 하는 만큼 우리는 행할 수 있습니다. 믿음을 가지지 않으면 소용이 없습니다. 구원받은 사람이 죄를 짓고 회생이 불가능한 경우도 있습니다. 사탄이 자포자기하게 만드는 것입니다.

신앙생활은 '속지 않으려는 것'이라고 말할 수 있습니다. 인간의 불행은 사탄에게 속아서 오는 것이라 할 수 있기 때문입니다.

과거 도박에 미쳐 있던 어떤 사람이 있었는데 그가 예수를 믿은 후 그 생활을 청산했다고 합시다. 어느날 그는 도박을 하고 싶다는 생각이 들었습니다. 그 생각은 옛사람에 의해서 생기는 것입니다. 의지를 가지고 안 하려고 노력한다면 그는 성공하지 못할 것입니다. 그러나 그런 생각이 떠오를 때 '도박하는 나의 옛 모습은 십자가에서 이미 죽었다'고 맹약적으로 단언하고 결단하십시오. 그러면 도박하고 싶은 생각이 떠나게 됩니다. 이런 일을 몇 번 되풀이하면 아예 그런 생각이 접근하지도 않습니다. 그러면 성공하게 되는 것입니다. 이것이 신앙생활입니다. 신기한 체험입니다. 그냥 참는 것과는 전혀 다릅니다. 혈기 부리는 것도 마찬가지입니다. '나의 혈기 내는 옛사람은 십자가에서 죽었다'고 입으로 시인하십시오. 이기는 빈도수가 많아지면서 이것이 계속 접근하지 못하게 됩니다.

이런 믿음은 기도하지 않으면 소유할 수 없습니다. 기도할 때 옛사람과 새사람이 자기 속에서 명확히 구별됩니다. 이는 이미 다 되어 있는 일입니다. '도와달라' 고만 기도하지 말고 이 진리를 깨닫고 적용하십시오. 이는 우리가 누려야 할 복입니다.

옛 생각이 나지 않게 하는 방법이 있습니다.

"그러므로 너희는 죄로 너희 죽을 몸에 왕 노릇 하지 못하게 하여 몸의 사욕을 순종치 말고 또한 너희 지체를 불의의 병기로 죄에게 드리지 말고 오직 너희 자신을 죽은 자 가운데서 다시 산 자같이 하나님께 드리며 너희 지체를 의의 병기로 하나님께 드리라"(롬 6:12-13).

가만히 있으면 옛 생각이 떠오르게 마련입니다. 그런 생각을 가질 수 없도록 우리 몸을 하나님께 드려야 합니다. 주일학교 교사, 구역장, 찬양대, 청년회 활동 등 직분을 감당하십시오. 우리는 잘해서 하는 것이 아니라 잘 해보겠다는 자세를 가질 뿐입니다. 내 몸을 의의 병기로 드리십시오. 그리고 계속 예배에 참석하십시오. 내 몸을 의의 병기로 드리는 것이 축복입니다. 하나님께 자신을 드리면 더러운 생각이 차단됩니다. 우리는 죄를 짓는 데 편하게 길들여져 있기 때문에 우리 자신을 쳐서 복종시켜야 하는 것입니다.

죄가 주관하지 않고 은혜 아래 있으면 됩니다(롬 6:14). 이렇게 세상을 이겨나가야 합니다. 이것이 우리의 의지가 구원받는 비결입니다.

당신은 이미 죽었다!

우리가 믿음으로 예수님을 영접했을 때 우리의 옛 사람은 죽었다. 이것이 세례를 받음으로 된 줄을 믿으면 우리의 행동이 달라지고 삶에 기적이 일어날 것이다. 이것이 신앙이다.

옛날에 하던 잘못된 습관이 생각나고, 그것을 다시 하고 싶을 때

"나의 옛날에 하던 ○○○하던 습관은 십자가에서 이미 죽었다"라고 큰 소리로 외치라. 이런 결단을 몇 번이고 되풀이하면 그런 생각이 달아날 것이다. 또한 자기의 몸을 하나님께 드리라. 말씀 묵상, 기도, 찬양드리는 것뿐만 아니라 성가대, 교사, 봉사 등등을 열심히 해서 내 몸이 불의한 일을 하지 못하도록 하라.

하나님의 가치관을 소유하라

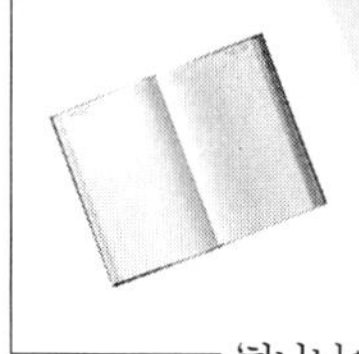

'하나님이 역사하신다' 는 말은 '하나님이 동행하신다' 는 말과 같습니다. 하나님과 동행하려면 하나님과 동일한 가치관을 가져야 합니다. 하나님의 가치관을 가져야 한다는 말입니다. 우리가 하나님의 가치관을 가지지 않으면 응답의 역사가 일어나지 않습니다.

인간이 삶을 살아가는 데 있어서 가장 중요하다고 여겨지는 부분은 어떤 가치관을 가지고 살아가느냐 하는 것이겠습니다. 우리는 나름대로 가치관을 가지고 살아갑니다. 이 가치관은 하루아침에 형성되는 것이 아니라 많은 세월에 걸쳐 이루어집니다. 개인의 가족, 환경, 교육, 친구, 성격, 취미 생활 등등 개인의 가치관 형성에 영향을 끼치는 것들이 많습니다.

가치관이 바뀌는 것은 쉽지 않습니다. 그럼에도 불구하고 이는 매우 중요한 문제입니다. 이 가치관으로 세상을 보고, 인간을 평가하고, 모든 삶의 옳고 그름을 판단하게 되기 때문입니다.

몇 해 전 세상을 떠들썩하게 했던 '지존파'를 아실 것입니다. 그들이 그렇게 잔인하게 행동하고도 아무 죄책감을 가지지 않았던 것은 그들의 가치관이 병들었기 때문입니다.

A라는 동일한 환경이 있다고 할 때, 그가 어떤 가치관을 소유했느냐에 따라 누구는 복되다고 느끼고 누구는 지옥 같다고 느낍니다. 이렇게 가치관에 따라 삶이 달라지기 때문에 어떤 가치관을 가지는가 하는 것은 매우 중요한 문제입니다.

우리의 가치관은 어때야 하겠습니까? 우리는 성경적인 가치관을 가지고 살아야 할 줄로 믿습니다. 예수를 진심으로 믿게 되면 우리의 가치관에 혁명이 일으켜집니다.

"새 사람을 입었으니 이는 자기를 창조하신 자의 형상을 좇아 지식에까지 새롭게 하심을 받는 자니라"(골 3:10).

위의 말씀은 예수님을 믿으면 어떻게 되는가를 말해주고 있습니다. "지식에까지 새롭게 하심을 받"았다는 말은 이미 갖고 있는 지식이지만 그 지식을 바라보는 가치관이 달라졌다는 말입니다. 이는 놀라운 축복입니다.

"너희가 서로 거짓말을 말라 옛사람과 그 행위를 벗어버리고"(골 3:9).

옛사람과 그 행위를 벗어버린 증거가 그의 지식에까지 새로워졌다는 말입니다.

한국 교인들의 가장 큰 단점은 신앙은 교회에서, 생활은 집에서 한다는 것입니다. 이렇게 신앙과 생활이 나누어지면 축복의 역사가 일어나지 않습니다. 우리 가치관에 변화가 일어나야 합니다.

예를 하나 들어보겠습니다. 요즘 사람들은 살다가 불편하면 쉽게 이혼을 합니다. 그 사람의 가치관에 비추어볼 때 그 사람은 죄책감이 없습니다. 그러나 성경은 이혼하지 말라고 가르칩니다. 성경의 가치관을 가진 사람은 삶이 힘들지라도 하나님께서 나에게 배우자를 보내주셨으므로 좀더 인내하려고 합니다. 상대방과 맞추어가려고 노력합니다. 그럴 때 내가 보완되고 '내가 저 사람을 통해 구원받아야 할 부분이 있다' 는 깨달음을 얻게 됩니다. 하나님의 은혜로 내 가치관이 달라지면, 그 땐 상대와도 맞추게 되고 축복의 길로 나가게 되는 것입니다. 이것이 쉽게 이루어지진 않지만, 분명 내 속에선 그런 변화가 일어나야 합니다.

성경에서 말하는 바른 가치관

세상적 가치관에서 성경적 가치관으로 변화될 때 성경은 그것을 구원이라고 말합니다. 이것은 아주 중요한 말입니다. 하나님의 역사는 하나님의 가치관을 가져야 일어납니다. 하나님은 인격적인 분이시므로 그 인격자와 동행하기 위해서는 가치관이 같아야 합니다. 부부도 둘 다 자신의 가치관만을 고집한다면 그 부부는 깨어지거나, 설령 같이 산다고 할지라도 불행해집니다. '하나님이 역사하신다' 는 말은 '하나님이 동행하신다' 는 말과 같습니다. 하나님과 동행하려면 하나님과 동일한 가치관을 가져야 합니다. 하나님의 가치관을 가져야 한다는 말입니다. 우리가 하나님의 가치관을 가지지 않으면 응답의 역사가 일어나지 않습니다.

가장 잘못 믿는 사람은 잘못된 가치관을 바꿀 생각도 않고 무조건 하나님을 믿는다고 주장하는 사람입니다. 그러면서 하나님께 역사해 달라고 빕니다. 이것은 미신입니다. 이런 사람은 1000년을 기도해도 응답을 받지 못합니다. 이는 인격자이신 하나님을 우롱하는 것입니다. 이런 미신을 타파해야 합니다. 삶의 목적과 관점, 스타일, 속성, 살아가는 방법 등이 하나님이 원하는 방향으로 되어야 하나님의 역사가 일어납니다. 그렇기에 기독교는 진리의 종교입니다. 잘못된 가치관을 가지고 있으면서도 하나님이 복을 주실 것이라고 믿는다면, 설령 신비한 역사가 일어나도 그것은 하나님의 역사가 아닌 것입니다.

이전에는 그렇게 기독교가 흥왕했던 영국이 지금은 우상숭배의 나라가 되어버렸습니다. 웨스트민스터 웅장한 사원에는 관광객들만 들끓고 실제로 예수님을 믿는 사람은 드뭅니다. 무릎 꿇고 기도하는 사람을 찾아보기 힘듭니다. 그런 곳에서 어떤 기적의 신비한 역사가 일어날지라도 '저것이 과연 하나님의 가치관과 어떻게 매치되는가, 저런 일이 일어나는 게 어떤 의미가 있는가' 하는 의문을 품게 하는 것입니다. 이런 점을 생각하지 못할 때 이단에 빠지게 됩니다.

우리의 가치관을 바꾸어주는 것은 말씀뿐입니다. '은혜받는다'는 것은 '내 가치관이 바뀌고 있다'라고 말할 수 있습니다. 가치관만 변하면 언젠가는 하나님과 동행하게 됩니다. 하나님이 우리의 삶 속에서 역사하십니다. 하나님이 역사하는 경계가 결정되는 것입니다.

지나온 나이만큼 살아서 만들어진 가치관이 하루아침에 바뀌는 것은 상상도 할 수 없는 일입니다. 그러나 은혜가 크면 그 가치관이 변하는 폭도 커집니다. "이전 것은 지나갔으니 보라 새 것이 되었도다"(고후 5:17)라고 말할 때, 영적으로는 성령이 역사했다고 말할 수 있지만 쉬운 표현으로 말하자면 가치관이 달라졌다는 뜻이기도 한 것입니다.

이제부터 말씀드리는 것이 바로 이 가치관 형성에 획기적인 부분이 될 것입니다.

불신자, 폭넓게 이야기해서 모든 인간에게는 문제가 있습니다. 그 원인이 무엇입니까? 늘 강조하지만 그것은 바로 죄 때문입니다. 이것을 인정해야 합니다.

죄란 무엇입니까? 죄는 하나님을 떠난 것입니다. 이것이 성경에서 진단하는 죄입니다. 첫 인간 아담과 하와가 하나님을 떠남으로 모든 사람의 문제는 시작되었습니다.

"모든 사람이 죄를 범하였으매 하나님의 영광에 이르지 못하더니"(롬 3:23).

인간은 원래 만들어질 때부터 하나님의 형상으로 지음받았습니다. 그런데 하나님의 영광에 이르지 못함으로 문제가 해결되지 못했습니다. 물고기가 물 속에 있지 않으면 살 수 없듯이 하나님의 형상으로 지음 받은 인간이 하나님의 영광에 이르지 못할 때 문제가 있는 것입니다. 하나님의 영광에 이르러야만이 인간이 살 수 있는 본래의 자리를 되찾을 수 있습니다. 하나님을 떠난 사람이 돈을 잘 벌고 많이 배우고 형통한다면 그는 결국은 그것 때문에 망할 것입니다. 하나님의 영광을 떠났다는 것은 매우 심각한 문제입니다.

"이러므로 한 사람으로 말미암아 죄가 세상에 들어오고 죄로 말미암아 사망이 왔나니 이와 같이 모든 사람이 죄를 지었으므로 사망이 모든 사람에게 이르렀느니라"(롬 5:12).

우리에게는 영적 뿌리, 영적 물줄기가 있습니다. 위에서 흙탕물이 내려오면 아래에 있는 나는 어쩔 수 없이 그 흙탕물을 뒤집어써야 하는 수밖에 없는 것처럼, 아담의 원죄는 내 속에 자리잡고 있습니다. 아무리 법 없이 살 수 있는 사람이라 하더라도 원죄가 문제이기 때문에 아무 소용없습니다. 행위로 지은 죄는 나중 문제인 것입니다.

원죄가 해결되지 못할 때의 문제

결론부터 말하자면, 우리가 사탄과 죄의 종이 된다는 것입니다. 사탄은 가장 완벽하게 속이는 자입니다. 우리는 이 사탄에 대해 알아야 합니다. 어둠 속에서 빛을 알 듯이 우리가 예수님을 알면 사탄에 대해서도 알게 됩니다. 하나님을 믿지 않으면 인간은 사탄의 종이 될 수밖에 없으나 예수님을 믿으면 여기서 해방되게 됩니다.

사탄의 세계에 속해 있을 때의 고통을 알아야 구원의 감격을 압니다. 구원 전의 고통의 상태를 절감해야 한다는 것입니다. 목사는 누가 되는 것입니까? 저는 가장 깊이 죄에 빠져 본 자가 목사가 되는 것이라고 말하고 싶습니다. 그는 한이 가장 많은 사람입니다. 인생의 바닥에서 가장 처절하게 아픔을 느껴본 자만이 주의 종이 될 수 있습니다.

"나는 한이 많다. 슬픔, 고통이 많다"는 말은 역설적으로 하나님 안에서 보면 공평한 것입니다. 이 말은 바꾸어 말하자면, 그런 사람이 하나님의 은혜를 받을 수 있는 더 큰 그릇이 될 수 있다는 말이기 때문입니다. 이러한 현실을 직시해야 합니다. 내가 철저히 사탄의 종이었다는 것을 깨달아야 구원의 역사가 일어나는 것입니다. 사탄의 종된 자들은 다음의 세 가지 현상으로 보아 알 수 있습니다.

첫째, 세상풍속을 좇습니다.

둘째, 우상숭배를 합니다.

하나님을 모시지 못한다는 것은 경배의 대상을 놓쳤다는 말이 됩니다. 인간은 자존할 수 없는 존재입니다. 누구든 경배해야 합니다. 하나님을 모르면 자신을 의지하게 되고 세상에서 좋다고 하는 것들을 좇습니다. 하나님을 모르는 사람들은 모두 우상숭배를 합니다. 거기에서 정욕과 쾌락과 탐심과 미움 등 온갖 죄가 나옵니다. 그러나 하나님만 모시면 인간은 환경과 상관없이 만족하게 되어 있습니다. 하나님을 경배하면 예수님이 내게 만족을 주십니다. 내 욕망을 채우기 위한 우상이 필요하지 않습니다.

셋째, 저주에 사로잡힙니다.

하나님을 모르는 사람은 이 땅에서의 삶을 마감할 때 끝나는 것입니다. 소망이 없습니다. 하나님 나라에 갈 수 없기 때문입니다.

불순종의 영이 역사한 이 세 가지 상태가 바로 사탄의 종이 된 상태입니다. 위에서 내려오는 물줄기처럼, 물방앗간의 피대(皮帶)처럼 돌아가던 운명의 톱니바퀴에서 벗어날 수 없습니다. 누가 건져내기 전까지는 나올 수가 없습니다. 이 음침한 사망의 골짜기에서 누가 나를 건져내겠습니까?

이 현실상황을 직시해야 합니다. 죽음의 골짜기에서 벗어나는 것은 현실적이고도 실제적인 사건입니다. 거기서 끌어내는 것이 바로 구원이고 전도입니다.

죽음의 골짜기에서 끌어오기

돌이킬 수 없는 죄의 사슬에서 자유케 하는 능력이 어디서 나오겠습니까?

죄의 뿌리인 원죄는 어떻게 보면 나와는 상관없습니다. 그러므로 벗어나는 것도 내 노력으로 되는 것이 아닙니다. 이것은 예수 그리스도의 구속 속에서 이루어진 것입니다. 예수 외에는 구원이 없습니다. 왜 예수를 믿어야 합니까? 하나님이면서도 육신을 입고 오신 예수만이 원죄가 없으시고 따라서 우리를 건져낼 수 있기 때문입니다. 철저히 그분의 공로를 받아들이므로 구원은 일어나는 것입니다.

복음은 원죄에서 우리를 구원하실 분이 예수 밖에는 없다는 진리입니다. 우리를 위해 이 땅에 오시고, 십자가에서 죽으시고, 부활하신 예수님. 그분은 우리를 원죄의 사슬에서 건져내기 위한 하나님의 은총입니다. 이것이 바로 복음입니다. 이 복음은 창조, 타락, 구속이라는 세 부분으로 나눌 수 있습니다.

하나님은 이 세계를 창조하셨습니다. 그러므로 모든 문제는 하나님이 해결하십니다. 하나님께서 인간을 창조하셨으므로 인간은 하나님을 떠나서는 살 수 없도록 되어 있습니다. 인간의 문제도 하나님 안에서 해결됩니다. 창조주 하나님 앞에 나아오는 것, 그것이 바로 인간의 근본문제입니다.

구속이란 다시 하나님께로 가는 것입니다. 하나님 안으로 들어가는 것입니다. 이번에는 하나님이 내게 오십니다. 하나님이 직접 내 속으로 예수님을 통하여 오십니다. 예수 공로를 믿음으로 말미암아 내 속에서 하나님의 형상이 회복되는 것, 주의 영이 내 속으로 들어오는 것입니다.

주님께서 영으로 믿는 사람의 마음에 오십니다. 고린도후서 3장 17절 말씀처럼 주의 영이 거하는 곳에 자유함이 있습니다.

이렇게 내 속에 주님이 오시면 우리는 하나님의 자녀가 되고, 하나님의 은혜 속에 살게 됩니다. 하나님의 가치관을 소유하게 됩니다. 저주는 끝나고 축복받는 자로 내 신분이 바뀝니다. 내 인생의 끝은 결국 천국이기에 늘 소망을 지니고 살게 됩니다. 그리고 내 속에 실제 능력이 존재하게 됩니다. 하나님과 교제하고 늘 기도 응답이 일어납니다.

예수님은 어떤 분이신가

예수님은 그리스도이십니다. 그리스도란 원래 '기름붓다'라는 뜻인데, 그리스도는 선지자, 제사장, 왕이라는 삼중직을 갖고 있습니다. 예수가 내 속에서 선지자이며 제사장, 그리고 왕이라는 것이 이루어지는 것입니다.

첫째, 예수님은 선지자이십니다.
이는 우리를 세상에서 하나님 쪽으로 방향을 바꾸어주는 것을 말합니다. 우리의 문제는 세상을 바라봄으로 해서 생깁니다. 예수 그리스도를 바로 믿을 때 우리의 눈은 세상에서 하나님 쪽으로 방향 전환을 하게 되는 것입니다.

둘째, 예수님은 제사장이십니다.

제사장은 죄 문제를 해결하는 분입니다. 우리가 예수 그리스도를 제사장으로 믿을 때 우리는 죄 사함을 받습니다. 죄 문제를 해결해야만 우리는 사망권세를 이기게 되는 것입니다.

셋째, 예수님은 왕이십니다.

예수님께서 왕이시므로 사탄을 이기십니다. 예수님만이 유일하게 이 세상에서 마귀를 제압할 수 있는 분이십니다.

예수를 영접하면 이 세 가지가 동시에 해결됩니다. 어떤 문제든지 하나님께 가지고 오면 해결됩니다. 부부문제, 자녀문제, 경제문제 등 여러분이 고민하는 모든 문제를 하나님 앞에 가지고 나와 토로하십시오. 반드시 해결될 것입니다.

예수를 만나야 삶이 변한다

예수를 만나야 삶이 변합니다. 예수를 체험해야, 예수를 만나는 신앙이 있어야 구원이 옵니다. 성부, 성자, 성령님이 계시지만 우리가 인격적으로 만날 수 있는 하나님은 성자 예수님밖에는 없습니다. 이는 영원한 하나님의 비밀입니다. 그러면 어떻게 하면 예수를 만날 수 있습니까? 그것은 신앙고백을 통하여 가능합니다. 예수를 내가 어떻게 생각하느냐, 믿느냐 하는 것이 신앙고백이며, 따라서 바른 신앙고백이 필요합니다.

주님은 십자가에서 돌아가시기 전에 제자들에게 "사람들이 나를 누구라고 하더냐" 하고 물으셨습니다. 더러는 세례요한, 더러는 엘리야,

더러는 예레미야나 선지자 중의 하나라고 대답했습니다. 그러나 베드로는 이들과 달랐습니다. 그는, "주는 그리스도시요 살아계신 하나님의 아들이시니이다"라고 했습니다. 이 고백에 대해 주님은 말씀하십니다.

"이를 네게 알게 한 이는 혈육이 아니요 하늘에 계신 내 아버지시니라."

제일 중요한 신앙고백은 '살아계신'이라는 말입니다. 이는 하나님이 지금 나에게 역사하신다는 믿음입니다. 자기 감정이나 습관으로 고백하는 것이 아니라 정말 체험된 신앙고백이 있을 때 기적이 일어납니다. '살아계신 하나님이 역사하신다'는 믿음이 있으면 어떤 역경도 이겨낼 수 있습니다. 성경에서 위대한 기적을 일으킨 사람들은 모두 이러한 믿음을 소유했습니다. 다윗이 골리앗과 싸울 때도 살아계신 하나님의 이름으로 나아갔습니다. 그럴 때 그는 거대한 골리앗을 이길 수 있었습니다.

이런 신앙고백을 가지지 못하면 예수를 만날 수 없습니다. 베드로는 예수님을 주(主)로 부릅니다. 이는 헬라어로 '큐리오스'라고 하는데, 예수님과 나의 위치를 가르쳐 주는 말입니다. 그분이 나의 주인이시고 나는 그분의 종이라는 것입니다. 이런 관계가 형성될 때 예수를 주로 부르는 것입니다. 종은 간단히 말해서 자기 의지가 없는 사람입니다. 모든 종은 그 소유가 다 주인의 것입니다. 생명도, 뜻도 다 주인이 하라는 대로 해야 합니다. 예수를 만나면서부터 '예수 뜻이면 내 뜻은 없어야' 합니다. 그런 사람만이 예수를 만나고 그분을 주라 부를 수 있습니다. 그러나 많은 사람이 자기 뜻을 이루려고 예수를 끌어오기 때문에 예수와 만나지 못하는 것입니다.

십자가를 통해 자기 육신을 못 박아야 합니다. 내가 불행한 것은 내 뜻대로 안 되서가 아니라 내 뜻대로 살았기 때문이라는 것을 알아야 합니다. 내 고집대로 살면 예수를 '주'라 부를 수 있는 자격은 없습니다. 이것은 억지로 되는 것이 아닙니다. 우리가 속고 있는 부분이 있는데, 그것은 바로 '내 뜻을 버리면 불안하다'는 것입니다. 아직 예수님이 주시는 참된 평안을 맛보지 못한 사람은 이런 생각을 가지기 쉽습니다. 그러나 예수님의 뜻을 따라 가는 삶이야말로 가장 편하고 안식하는 삶입니다.

더 나아가 예수는 창조주이고 나는 피조물이라는 깨달음이 있어야 합니다. 피조물이 창조주에게 무슨 뜻을 내세울 수 있겠습니까. 예수를 만난 사람은 자기 뜻을 포기하는 것이 가장 행복한 것임을 압니다. 예수를 만나야 이런 체험을 할 수 있는 것입니다. 어린아이가 비 오는 것을 걱정할 필요는 없습니다. 그건 어머니가 챙길 일입니다. 아이는 편하게 있으면 될 뿐입니다.

예수를 어떻게 믿습니까? 생각이나 관념으로 믿는 것이 아니라 하나님이 실질적으로 역사해야 합니다. 하나님의 현재성이 나타나야 하는 것입니다. 그것이 신앙생활입니다. 그렇게 되었을 때 성령 안에서 안식할 수 있습니다. 갖가지 영적, 육적 치료가 일어납니다. 이렇게 강한 성령의 역사는 웨슬리나 무디, 스펄전 같은 위대한 신앙의 인물들에게 공통적으로 나타난 현상입니다.

그리스도는 구원의 주이십니다. 모든 인간의 문제를 내 뜻대로가 아니라 하나님 뜻대로 해결해 주십니다. 하나님의 뜻대로 될 때 나는 최고로 행복한 사람이 됩니다. 기도하고 성령을 받으면 내가 원하는 것이 하나님이 원하는 것과 일치하는 것이 많아집니다. 계속 기도하지 않고 말씀을 묵상하지 않으면 그 사람은 하나님이 원하는 것이 아니라 자기가 원하는 대로만 행동하게 되어 있습니다. 그리스도 안에서 하나님의 뜻대로 될 때 무슨 문제든 하나님이 다 응답하실 것입니다.

예수님께서는 어떻게 살아 역사하십니까? 예수님은 부활하여 영으로 우리에게 역사하십니다. "살아계신 하나님의 아들"이라는 말은 "주님은 살아서 지금 여기에 나타나신 하나님"이라는 고백입니다. 이 고백을 드리면 예수님과 만나게 됩니다.

이러한 고백 뒤에는 축복이 따라옵니다.

> "또 내가 네게 이르노니 너는 베드로라 내가 이 반석 위에 내 교회를 세우리니 음부의 권세가 이기지 못하리라 내가 천국 열쇠를 네게 주리니 네가 땅에서 무엇이든지 매면 하늘에서도 매일 것이요 네가 땅에서 무엇이든지 풀면 하늘에서도 풀리리라 하시고"(마 16:18-19).

베드로는 '반석'이라는 뜻입니다. 베드로의 원래 이름은 시몬이었는데 시몬은 '갈대, 사막, 모래'라는 뜻입니다. 갈대처럼 약한 자가 이 땅에서 가장 강력한 자로 변하게 되었습니다. '베드로가 된다'는 것은 예수와 연합한다는 암시입니다. '그 위에 교회를 세운다'는 것은 모든 사람의 신앙상태를 말하는 것으로 그 신앙이 주님의 몸을 이룬다는 뜻입니다. 이런 고백을 하는 사람이 있어야 주님의 몸이 이루어집니다. 이런 사람이 한 사람만 있어도 교회는 부흥합니다. 주님의 몸이 여기서 세워지기 때문입니다.

음부의 권세가 이기지 못한다는 것은 세상이 감당하지 못한다는 것입니다. 그럴 때 천국 열쇠를 주신다고 하십니다. 하나님에게로 나아가는 문이 열리고 기도응답이 일어난다는 것입니다. 이것이 주님 만나는 축복이고 전도하는 능력입니다.

life Guide

바른 가치관을 가지려면

어떤 사상, 또는 어떤 가치관을 가지고 사느냐는 개인의 인생 전체에 지대한 영향을 미친다. 그러므로 어떤 가치관을 가지고 사느냐는 아주 중요한 문제인 것이다. 우리의 가치관은 단연 하나님 중심이어야 한다. 그러나 이 가치관은 나의 의지로 되는 것이 아니다. 하나님이 주셔야 하는 것이다. 늘 하나님을 사모하라. 말씀, 찬양, 기도로 무장하라. 이럴 때 우리의 가치관이 바르게 정립될 것이다.

Changing life

생활, 기도 중에 하나님의 뜻이 아닌 내 뜻을 고집하는가?

알게 모르게 우리는 하나님이 내 삶의 주인이 아니라 내 삶의 종으로 여기는 경우가 많다. 그래서 내 뜻을 고집하고 하나님의 뜻을 들으려고 하지 않는다. 하나님은 인격적인 분이므로 그 인격자와 동행하기 위해선 가치관이 같아야 한다. 우리 자신의 가치관을 버리지 않고 하나님이 내 뜻에 맞추기를 바란다면, 이것은 우리의 주인이신 하나님을 우롱하는 일일 것이다. 말씀을 묵상하라. 그러다 보면 어느새 하나님의 가치관을 소유하고 있는 나 자신을 발견하게 될 것이다.

풍성한 삶의 원동력, 성령충만

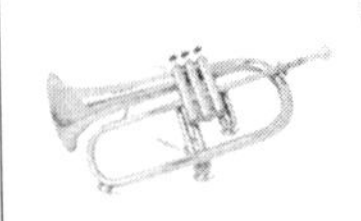

변화는 구원받은

후부터 시작됩니다.

변하지 않으면 도태되는 것입니다.

시험에 들게 되는 경우도 많습니다.

변하지 않으면 생명력이 없어지게 되기 때문에

우리는 항상 성령의 말씀에 민감해야 합니다.

변화를 받는다는 것은 실제적이고도 중요한 일입니다. 변화가 중단되는 것은 축복이 중단되는 것과 마찬가지입니다. 변화되어야 하는 이유는 우리가 축복을 받아야 하기 때문입니다. 여기에 행복과 기쁨이 있습니다. 변화는 축복입니다. 사는 것이 재미없고 무기력하다면 그것은 변화가 중단되었기 때문에 그렇습니다.

우리는 평생 변해도 다 못 변합니다. '이만큼이면 됐다'고 자족한다면 더 이상 발전이 없습니다. 변하는 만큼 행복과 기쁨이 있습니다. 항상 "새 술은 새 부대에 담아야" 합니다. 여기서 '새 술'은 은혜이고 축복이며, '새 부대'는 새롭게 된 자신을 뜻합니다. 환경이 중요한 것이 아니라 내면의 변화가 중요합니다. 외적 변화는 잠깐입니다. 내적 변화가 와야 진정한 기쁨이 오는 것입니다.

변화는 구원받은 후부터 시작됩니다. 변하지 않으면 도태되는 것입니다. 시험에 들게 되는 경우도 많습니다. 시험받는다는 것은 어떤 면에선 하나님의 은혜일 수 있습니다. 우리가 변화되어 더욱 하나님께로 가까이 가게 되는 하나의 방법이기 때문입니다. 변하지 않으면 생명력이 없어지게 되기 때문에 우리는 항상 성령의 말씀에 민감해야 합니다. 그런데, 변하고 싶지만 변하지 못하게 방해하는 요소가 있습니다. 그것은 자아입니다.

자아가 부인되어야 하는 이유

자아는 '나', '자존심', '겉사람', '교만한 사람', '자기 목숨' 등의 말로 표현될 수 있습니다.

"내가 진실로 진실로 너희에게 이르노니 한 알의 밀이 땅에 떨어져 죽지 아니하면 한 알 그대로 있고 죽으면 많은 열매를 맺느니라"(요 12:24).

한 알의 밀이 땅에 떨어져 죽는 것은, 자아가 죽는다는 말로 표현될 수 있습니다. 죽지 않기를 고집한다면 그 열매는 자기 혼자의 것일 뿐이며, 축복은 없습니다.

"자기 생명을 사랑하는 자는 잃어버릴 것이요 이 세상에서 자기 생명을 미워하는 자는 영생하도록 보존하리라"(요 12:25).

'자기 생명'이 자아입니다. 이 자아를 사랑하는 자는 정말 중요한 것들을 잃어버릴 것이며, 이 자아를 미워하는 사람은 중요한 것들을 얻게 될 것입니다.

"사람이 나를 섬기려면 나를 따르라 나 있는 곳에 나를 섬기는 자도 거기 있으리니 사람이 나를 섬기면 내 아버지께서 저를 귀히 여기시리라"(요 12:26).

자아를 버린 모습으로 사신 분이 예수님이십니다. 위의 말씀은 예수님을 따르려거든 예수님처럼 하라고 말씀합니다. 그러면 우리는 이 자아를 어떻게 죽일 수 있습니까?

"또 무리에게 이르시되 아무든지 나를 따라오려거든 자기를 부인하고 날마다 제 십자가를 지고 나를 좇을 것이니라"(눅 9:23).

'자기를 부인하는' 것이 자아를 부인하는 것입니다. 자기를 부인하고 날마다 죽음의 틀인 십자가를 지라고 주님은 말씀하십니다. 자기에게 주어진 사명을 감당해야 하는 것입니다.
왜 자아가 죽어야 합니까? 왜 자아가 부인되어야 하고 십자가를 지고 주님을 따라가야 합니까?

먼저, 우리가 알아야 할 중요한 사실은 자아가 나를 하나님 앞에 원수되게 한다는 것입니다. 에베소서 2장 1절을 보면, "너희의 허물과 죄로 죽었던 너희를 살리셨다"고 했습니다. 여기서 "죽었다"는 것은 하나님과의 단절을 의미합니다.
자아는 엄격히 말해 '혼'입니다. 혼이라는 자아의 세계는 하나님과 상관없는 정신세계를 이루고 있습니다. 이 정신세계가 자아로 표현되는 것인데, 이 자아가 하나님 없이 완전히 고정적으로 훈련되어 있습니다. 원래 영이 혼의 세계를 훈련하고, 혼이 육체를 지배하는 구조로 되어 있습니다. 성령의 역사로 죽었던 영이 살아나면 이 영이 하나님을 알아보게 됩니다. 이 영이 살아나면서부터, 그러니까 성령이 내 속에 영으로 오시면서부터 이 영이 혼을 훈련시킵니다. 하나님을 알기 전의 혼은 세상에 물들어 있으므로 영과 혼 사이에 싸움이 벌어지게 됩니다.

"예수를 믿어서 새 생명을 받았다"는 말은 '영이 살아났다' 는 뜻입니다. 영이 살아 있지 못하면 절대 하나님을 아버지라 부를 수 없습니다. 혼은 하나님을 찾지 않습니다. "목마른 사슴이 시냇물을 찾아 헤메이듯이" 내 영이 하나님을 찾는 것입니다. 그래서 기도하고 싶고, 찬송하고 싶고, 자기의 죄가 생각나고, 헌신하고 싶어지는 것입니다. 이런 마음이 드는 때에도 또 다른 생각이 들어오는 것은 아직도 자아가 지배하기 때문입니다.

사도 바울은 갈라디아서 5장 17절 말씀을 통해 다음과 같이 고백합니다.

"육체의 소욕은 성령을 거스리고 성령의 소욕은 육체를 거스리나니 이 둘이 서로 대적함으로 너희의 원하는 것을 하지 못하게 하려 함이니라."

새로 태어난 영은 하나님을 사랑하고, 우리 속의 자아는 하나님을 싫어합니다. 그러므로 예수를 믿고 구원받은 후부터 우리 마음에 신앙의 갈등이 일어나는 것이 당연합니다. 갈등이 심한 사람일수록 자아를 훈련시키려 하지 않습니다. 하나님의 영이 명령해도 그대로인 사람의 자아는 사탄의 지배를 받기 십상입니다. 그러나 자아가 영에 항복할 때 하나님의 영광은 나타납니다.

'변화받았다' 는 것은 혼이 영의 지시를 얼마나 받았느냐 하는 그 폭을 말하는 것입니다. 이는 성령충만이나 능력을 말하는 것과는 다릅니다. 영에 의해 내 혼, 자아가 순종하는 폭을 말하는 것입니다. 이 현실을 깨달으면 자아가 얼마나 강한지 알게 됩니다.

거듭났다는 것과 변화받았다는 것은 틀립니다. 세상에 의해 프로그램화되어 있는 내 자아가 지식에까지 새로움을 받고, 성령에 의해 감정이 달라지고, 모난 성격이 다듬어지는 것, 이것이 변화된 모습입니다. 그러나 사탄이 계속 내 혼에 벽을 쌓기 때문에 영이 말하는 것을 받아들이지 않으면 변화하지 못합니다. 영이 내 속에서 자라나지 않습니다. 그러므로 자아를 깨뜨려야 하는 것입니다.

자아의 다섯 가지 성질

이 자아의 성질은 다섯 가지로 나눌 수 있습니다.
자아는 철저하게 세상적입니다. 자아가 강할수록 세상적입니다.
또 자아는 자기 중심적입니다. 그래서 교만합니다.
자아는 반드시 죄를 짓게 합니다.
자아는 사탄의 근거지를 대줍니다. 예수님께서 자신이 십자가에서 돌아가실 것을 말씀하시자 베드로는 그러지 마시라고 했습니다. 겉으로 볼 때 예수님을 위한 말처럼 보이지만 실상 이것은 하나님의 뜻에 어긋나는 말이었습니다. 이 말은 영에서 나온 것이 아니라 혼에서 나온 말이었다는 것입니다. 베드로의 자아 속에 사탄이 자리잡았습니다.

그래서 예수님은 "사탄아 물러가라"고 하셨던 것입니다.

또한 자아는 정욕적입니다.

자아가 나의 최대의 적이라는 깨달음이 와야 이를 부인할 수 있습니다. 자아를 부인하십시오. 우리가 의지를 가진다면 할 수 있습니다. 변화받는 것은 하나님의 은혜에 내 노력이 더해져야 하는 것입니다. 신앙생활을 잘못하면 인본주의에 빠지게 됩니다. 자아를 키우게 됩니다. 혼자 기도하면 다 되는 것 같은 영적 교만에 빠지기도 합니다. 이것은 자기에게 속은 것이며, 올무에 빠지게 됩니다. 자아를 부인하지 않으면 하나님이 쳐서 깨뜨리십니다. 그 대상은 자식이 될 수도 있고, 남편, 혹은 자신이 될 수도 있습니다. 우리는 자아를 부인하는 비밀을 깨달아야 합니다. 영의 통로가 막히지 않아야 합니다. 성령님에 의해 자아가 재훈련을 받아야 합니다.

자아를 깨뜨리기 위해 우리는 먼저 자기 부인을 해야 합니다. 그리고 주어진 환경에 감사해야 합니다. 이 말은 환경을 수용하라는 말입니다. 어떤 환경이든지 감사해야 합니다. 환경을 원망하고 불평하면 자아는 더 커집니다. 감사하지 않는 한 자아를 깨뜨릴 수 없습니다. 자기의 환경을 받아들이지 못하면 땅에 떨어진 밀알을 새가 쪼아먹습니다. 옥토란, 받아들였다는 말입니다. 훈련을 거부하면 새가 밀알을 먹어버립니다. 받아들이는 한계만큼 자아는 성령으로 훈련받게 됩니다. 성령으로 재훈련 받아야 하나님 앞에 큰 일을 할 수 있게 되는 것입니다.

자아를 깨뜨리기 위해 우리는 성령의 도우심을 구해야 합니다. 나의 자아를 훈련시키는 분은 성령이십니다. 그러기에 성령을 체험해야 합니다.

"성령이 친히 우리 영으로 더불어 우리가 하나님의 자녀인 것을 증거하시나니"
(롬 8:16).

성령만이 우리 영을 도울 수 있습니다. 새 사람으로 변화받게 하십니다. 그렇게 될 때 하나님의 것이 익숙해집니다. 하나님께 나아가는 것을 좋아하게 됩니다. 성령의 역사 없이는 하나님이 기뻐하시는 신앙생활을 할 수 없습니다. 그것은 불가능합니다. 어린아이가 길을 갈 때 부모가 옆에서 보호해 주듯이 성령은 우리 옆에서 우리를 돕습니다.

내 스스로 길을 걸어가는 것 같으나 사실은 그렇지 않습니다. 우리는 착각하기 쉽지만 성령이 뒤에서 우리를 인도해주시므로 살아갈 수 있습니다. 비록 우리가 실수하고 넘어질 수 있으나 성령은 철저하게 우리를 도우십니다. 일으켜주고, 털어주고, 닦아주고, 싸매주어 다시 길을 걸어가도록 하십니다.

어려움은 기회입니다. 위기를 최선으로 바꿀 수 있는 아주 좋은 기회인 것입니다. '하나님이 이 일을 통해 어떤 축복을 주시려 하는구나' 라고 믿고 어려움을 극복하기만 하면 됩니다. 그러면 우리는 어려움이라는 장애물을 훌륭하게 넘는 선수가 될 수 있고, 세상을 두려워하지 않게 됩니다.

그러면 하나님은 성령을 통하여 어떻게 역사하십니까?

성령이 하시는 일들

성령은 죄를 이기게 하신다

살면서 죄를 짓고 주일날 교회에 와서 한 번 회개하면 모든 것이 해결된다고 생각하는 그리스도인들이 많습니다. 그리고 다시 세상으로 나아가 같은 죄를 반복합니다. 설사 주일날 와서 회개를 하였다 하더라도 그 회개를 참된 회개라고 볼 수는 없습니다. 진심으로 회개해야 합니다. 그리고 죄를 짓지 않도록 노력해야 합니다.

죄를 지으면 다음의 세 가지 결과가 오게 됩니다. 우선 죄책감이 옵니다. 이는 인간의 양심이 느끼는 것으로 제일 무서운 것입니다. 죄를 지으면 먼저 인간의 양심에 박히고 그 다음 하나님의 마음에 그 죄가 기록됩니다. 그러므로 하나님이 풀어주지 않으면 영원히 지워지지 않습니다. 사탄은 이 양심의 가책을 못 느끼도록 합니다. 굳어지게 합니다. 그래서 계속 죄를 짓게 합니다. 많은 사람들이 이 양심이 마비되어서 아무 거리낌없이 죄를 짓곤 합니다. 그러나 성령께서 임재하시면 양심이 예민해져서 죄에 대해 민감해지게 됩니다.

두 번째로 죄의 결과가 남게 됩니다. 죄책은 면제되어도 죄의 결과는 이 세상에 남게 됩니다. 가령 살인자가 회개하여 용서를 받았다 할지라도 살인자라는 오명과 다른 가정을 파괴한 결과가 남듯이 죄를 지으면 그 결과는 남게 됩니다.

세 번째, 죄의 세력에 사로잡히게 됩니다. 한 번 죄를 지으면 내 속에 그 죄를 짓게 하는 사탄의 세력이 역사하게 됩니다. 이 죄의 세력은 죄와 사망의 법을 지배하므로 계속 같은 죄를 짓게 하고, 그 사람 속에 사망이라는 고난을 계속 주게 됩니다. 그러나 성령이 역사하시면 이 죄의 세력이 끊어지게 됩니다. 죄를 짓지 않게 되는 것입니다. 한 번 죄를 지으면 계속 죄의 세력이 쫓아다니게 되는 것은, 그것이 미혹의 영이기 때문입니다. 그것을 물리치려면 그 영보다 더 큰 성령의 영을 받아야 합니다. 술을 끊는 데 6년이 걸렸다고 한다면 다시 술을 마시는 데는 6개월도 채 걸리지 않습니다. 그 만큼 죄의 세력은 무섭습니다. 우리는 죄를 짓지 않겠다는 결단을 내려야 합니다. 피 흘리기까지 싸워야 합니다. 성령충만만이 죄를 이기는 유일한 비결입니다.

성령은 율법의 요구를 이루게 하신다

율법은 하나님의 기준입니다. 하나님의 법인 것입니다. 그러나 이 율법을 인간이 넘을 수 없습니다. 가령, 아이를 데리고 가는데 앞에 큰 도랑이 있다고 합시다. 거기만 건너면 되는데 그곳에 빠지면 죽을 수밖에 없습니다. 아이가 혼자서는 건널 수 없지만 어른이 그 아이를 안으면 그 도랑을 건널 수 있습니다. 그 어른의 역할을 성령께서 하십니다. 성령이 오셔서 율법을 넘을 수 있게 해 주시는 것입니다. 같은 일도 상황에 따라 복음도 되고 율법도 될 수 있습니다. 은혜가 없어지면 복음이 율법이 됩니다. 그러나 성령이 역사하면 복음으로 받아들이게 됩니다. 율법의 벽이 무너지는 것입니다.

또, 성령이 역사하시면 율법의 요구를 사랑으로 해석하게 됩니다. 사랑만 있으면 율법의 계명을 지킬 수 있습니다.

성령은 영의 생각을 하게 하신다

영의 생각은 하나님의 생각입니다. 성령을 받지 않은 사람은 육신의 생각을 할 수밖에 없습니다. 이는 하나님과 전혀 상관없는 생각입니다. 육신을 좇는 자는 육신의 일을, 영을 좇는 자는 영의 일을 한다고 성경은 말씀합니다(롬 8:5). 영의 생각을 가져야 영적인 일을 할 수 있습니다. 생각은 행동을 지배하기 때문입니다. 생각이 나쁘면 결코 좋은 행동을 할 수 없습니다. 무의식 또는 의식적인 생각이 행동으로 나타나기 때문에 우리는 무의식의 세계까지도 성령께서 지배하시기를 기도해야 합니다. 하나님의 생각으로 바꾸어야 합니다.

육신의 생각은 사망의 생각이며, 하나님께 순종하지 않는 결과를 낳습니다. 왜 기도를 많이 하라고 합니까? 그것은 기도해야 영의 생각이 들어오기 때문입니다. 영의 생각이 충만해지지 않으면 죄악과 향락으로 점철된 현대의 문화를 이길 수 없습니다. 성령의 생각이 우리를 지배하면 우리는 사막 속에서도 꽃을 피울 수 있습니다. 육신의 생각의 기준은 자기 욕망, 자기 욕구를 채우는 것을 목표로 삼습니다. 이는 지극히 정욕적이며 세상적입니다. 영의 생각은 하나님의 뜻을 이루려는, 하나님의 요구를 이루려는 생각을 먼저 합니다. 그래서 눈에 보이는 것보다는 영원성을 찾고, 현재보다는 미래를 내다보고, 이 땅보다는 천국에 소망을 두고 살아야 하는 것입니다.

성령은 생명을 주신다

성령과 내 영이 하나가 되면, 즉 우리 속에 성령이 들어오시면 부활 생명이 됩니다. 예수님이 부활한 것도 성령께서 살려내신 것입니다. 그래서 주님이 재림할 때 우리도 부활합니다. 부활의 증표가 성령인 것입니다. 성령을 체험하면서부터 부활과 천국에 대한 꿈을 갖게 됩니다. 또한 현재 이 육체에서 신유를 체험할 수 있습니다.

성령은 육신을 이기게 하신다

성경에서 성령과 육신은 계속 대조를 이루어 나타납니다. 그러나 이 육신이 육체를 의미하는 것은 아닙니다. 육신은 '하나님의 속성과 다른 속성을 갖고 있는 영적 존재'를 의미합니다. 세상을 좋아하고, 정욕적이고, 보이는 것을 좋아하는 것, 이기심 등이라고 말할 수 있습니다. 성령이 내 속에 들어오셔야 이것을 이길 수 있습니다. 인간에게는 누구나 이중성이 있습니다. 이 이중성을 극복하기 위해 우리는 성령을 받아야 하는 것입니다. 그렇지 않으면 세상과 하나님 사이에서 갈등하게 됩니다.

> "그러므로 형제들아 우리가 빚진 자로되 육신에게 져서 육신대로 살 것이 아니니라 너희가 육신대로 살면 반드시 죽을 것이로되 영으로써 몸의 행실을 죽이면 살리니"(롬 8:12–13).

우리의 육체는 영보다도 육신을 더 좋아하지만 성경은 그러한 육신의 욕망을 억제하라고 말씀합니다. 성령충만한 사람은 자아를 좀더 빨리 지배합니다. 성경은 자기를 부인하고 십자가를 지라고 말씀합니다. 성령이 아니고서는 자기를 부인할 수 없는 것입니다. 우리가 자아를 죽이지 못하면 그 결과 죄를 짓게 되고 하나님과 멀어지게 됩니다.

성령에 취해 사는 생활은 어렵지만 재미있습니다. 육신을 좀더 쉽게 제어할 수 있습니다. 그러나 기도하지 않으면 사소한 것도 다 걸리고 적이 됩니다. 그래서 성령충만이 중요한 것입니다. 성령충만하면 너그러운 마음을 가질 수 있습니다.

성령은 양자의 영을 받게 하신다

성령은 주님의 영이기에 그 주님이 내 속에 들어오시면 내가 하나님의 자녀가 되어 하나님을 '아바 아버지'라고 부르게 됩니다. 우리가 어렵고 힘이 들 때 "하나님 아버지"를 찾으며 기도하게 되는 것이 그 증거입니다.

"종의 영을 받지 아니하였고 양자의 영을 받았"(롬 8:15)다는 것은 질서가 바뀌었다는 뜻입니다. 종은 율법으로 맺어진 법관계입니다. 그것이 복음으로 맺어진 사랑의 관계로 되는 것입니다.

옆집 아이가 우리집의 비싼 도자기를 깨뜨렸다고 할 때는 마땅히 그 아이 부모로부터 배상을 받아야 하겠지만, 우리집 아이가 그랬다면 그럴 수 없는 이치와 같습니다. 성령이 임하셔서 양자의 영을 받으면 법적관계가 사랑의 관계로 바뀝니다. 세상에 있을 때에는 하나님과 나의 관계가 법적관계였지만 예수를 믿음으로 아들과 아버지, 이렇게 사랑의 관계로 바뀌는 것입니다.

어떻게 그렇게 바뀌었습니까?
예전에는 율법에 얽매여 있었습니다. 그러나 복음을 통해 양자의 영을 받으면 종과 주인의 관계에서 아버지와 아들의 관계로 변하게 됩니다. 이렇게 질서가 달라졌습니다. 법이 사랑으로 바뀌었습니다. 그 만큼 하나님 앞에 자유로운 관계가 되었습니다. 생명관계, 복된 관계가 된 것입니다.

성령은 구원의 확신을 주신다

"성령이 친히 우리 영으로 더불어 우리가 하나님의 자녀인 것을 증거하시나니" (롬 8:16).

이는 아주 중요한 말씀입니다. 왜 그렇게 중요합니까? 구원의 확신이 있어야 시험을 이길 수 있기 때문입니다. 이는 바꿔 말하면, 구원의 확신이 약화될수록 시험든다는 말이기도 합니다. 우리가 살아가다 보면 어려운 일이 닥칠텐데 그 때 '나는 하나님의 자녀다. 하나님이 나를 도우신다. 그러므로 나는 이긴다' 라고 해보십시오. 이런 확신을 가지

면 현실을 이겨낼 수 있습니다. 구원의 확신은 어려움을 극복하게 해
주는 힘이 됩니다.

성령이 역사하면 하나님의 후사가 된다

후사는 상속자를 말합니다. 우리는 주님과 공동 상속자가 됩니다.
최고의 흑자인생은 신앙생활을 하는 인생입니다. 성령은 하나님의 통
장입니다. 그러나 꼭 한 가지 의무가 있습니다. 그것은 고난을 주님과
함께 나누어야 한다는 것입니다. 성령을 받으면 고난이 옵니다. 성령
을 받기 전에는 그렇지 않습니다. 성령을 받지 않은 사람은 마귀가 점
찍지도 않기 때문입니다. 고난이 따른다는 것은 천국에 기업이 있다는
것입니다. 사도 바울도 "그리스도의 남은 고난을 그의 몸된 교회를 위
하여 내 육체에 채우노라"(골 1:24)고 했습니다. 고난이 따르는 것은
성령이 내게 오신 증거입니다. 성령의 삶은 고난의 삶입니다. 그러나
이것은 영광의 고난입니다.

"너희가 그리스도의 이름으로 욕을 받으면 복 있는 자로다 영광의 영 곧 하나님
의 영이 너희 위에 계심이라 너희 중에 누구든지 살인이나 도적질이나 악행이나
남의 일을 간섭하는 자로 고난을 받지 말려니와 만일 그리스도인으로 고난을 받
은즉 부끄러워 말고 도리어 그 이름으로 하나님께 영광을 돌리라"(벧전 4:14-16).

자기가 잘못해서 고난받는 것이 아니라 성령을 받음으로 인해 받는
고난이 영광의 고난입니다. 이러한 고난을 통해 내가 단련됩니다. 고
난을 잘 감당해야 하나님이 내게 상급을 주십니다. 또한 많은 사람을
구원하게 하는 고난을 우리가 잘 감당해야 합니다. 그 고난은 진정 감
당할 만한 고난이 될 것입니다.

성령충만이란?

성령을 우리에게 주시는 것은 하나님의 주권입니다. 그렇지만 인간이 해야 할 일이 있는데, 그것은 성령충만해야 한다는 것입니다. 성령은 하나님이 주시지만 성령충만의 책임은 인간에게 있습니다. 성령이 충만하면 모든 문제에 길이 뚫립니다. 성령충만을 그저 방언이나 하는 것으로 착각하면 안 됩니다. 성령께서 충만하시면 우리의 삶에 변화가 일어납니다.

신앙생활은 하나여야 합니다. 학교에서, 직장에서 또 가정에서 하나님의 역사가 똑같이 일어나야 합니다. 성령충만하면 생활 속에서 기적을 일으킵니다. 언제 어디에서나 하나님의 역사하심을 기대하십시오. 교회 안에서만 신앙생활하려고 해서는 안 됩니다. 우리의 삶 전체에서 하나님의 은혜를 체험해야 합니다. 성령충만을 받는 열쇠는 우리가 살아가는 삶 속에서 하나님과 관계를 맺고 주님의 음성에 귀를 귀울이는 것입니다. 그렇게 될 때 갖가지 역사가 일어납니다.

무디가 부흥회 집회 후에 숙소에 묵고 있을 때였습니다. 그 호텔의 한 종업원이 뜰을 쓸면서 "누구는 호텔에서 묵고 누구는 겨우 호텔 뜰이나 쓸고 있으니…" 하면서 신세한탄하였습니다. 그 소리를 들은 무디는 그에게로 가서 "이곳이 하나님의 뜰이라고 생각해 보게. 자네가 하는 일이 얼마나 보람된 일인가?" 하였습니다. 그 말은 그 종업원의 마음을 변화시켰습니다. 집에서 설거지를 할 때에도 '예수님의 보혈은 이 설거지거리보다 천만 배 더 더러운 나의 죄를 씻어주시는구나' 라고 연상할 수 있지 않겠습니까?

이렇게 성령충만의 길은 가깝습니다. 이 평범한 길을 놓치기에 하나님과 동행하는 데 실패하는 것입니다. 모든 세계를 하나님이 지배하신다면 하나님의 역사가 일어나지 않는 곳이 어디 있겠습니까? 이런 생각으로 창문을 열면서 만물을 보십시오. 온 세계가 천국이 될 것입니다. 하늘도, 구름도, 꽃도, 나무도, 새도 다 주님을 찬양하고 있음을 알 수 있습니다. 오직 사람만이 불평하는 모습으로 서 있다는 것을 알게 됩니다. 가장 똑똑하고 잘난 인간만이 불평하고 원망하고 시기하고 질투하는, 저주받을 일을 하고 있다는 것을 알게 됩니다. 낙엽이 한 잎 지는 것만 보아도, 흐르는 물소리만 들어도 하나님의 숨결을 느낄 수 있다면, 그런 그가 누구를 미워하고 시기하고 넘어뜨리려 할 수 있겠습니까? 그럴 때 우리는 사막에서도 천국을 이룰 수 있는 사람이 됩니다. 지옥이나 천국은 환경 탓이 아닙니다. 우리의 심령 탓입니다. 이런 훈련을 받아야 합니다.

술 취함과 성령충만은 닮았다?

"술 취하지 말라 이는 방탕한 것이니 오직 성령의 충만을 받으라"(엡 5:18).

어떻게 보면 술과 성령은 대단히 유사한 특성을 지니고 있는 것 같습니다. 이는 성령충만하면 술 취한 상태와 비슷해 보일 수도 있다는 말입니다. 그러나 그 결과는 엄청나게 다릅니다. 극과 극을 이룬다고 볼 수 있습니다.

술 취한다는 것은 방탕함을 의미합니다. 누가복음 15장에 나오는, 아버지의 유산을 '허랑방탕' 하게 썼다는 말과 동일합니다. 헬라어로 '방탕' 이란 소비, 낭비를 뜻합니다. 쓰레기가 됐다는 말입니다. 이스라엘에는 우상제사를 지내고서 제물을 불태우는 쓰레기 소각장이 있었습니다. 그곳은 바로 영적인 쓰레기 소각장입니다. 예수님이 사용한 지옥의 의미인 '게헨나'라는 단어도 바로 이런 뜻입니다.

인간은 어디엔가는 취해야 합니다. 인간이 죄를 짓는 것은 거의 다 사탄에, 세상에 취해서 그렇게 된 것입니다. 우리는 술에 취하든지 성령에 취하든지 둘 중 하나에 속해 있습니다. 여기서의 술은 꼭 알코올만 의미하는 것이 아닙니다. 세상에 속한 습관을 말하는 것입니다. 노름이라든지 춤이라든지 바둑과 같은 취미 생활에 너무 몰두하는 것, 즉 취미 이상의 지나친 집착이 다 술이 되는 것입니다. 그러나 우리는 성령에 취해야만 복을 받고 살 수 있습니다.

술 취함과 성령충만이 겉보기에는 유사하지만 실제로는 절대로 다른데, 그 상태가 어떠한지 구체적으로 말씀드리고자 합니다.

첫째, 힘이 나온다

술 취한 사람에게는 못 당합니다. 술 취하면 자신뿐만 아니라 다른 사람에게도 큰 피해를 줍니다. 성령을 받아도 힘이 있습니다. 그러나 그 힘은 하나님이 주신 힘입니다. 똑같이 힘이 나오는데 술 취해서 받는 힘은 죄 짓게 되고, 그래서 결과적으로는 자신도 죽이고 남도 죽이는 데 쓰게 됩니다. 그러나 성령충만을 받으면 사람을 살려내고 사랑하게 됩니다. 이는 엄청난 차이입니다. 그러므로 우리는 믿지 않는 사람을 전도하여 성령의 술로 채워줘야 합니다.

둘째, 기쁨이 있다

술도 성령도 기쁨을 주지만, 술이 주는 기쁨은 사람을 죽이는 결과를 낳고 성령은 살려내는 결과를 낳습니다. 성령을 기뻐하면 삶의 문제가 해결되지만 세상을 기뻐하면 병이 듭니다.

여러분은 성령을 기뻐하십니까? 구원의 확신이 있으면 이제 그에 대한 확증이 필요합니다. 확신은 마음속에 느끼는 것이지만 생활 속에서 직접 증거가 나타나야 능력이 있습니다. 기도하면 응답받는다는 확증만 있으면 굉장한 체험을 합니다. 기도하는 것으로만 끝나선 안 됩니다. 확증이 있어야 더 큰 일을 할 수 있는 것입니다. 생활 속에서 하나님이 역사하신다는 확증이 필요합니다. 기도로 병이 나아본 경험이 있는 사람은 두려움이 없게 됩니다. '다음에도 기도하면 나으니까' 하는 확증이 생겼기 때문입니다.

노아가 방주를 짓는 데 120년이 걸렸습니다. 지으면 반드시 구원을 받을 것이라는 확신은 있었습니다. 그러나 120년이 지날 동안 확증받은 것은 아니었습니다. 그 세월이 지난 후 장마비가 쏟아지고 모든 생물이 죽었을 때에야 비로소 확증을 받은 것입니다. 눈으로 만져지고 체험한 것을 바로바로 확증하십시오. 그래야 신앙이 성장합니다. 그렇게 생활 속에서 확증해 나가면 흔들리지 않습니다.

셋째, 말이 많아진다

술에 취해도 성령에 취해도 말이 많아지지만, 술 취해서 하는 말은 사람으로 하여금 답답하게 하고, 죄의 노예가 되게 합니다. 그러나 성령충만함으로 말이 많아지면 자유를 누리게 됩니다. 그 사람과 계속 대화할수록 구원을 얻고 자유함을 누리게 됩니다.

넷째, 방향이 달라진다

술은 방향감각을 잃어버리게 하고 결국은 망하는 길로 끌어갑니다. 그러나 성령충만함을 받으면 분명한 방향을 알게 됩니다. 이성판단이 아주 분명해집니다. 날카롭게 자를 것은 자르게 됩니다. 바울 사도가 아시아로 전도하러 가려 했을 때 성령이 그 길을 막고 달리 가야 할 길을 가르쳐 주었습니다. 방향을 가르쳐 준 것입니다.

성령충만은 시간과 관계 있다

"세월을 아끼라 때가 악하니라"(엡 5:16).

성령충만도 그것을 받을 때가 있음을 알아야 합니다. 시간이 지나면 받지 못할 수도 있습니다. 인간이 복을 받는 것은 시간문제입니다. 우리가 이 땅에 사는 동안 우리는 시간과 밀접한 관계를 맺으며 살아갑니다. 우리는 '지금이 바로 그 때다!' 라는 생각을 늘 가져야 성령충만을 받게 됩니다. '나중에 하지' 라고 생각하여 미루기만 한다면 그 사람은 아무것도 얻을 수 없습니다.

"This is today!", "오늘은 당신의 날!" 늘 이렇게 시인하십시오. 성령충만을 받기 위해 제일 중요한 일은 시간과 관련을 맺는 것임을 명심하십시오. 때가 악하다고 했습니다. 시간이 짧다는 것입니다. 세상이 악하다는 것입니다.

시간은 사건과 관련이 있습니다. 인간에게 있어서 시간은 사건으로 기억되기 때문입니다. 불행한 사건이 일어난다 할지라도 그것을 성령이 임하는 사건으로 받으면, 그런 믿음을 가지면 정말 그렇게 바뀔 수 있습니다. 사도 바울도 다메섹 도상을 지나는 사건을 통해 성령을 받지 않았습니까? 어떤 사람들은 이혼하고서, 암에 걸리고서, 대학에 떨어지고 나서, 부도가 난 후에 성령충만을 받기도 합니다. 이렇게 어떤 사건이 될지는 모르지만 성령충만은 시간과 관계 있는 것입니다. 시간은 촉박합니다. 그러니 때를 아껴야 합니다. 좋은 것이든 나쁜 것이든 사건을 우습게 여기면 안 됩니다. 이것을 깨달은 사람이 큰 일을 합니다.

무디가 집회를 다녀온 교회에 큰불이 났다는 전화가 왔습니다. 세상 사람들은 그 일을 저주라고 했습니다. 많은 사람들이 근심했습니다. 그러나 무디는 달랐습니다. "불이 난 것은 더 큰 교회를 짓게 하기 위한 하나님의 섭리"라고 선언했고, 또 그대로 이루어졌습니다. 그 지역의 유명인사가 자기가 어렸을 때부터 다니던 교회가 불이 난 것을 보고 그 자리에 두 배로 크게 교회를 지어주었던 것입니다. 이것이 바로 성령의 역사입니다. 이런 예는 얼마든지 들 수 있습니다.

제 친구 중의 하나가 어느 교회의 부목사로 있었습니다. 어느 날 사택에 불이 났노라는 다급한 전화를 제게 했습니다. 아들의 잘못으로 사택에 불이 나 몽땅 타버렸으니 입장이 여간 곤란한 처지가 아닌지라 많은 걱정을 했습니다. 그렇지만 저는 "거 잘됐네. 집이며 가구며 다 새 것으로 바뀔테니 더 좋아지겠구먼"이라고 했습니다. 곧 그 교회에서 당회가 열렸는데, "얼마나 집이 부실하면 불이 다 나겠는가"라고 결론이 모아져서 새 집과 새 가구를 마련해 주었다고 합니다. 말로 시인한 대로, 믿은 대로 그렇게 되는 것입니다. 이렇게 어떤 사건이든지 성령의 역사의 사건으로 바꾸는 것이 능력입니다. 이것은 오직 믿음으로만 됩니다.

성령충만해야 주의 뜻을 알고 어리석은 자가 되지 않습니다. 우리는 주의 뜻을 알고 그에 좇아 행하는 지혜로운 자가 되기를 힘써야 할 것입니다.

성령의 역사는 생각만 갖고는 일어나지 않습니다. 배우고 확신하는 일에 거해야 합니다. 실천해야 하는 것입니다. 마치 파도타기처럼 하나님의 인도하심에 우리 자신을 맡기기 바랍니다. 하나님의 인도하심을 따라 살 때 늘 성령충만함을 체험하게 될 것입니다.

자아
죄를 짓게 한다
정욕적이다
하나님의 뜻에 어긋나게 한다
자기 중심적이며 교만하다

Vs

성령
죄를 이기게 한다
육신을 이기게 한다
하나님의 뜻을 이룬다
하나님 중심이며 겸손하다

Changing life

술취함과 성령충만에는 다음과 같은 공통점과 차이점이 있다. 우린 무엇에 취해야 할 것인가?

공통점 1) 힘이 세다
  술: 다른 사람에게 시비를 걸게 되는 등 피해를 준다.
  성령: 다른 사람을 살려내고 사랑하게 한다.

공통점 2) 기쁨이 있다
  술: 잠시 삶의 고통을 잊게 해준다. 일시적인 기쁨이 있다.
  성령: 삶의 문제 자체를 해결해 준다. 영원한 기쁨을 준다.

공통점 3) 말이 많아진다
  술: 했던 말을 계속해서 듣는 사람으로 하여금 짜증나게 한다.
  성령: 들으면 들을수록 도전이 되고 기쁨을 느끼게 해준다.

공통점 4) 방향이 달라진다
  술: 계속 술에 취하면 결국 망하는 길로 가게 된다.
  성령: 판단력이 높아져서 자기의 갈 길을 명확히 알게 된다.

나그네의 삶을 살아라

성도는 영적인 이민을 시도해야 합니다. 떠나야만 계속해서 하나님이 우리의 삶 속에 역사하고 우리를 인도하고 복을 주십니다. 육신적, 문화적인 삶에서 떠나야 행복과 기쁨이 있는 에덴에서 살게 되는 것입니다.

신앙생활의 중요한 요소는 무엇보다도 말씀입니다. 이는 마치 집을 지을 때 그 골조를 튼튼히 세우는 것과 같습니다. 골조 없이 흙만 가져다 붓는다면 집이 되어지지 않듯이, 기도라든지 봉사 등 그 밖의 다른 요소들만 가지고는 신앙생활이 온전해지지 않는 것입니다. 말씀의 골조를 튼튼히 세워야 하는 것입니다. 그런데 큰 집을 지으려면 우선 골조가 커야 합니다.

여러분은 말씀에 대한 포부를 가지고 계십니까? 말씀을 듣지 않는 사람은 속빈 강정과 같습니다. 골조가 약하면 어려움이 올 때 쉽게 넘

"

어지게 마련입니다. 말씀을 청종해야 합니다. 그래야 집이 지어집니다. 어떤 폭풍에도 넘어지지 않기 위해서는 믿음의 반석 위에 서 있어야 합니다. 그 믿음은 말씀을 들을 때에 튼튼해집니다.

배우지 않고는 하나님에 대해서 알 수 없습니다. 성경을 모르면 자기 뜻대로 살 수밖에 없는 것입니다. 세상에서는 자기 재주를 가지고 살아갑니다. 그러나 하나님 나라는 그렇지 않습니다. 그러기에 성경은 "배우고 확신한 데 거하라"고 말씀하십니다. 먼저 배우라고 말씀하시는 것입니다. 그 다음에 행함이 오는 것이 순서입니다. 배우지 않으면 인본주의에 빠지게 됩니다.

우리에게는 반드시 되어야 하고 넘어야 할 절대절명의 코스가 있습니다. 이는 성경이 말하는 코스이기 때문입니다. 성경은 '구원받은 사람은 나그네의 삶을 살아라' 라고 말합니다. 이 말이 우리에게 부담이 될 수도, 마음에 들지 않을 수도 있습니다. 그러나 성경의 가르침에 순종할 때 하나님의 축복을 받을 수 있습니다.

이민을 해야 한다

성도에게 가장 중요한 것은 '이민을 해야 한다' 는 것입니다. 우리에게는 자기 고향을 떠나야 한다는 명제가 있습니다. 이는 영적인 이민을 시도해야 한다는 말입니다. 믿음의 조상 아브라함도 자기 본토 친척 아비집을 떠나야 했고, 거기서부터 믿음이 시작되었습니다.

예수를 믿지만 떠나지 않는 사람은 한계가 있습니다. 주저앉아 있으면서 거기서 복 달라고 빌기에 늘 고민하고 갈등합니다. 성경은 우리가 떠나야만 하나님이 계속해서 우리의 삶 속에 역사하고 우리를 인도하고 복을 주신다고 말씀하고 있습니다.

창세기 2장을 보면, 하나님은 인간을 창조하신 후 인간으로 하여금 그 만든 곳에서 살도록 하지 않고 에덴동산으로 이주시키십니다. 우리도 한 번쯤은 다 이민해야 합니다. 고향을 떠나야 합니다. 육신적, 문화적인 삶에서 떠나야 행복과 기쁨이 있는 에덴에서 살게 됩니다.

우리는 반드시 이 영적 이민의 체험을 해야 합니다. 이 사건 전까지는 하나님이 역사하시지 않습니다. 저주받는 자리에서 나와 나그네로 살아야 합니다. 거기 남아 있으면 소돔과 고모라에서처럼 타락한 삶을 살 수밖에 없습니다. 나와서 순례의 길을 가야 합니다.

성경에 나타난 나그네삶

"이 사람들은 다 믿음을 따라 죽었으며 약속을 받지 못하였으되 그것들을 멀리서 보고 환영하며 또 땅에서는 외국인과 나그네로라 증거하였으니 이같이 말하는 자들은 본향 찾는 것을 나타냄이라 저희가 나온 바 본향을 생각하였더면 돌아갈 기회가 있었으려니와 저희가 이제는 더 나은 본향을 사모하니 곧 하늘에 있는 것이라 그러므로 하나님이 저희 하나님이라 일컬음 받으심을 부끄러워 아니하시고 저희를 위하여 한 성을 예비하셨느니라"(히 11:13-16).

아브라함은 더 좋은 본향을 사모하면서 그 나온 곳으로 돌아가지 않았고, 하나님이 지으신 성을 바라보았습니다.

"나는 당신들 중에 나그네요 우거한 자니 청컨대 당신들 중에서 내게 매장지를 주어 소유를 삼아 나로 내 죽은 자를 내어 장사하게 하시오"(창 47:9).

아브라함은 헷족속의 땅에 살면서도 나그네의 삶을 살았습니다.

"야곱이 바로에게 고하되 내 나그네 길의 세월이 일백삼십 년이니이다 나의 연세가 얼마 못되니 우리 조상의 나그네 길의 세월에 미치지 못하나 험악한 세월을 보내었나이다 하고"(창 47:9).

야곱은 복 받은 사람 중의 하나입니다. 하나님이 자신에 대해 말씀하실 때에도 "나는 아브라함의 하나님 이삭의 하나님 야곱의 하나님"이라고 자신을 소개하셨습니다. 그런 야곱이 "내 나그네 길의 세월이 일백 삼십년이니이다" 라고 고백하고 있습니다.

"주 앞에서는 우리가 우리 열조와 다름이 없이 나그네와 우거한 자라 세상에 있는 날이 그림자 같아서 머무름이 없나이다"(대상 29:15).

위의 말씀은 다윗의 고백입니다. 유대 역사상 가장 강력한 국가를 이루었던 왕까지도 자신을 나그네와 우거한 자라고 표현합니다. 신약에 와서도 이러한 맥은 계속 이어집니다.

"사랑하는 자들아 나그네와 행인 같은 너희를 권하노니 영혼을 거스려 싸우는 육체의 정욕을 제어하라"(벧전 2:11).

여기 "사랑하는 자들" 은 구원받은 자들을 의미합니다. 나그네의 삶을 사는 데에 거스리는 것이 육체의 정욕이라고 베드로는 말합니다.

정욕에 포로가 된 자는 십자가를 모릅니다.

> "오직 성령이 너희에게 임하시면 너희가 권능을 받고 예루살렘과 온 유대와 사마리아와 땅 끝까지 이르러 내 증인이 되리라 하시니라"(행 1:8).

예루살렘과 온 유대와 사마리아와 땅끝까지 이르러 예수님의 증인이 되는 삶은 나그네의 삶입니다. 나그네가 되어야 더욱더 하나님을 의지하지 않겠습니까?

이처럼 성경은 우리에게 일목요연하게 나그네 삶의 모습을 보여 주고 있습니다.

예수님 자신도 나그네의 삶을 사셨다는 것에 집중하시기 바랍니다. 주님은 이 땅에 머리 둘 곳도 없으신 분으로서 "내 나라는 여기 있지 않다"고 하셨습니다. 이러한 예수님이 우리가 지금 이 땅에 살고 있지만, '거처를 만들어 놓고 부르마' 약속하신 것입니다.

떠나지 않는 신앙생활은 답답합니다. 성숙함이 없습니다 누구든지 순례의 길을 가야 하나님이 그에게 역사하시고 세상에 붙들림이 없습니다. 그런 사람에게 자유가 옵니다. 물질에게서, 사람에게서, 체면에게서 그 모든 것에서 자유로워지는 것입니다. 교회는 '나그네 공동체', '영적 이민 공동체' 입니다. 이런 확신이 없으면 갈 곳을 잃어버리게 됩니다.

그러면 실제로 구약과 신약에 나타난 영적 이민의 과정을 살펴보고, 우리가 어떻게 영적 이민을 해야 하는가 살펴보겠습니다. 이것은 실제로 일어나야 합니다. 생각 속에서 뿐 아니라 내 삶 속에서 일어나야 합니다. 혁명적인 사건이 되어야 하는 것입니다.

모세는 홍해와 요단강을 건너 가나안으로 들어갔습니다. 영적으로 우리도 똑같이 강을 건너야 합니다. 히브리 민족이 강을 건넜다는 것은 예수님 오실 날을 믿고 바라보고 산다는 것의 표본입니다. 우리도 강을 건너야 합니다. 그래야 세상에서 자유함을 누리게 됩니다.

오늘날 많은 그리스도인이 땅을, 아파트를 더 좋아하는 모습을 봅니다. 그런 욕심은 하나님의 역사를 가로막습니다. 늘 하나님 나라를 바라보고 살아가야 하는 사명이 우리에게는 있습니다. 물질 축복은 하나님 일을 위해 주신 것입니다. 그것을 망각하고 자기의 정욕을 위해 물질을 사용한다면 그 사람은 병들게 되어 있습니다.

세 개의 강을 건너야 한다

아브라함(유대인)은 세 개의 강을 건넜습니다. 성경에 직접 나와 있지는 않지만 유추해보건대, 메소포타미아 지방의 유브라데 강과 애굽에 있는 홍해 그리고 가나안 접경의 요단강이 그것입니다.

유브라데는 정욕의 강

성경에서 강은 두 가지의 의미가 있습니다. 그 하나는 '강'이라고 표현할 때의 '죽음'이라는 의미이고, 다른 하나는 '물'이라고 할 때의 '생명'의 의미입니다.

"아비나 어미를 나보다 더 사랑하는 자는 내게 합당치 아니하고 아들이나 딸을 나보다 더 사랑하는 자도 내게 합당치 아니하고 또 자기 십자가를 지고 나를 좇지 않는 자도 내게 합당치 아니하니라"(마 10:37-38).

여기에 최초로 건너야 하는 강의 의미가 있습니다. 이는 혈족, 친족을 무시해 버리라는 의미가 아니고 그 보다 예수를 더 사랑하라는 말씀입니다. 예수를 믿으면서 은혜를 받다 보면 나도 모르게 유브라데 강을 건너게 됩니다. 동시에 그러한 사람은 진정한 효도에 대해 눈뜨게 됩니다. 효도를 받으려면 하나님 잘 섬기는 법을 가르치십시오. 그러면 저절로 효도를 받을 것입니다. 생명의 근원을 알기에 자연히 눈에 보이는 부모도 소중히 여길 줄 알게 되는 것입니다.

홍해는 세상의 강

세상의 강을 벗어나기 위해서는 죄의 아픔을 깨달아야 합니다. 죄 짓는 것이 얼마나 아픈지 모르기에 죄를 짓습니다. 혈기부리고 나면 얼마나 가슴이 아픈지 알아야 합니다. 내 육체가 죄 덩어리라는 것을 알아야 예수를 바로 볼 수 있습니다.

요단강은 자아의 강

이 강은 가나안으로 이민 가는 마지막 코스입니다. 자아는 하나님과 나를 원수가 되게 하기 때문에 이 자아를 깨부수어야 하는 것입니다. 나의 자아를 내려놓고 성령께서 하는 말씀에 순종하여 주의 뜻대로 해야만 강한 자아를 이길 수 있습니다.

이 세 강을 넘어야 온전한 영적 이민이 가능합니다. 이 세 강을 넘지 못하면 그것이 가시가 되어 여러분의 영혼을 짓누르고 목을 조를 것입니다. 그래서 삶에 있어서 어떤 문제가 해결되면 다른 문제가 터지고.

그 문제가 해결되면 다른 문제가 계속해서 터집니다. 예수님을 제대로 믿지 않으면 삶의 굴레에서 벗어날 수 없습니다. 예수님이 여러분의 마음속에 임하지 않으시면 이런 삶의 문제에 끌려다닐 수밖에 없는 것입니다.

이 세 강은 내 힘으로 건널 수 없습니다. 이 강은 믿음으로 건널 수 있습니다. 여러분은 지금 어디쯤 서 계십니까? 자기가 서 있는 곳을 깨닫고, 즉시 예수님을 찾아가십시오. 그러면 나도 모르게 어려움을 뛰어넘는 역사가 일어납니다. 하나님이 여러분과 함께하심을 체험하게 됩니다.

예수님은 "수고하고 무거운 짐 진 자들아 다 내게로 오라"고 말씀하셨습니다. 주님께서는 '세상에서 나오라' 그리고 '내 안에 거하라' 고 명령하셨습니다. 예수 안으로 들어오라는 것입니다. 우리가 예수 안에 거할 때에 세상에서 예수 안으로 거처가 옮겨집니다. 그럴 때 세 강을 건너게 됩니다.

"내 안에 거하라 나도 너희 안에 거하리라 가지가 포도나무에 붙어 있지 아니하면 절로 과실을 맺을 수 없음같이 너희도 내 안에 있지 아니하면 그러하리라 나는 포도나무요 너희는 가지니 저가 내 안에, 내가 저 안에 있으면 이 사람은 과실을 많이 맺나니 나를 떠나서는 너희가 아무것도 할 수 없음이라"(요 15:4-5).

예수 안에 거할 때 과실을 맺게 됩니다. 과일나무의 최고 행복은 과실을 맺는 것이듯, 예수 안에 거할 때 인간으로서 최고의 행복을 누리게 되는 것입니다. 나무가 몸부림치며 열매를 맺는 것이 아니듯 소망이 있다면 열매가 저절로 맺힙니다. 믿으면 행하는 결과가 나오는 것입니다.

> "사람이 내 안에 거하지 아니하면 가지처럼 밖에 버리워 말라지나니 사람들이 이것을 모아다가 불에 던져 사르느니라"(요 15:6).

예수님께서는 내 안에 거하지 않으면 결국 버려져 마르게 된다고 말씀하셨습니다. 빛과 소금의 역할을 못하면 결국 밟히게 되는 것입니다. 그러나 바른 믿음만 가지면 세상 사람들이 건드리지 못합니다.

> "너희가 내 안에 거하고 내 말이 너희 안에 거하면 무엇이든지 원하는 대로 구하라 그리하면 이루리라"(요 15:7).

이는 기도응답을 말하고 있습니다. 그러므로 기도응답을 못 받는다는 것 자체가 예수 안에 거하지 않는다는 것입니다. 그렇다면 주안에 거한다는 것은 무엇입니까?

내 생명의 거처, 아버지의 집

우리는 '거처'를 공간, 땅의 개념으로 생각하기 쉽습니다. 그러나 이는 영적인 것입니다. 하나님께서 성령을 우리에게 보내주심으로 해서 내가 예수 안에 거하게 되는 역사가 일어나는데, 여기 성령은 '공기'를 뜻합니다. 원어로는 '프뉴마'라고 하는데 이는 '바람'을 말합니다. 생명은 원래 그 거처가 공기입니다. 달에 공기가 없다는 것은 생명체가 없다는 것을 의미합니다. 공기만 있으면 생명체는 살 수 있습니다.

우리가 육체가 아닌 성령에 거할 때 영원히 살 수 있습니다. 예수님이 내게 오시면 예수 안에 나의 거처가 생기는 것입니다. 이것을 "내가 주 안에 거한다"라고 말합니다. 우리가 육신의 거처만 알고 생명의 거처를 모른다면 우리의 영혼이 방황할 것입니다. 육체는 영혼을 속입니다. '편하라, 돈을 많이 벌어라, 속여라…' 이렇게 부추깁니다. 그러나 영혼은 속지 않습니다. 그래서 고통스러운 것입니다. 내 생명의 거처가 성령이라는 깨달음이 있을 때 거기서부터 천국이 임하게 됩니다.

"비둘기 파는 사람들에게 이르시되 이것을 여기서 가져가라 내 아버지의 집으로 장사하는 집을 만들지 말라 하시니"(요 2:16).

"내 아버지의 집"은 성전을 말합니다. 예수님은 "이 성전을 헐라 내가 사흘만에 일으키리라"고 말씀하셨습니다. 여기서 성전은 예수님의 몸을 말합니다. 아버지 집은 교회인데 교회는 자기 몸이라는 것입니다. 이렇게 성전은 아버지 집이 되고, 아버지 집은 예수님의 몸이 됩니다.

예수를 믿으면 성령이 오고, 내가 예수 안으로 들어가는 영적 교제가 이루어집니다. 이런 사람이 새 하늘과 새 땅을 볼 수 있습니다. 예수님은 개개인에게 거처를 만들어 주십니다. 주님 안에 거처가 마련된 사람은 세상이 무어라 해도 든든합니다. 예수 안에 이 우주가 다 들어 있습니다. 그러므로 내 속에 하나님이 은혜를 주시면 성령이 거하고 만 가지 은혜가 쏟아지게 되는 것입니다.

영혼을 거스려 싸우는 육체의 정욕을 제거하십시오. 그 때 생수의 강이 넘치고 세상을 이기는 능력이 나타나게 될 것입니다.

다음 세 가지를 행할 때 세상에서 승리할 수 있다

1. 세상 누구보다 예수님을 더욱 사랑하라.
2. 죄 짓는 아픔을 뼈저리게 느껴라.
3. 자아를 깨부숴라.

물질, 체면, 명예로부터의 자유를 누리는 비결

우리가 바라보아야 할 곳은 하나님의 나라임을 상기하자. 의식주 자체에 얽매이는 삶은 결코 우리를 자유롭지 못하게 한다. 그 문제의 쇠사슬이 나를 칭칭 감을 것이다. 이러한 삶의 굴레로부터 벗어나는 방법은, 하나님의 나라와 의를 구하는 길뿐이다. 먼저 그의 나라와 의를 구하라. 그리하면 모든 것을 우리에게 더하신다. 이것이 하나님이 우리에게 하신 약속의 말씀임을 기억하라.

삶의 갈등을 해결하려면

하나님 나라가

임하는 체험을 해야 어떤 삶의 갈등도

해결할 수 있습니다.

우리가 살고 있는 이곳에서

열매를 맺어야 우리 삶이 풍요로워지고,

악의 세력이 떠나는 체험을 하게 됩니다.

살다보면 삶이 갈등의 연속이라는 것을 알게 됩니다. 이러한 갈등은 우리의 삶을 값지게 할 수도, 피폐하게 할 수도 있습니다. 삶의 갈등이 해결되기를 원치 않는 사람은 아무도 없을 것입니다. 아마 가장 복을 많이 받은 사람은 갈등이 해결된 사람일 것입니다. 하나님이 주시는 최고의 은혜는 삶의 갈등이라는 딜레마가 해결되는 것이기 때문입니다. 이 문제가 해결된 사람이 진정한 예수쟁이가 될 수 있습니다.

포도원 농장의 비밀

어떤 사람이 포도원 농장을 만들고 농부들에게 세를 주고 멀리 떠났습니다. 열매를 거둘 철이 가까이 왔을 때에, 그는 그 소출을 받으려고 자기 종들을 농부들에게 보냈습니다. 그런데 농부들은 그의 종들을 잡아서 하나는 때리고, 하나는 죽이고, 하나는 돌로 쳤습니다. 그러자 주인이 와서 심판하였습니다. 이 비유를 하시고 예수님은 다음과 같이 말씀합니다.

> "그러므로 내가 너희에게 이르노니 하나님의 나라를 너희는 빼앗기고 그 나라의 열매 맺는 백성이 받으리라"(마 21:43).

이 말은, 하나님의 나라는 열매 있는 사람에게 주시고, 열매 없는 사람은 빼앗기게 된다는 것입니다. 우리 신앙의 목적은 하나님 나라를 소유하는 것입니다. 하나님의 나라가 우리 삶의 종착역이고 우리가 도달해야 할 궁극적인 목적입니다. 우리는 이 하나님의 나라를 소유해야 하고 누려야 합니다. 예수님은 유대인들에게 "하나님의 나라가 그냥 주어지지 않고 그 나라의 열매를 맺는 자에게 주어진다"고 말씀하셨습니다.

하나님의 나라는 "여기에, 지금, 나에게" 임해 있습니다. "여기에"라는 것은 장소를, "지금"은 때를, "나에게"는 대상을 말합니다. 우리는 이 세 상황을 이해해야 합니다. 직장문제, 남편문제, 아내문제, 자녀문제가 중요하긴 하지만 그것보다 더 중요한 것은 "하나님의 나라는 여기 임했다"는 사실을 인식하는 것입니다. 하나님 나라가 임하는 체험을 해야 어떤 삶의 갈등도 해결할 수 있습니다. 하나님 나라를 체험하지 못하면 삶의 문제 때문에 거기에 빠져 허우적댈 수밖에 없습니다.

하나님 나라는 여기에 있기에 열매를 맺을 수 있습니다. 우리가 살고 있는 이곳에서 열매를 맺어야 우리 삶이 풍요로워지고, 악의 세력이 떠나는 체험을 하게 됩니다. 그러나 이 열매는 억지로 맺는 것이 아닙니다. 여기에도 원리가 있습니다.

하나님 나라의 열매를 맺는 데에는 첫째, 삶의 자세(성향)에 대한 열매가 있어야 합니다. 둘째, 인격(성격)에 대한 열매가 있어야 합니다. 셋째, 사역(능력)에 대한 열매가 있어야 합니다. 이 세 부분에 대한 열매가 맺혀져야 능력이 나타나게 되는 것입니다.

성향의 열매

성향의 열매는 겸손을 말한다

겸손은 이 세상에서는 존재하지 않습니다. 겸손은 하나님 나라의 열매입니다. '태어나면서부터 겸손하다'는 식의 말은 위장된 것입니다. 예수님은 "나는 온유하고 겸손하니"라고 말씀하셨습니다. 이것은 하나님의 속성을 받은 삶의 자세입니다. 겸손은 자기 위치를 아는 데서부터 옵니다. 즉 '내가 어떤 자인가, 어떤 위치에 서 있는가'라고 자문해 볼 때 '내가 피조물이다'라는 자각을 갖게 되는 것을 말합니다. 피조물은 스스로 살 수 없습니다. 하나님께 매달려야 합니다. 성경에서는 하나님께 매달리는 사람이 겸손하다고 말하고 있습니다. 그러므로 겸손한 사람은 기도하는 사람입니다. '스스로 살 수 없는 자'라는 깨달음이 오면 하나님께 매달리게 됩니다.

하나님 나라의 열매를 맺으면 기도는 '되어지는' 차원으로 나갑니다. 기도가 되면서부터 우리들은 귀한 자가 됩니다.

성향의 열매는 섬김을 말한다

이 땅의 사람은 섬길 줄 모릅니다. 섬김을 받으려고만 합니다. 섬기면서도 비굴한 생각을 갖고 있으면 그것은 아첨입니다. 남을 섬길 때 기쁨과 감사를 누려야 합니다. 진정한 마음, 감사한 마음으로 섬길 수 있음은 하나님의 은혜입니다. 큰 자일수록 작은 자를 섬기게 되는 것입니다. 섬기는 사람은 그러므로 큰 사람이라는 뜻입니다.

예수님은 "나는 섬김을 받으러 온 것이 아니라 섬기러 왔다"고 하셨습니다. 세상은 약자가 강자를 섬깁니다. 그러나 진정한 강자는 약자를 섬기는 사람입니다. 우리는 예수님의 이러한 가르침을 마음에 새겨 섬기는 사람이 되어야 할 줄로 믿습니다.

성향의 열매는 헌신을 말한다

이는 내 것을 남에게 주는 것, 바치는 것을 말합니다. 헌신은 섬김보다 더 발전된 단계입니다. 예수님은 피 한방울 남김없이 우리에게 주셨습니다. 죄가 없으심에도 우리를 위해 십자가를 기꺼이 지신 것입니다. 하나님 나라를 체험하게 되면 예수님의 길을 가게 됩니다. 남에게 주면 하나님이 더 풍족하게 채워주십니다. 긁어모으는 데에만 집중하면 헌신하는 삶을 절대 살 수 없고, 오히려 악한 냄새만 풍길 뿐입니다.

이렇게 겸손, 섬김, 헌신 이 세 가지가 하나님 나라의 열매를 맺을 수 있는 밑받침이 되는 것입니다. 이것은 삶의 자세입니다. 우리가 마음먹고 매달리기만 하면 행하시는 분은 하나님이십니다. 우리의 마음을 하나님께로 돌리면 하나님이 행하게 하십니다.

성격의 열매

갈라디아서 5장 22-23절에서 "오직 성령의 열매는 사랑과 희락과 화평과 오래 참음과 자비와 양선과 충성과 온유와 절제니 이같은 것을 금지할 법이 없느니라"라고 말씀하십니다. 하나님의 사랑이 우리 안에 오면 기쁨과 평화가 오고, 오래 참으면 마음속에 착하고 온유한 것을 그리게 됩니다. 이런 식으로 연결이 되어 복을 받게 됩니다. 이런 열매는 성령의 충만함을 받아야, 즉 그분의 지배를 받아야 가능합니다.

사역의 열매

사역의 열매는 전도의 열매를 말합니다. 전도는 성격이 소심하다거나 말재주가 없다거나 공부를 못했다는 것과는 상관이 없습니다. 전도의 열매는 하나님이 맺게 해 주십니다. 역으로, 하나님의 나라가 내게 오지 않으면 전도가 되지 않습니다.

물질의 열매도 필요한 자에게는 반드시 맺게 되어 있습니다. 하나님의 일을 하여야 하기 때문에 하나님이 주십니다. 몸이 아프면 아무것도 못하기 때문에 건강의 열매도 주십니다. 예수만 믿으면 강건해집니다. 은사의 열매도 맺게 되어 재주꾼이 되고, 가르치게 되는 역사가 일어납니다. 이런 사역의 열매를 체험해야 하나님 나라가 임했다는 것을 알 수 있는 것입니다.

그렇다면 결론적으로 누가 이런 열매를 맺을 수 있습니까? 씨는 말씀이고 밭은 영성입니다. 하나님 말씀이 영적이기 때문에 내 심령이 영적으로 되어야 합니다. 천국토양을 가진 사람이 열매를 맺을 수 있습니다. 그러기에 옥토를 가져야 합니다. 이는 십자가를 통과할 때 가능합니다. 십자가는 사형틀입니다. 죽음을 체험하는 곳입니다. 우리는 죽음을 통과해야 합니다. 이것이 기독교의 마지막 과정이자 결론입니다.

우리는 무엇을 '해달라, 이루어달라' 는 식의 기도만을 해서는 안 됩니다. '나를 죽여주소서!' 라는 기도를 해야 합니다. '나' 가 고정되어 있기 때문에 삶 곳곳에 문제가 생기는 것입니다. 나의 자아가 죽을 때 삶의 갈등이 해결된다는 사실을 인지하십시오.

하나님 나라를 체험해야 한다

자아가 죽는 것은 참 어렵습니다. 그러나 믿음을 가질 때 자아를 죽일 수 있습니다. 자기 스스로 되는 것이 아니라 은혜로, 예수를 믿음으로 되는 것입니다. 동시에 모든 문제가 해결되는 것은 하나님 나라가 임할 때입니다. 현세와 내세 사이에는 죽음의 터널이 있습니다. 하나님의 나라는 죽음 후에 올 나라입니다. 죽어야만 모든 문제는 해결됩니다. 그러나 현세에 있으면서 하나님 나라를 끌어들일 수는 있습니다. 그것은 영적 죽음으로 가능합니다.

'예수가 나 대신 죽었다' 는 사실을 받아들임으로 말미암아 이 하나님의 나라는 내 속에 들어올 수 있습니다. 이것이 성경에서 말하는 구원입니다. 이 구원을 여기서 누려야만 하나님 나라가 온 것이고, 모든 문제는 해결될 것입니다. 이것은 이론이 아니라 실제입니다. 이 진리에 눈을 떠야 합니다. 여기서 하나님 나라를 체험해야 천국에 갈 수 있는 것입니다.

예수님은 처음에 사람들에게 먹을 양식도 주고, 병도 고쳐주셨습니다. 그러나 그것만으로 해결될 일이 아니기에 제자들을 데리고 죽음의 동산으로 가신 것입니다. 예수님은 자신이 장로들과 대제사장과 서기관들에게 고난을 받고 죽으실 것을 말씀하셨습니다(마 16:21). 그 후 예수님은 제자들을 변화산으로 이끌고 가십니다. 그곳에서 예수님은 변형되어 얼굴이 해같이 빛나고 옷이 빛과 같이 희어지고 모세와 엘리야로 더불어 말씀하셨습니다. 그러한 황홀한 체험은 수난 예고로 의기소침해 있던 제자들에게 소망을 불어넣어주었습니다. 이땅에서 하나님 나라를 체험하는 것은 이와 같은 것입니다. 하나님 나라를 체험하게 되면 소망을 얻게 되고, 살아가는 힘을 얻게 됩니다. 하나님나라의 완성은 예수님의 재림 때에 이루어질 것이지만 말입니다.

우리가 천국토양을 가졌을 때 내 속에 하나님 나라가 옵니다. 옛사람은 죽고 새사람이 된 것입니다. 사도 바울은 이 진리를 깨달았기에 "그런즉 누구든지 그리스도 안에 있으면 새로운 피조물이라 이전 것은 지나갔으니 보라 새 것이 되었도다"(고후 5:17)라고 고백한 것입니다. 그러한 사람으로 살아갈 때 승리하는 삶을 살게 됩니다.

우리가 천국토양을 갖기 위해서 먼저, 행복은 하나님이 주신다는 깨달음을 얻어야 합니다. 예수님이 나 대신 죽으셨다는 사실을 받아들이는 믿음이 있어야 하는 것입니다. 그리고 실천해야 합니다. 이는 기도로 계속 죽는 것을 체험해야 함을 의미합니다.

　우리는 자아를 죽이고 예수님을 좇는 삶을 살도록 노력해야 합니다. 이렇게 노력하다 보면 예수가 내 속에 살아나고 내 토양이 바뀌게 됩니다. 다른 사람을 변화시키려 할 것이 아니라 내가 변하면 됩니다. 나 자신만 바꾸면 어떤 문제도 극복할 수 있습니다. 모든 것은 시간문제입니다. 지금 우리가 가져온 문제가 아무것도 아니라는 깨달음이 올 때까지 기도하시기 바랍니다. 이것이 성경이 말하는 하나님 나라가 내 속에 오게 하는 비결입니다.

하나님 나라가 임하는 체험을 하라

예수를 믿기만 하면 하나님 나라가 '여기에, 지금, 나에게' 임한다. 하나님 나라가 있기에 우리는 삶의 열매를 맺을 수 있는 것이다. 하나님 나라가 임하는 체험을 하면 우리 삶이 풍요로워지고 악의 세력이 떠나는 체험을 하게 된다. 하나님 나라의 확장을 위해 기도하라. 그리고 전도하라. 확장의 기쁨을 체험하라.

나 자신이 변해야 다른 사람이 변한다

우리는 어려운 일이 생길 때 그 환경에만 집중한다. 나 자신은 꿈쩍도 하지 않은 채 다른 사람이 변하길, 환경이 움직여주길 기대한다. 중요한 것은, 나 스스로의 변화가 있어야 한다는 것이다. 나 자신이 변하지 않으면 어떤 것도 변하지 않는다.

자아를 죽이라! 그리고 예수님을 좇는 삶을 살도록 노력하라. 그럴 때 예수가 내 속에서 살아나고 나의 성향이 바뀌게 되며 어떤 삶의 문제도 극복할 수 있게 된다.

신앙의 결실을 맺으라

우리의 마음밭이 씨와

성질이 같아야 옥토가 됩니다.

우리의 마음밭의 소망이 천국에 있어야 합니다.

말씀이 영적이므로 받는 자도 영적이 되어야 합니다.

영적인 데에 관심이 많아야 하는 것입니다.

"은혜 받았다"는 것은 다시 말해 "힘을 얻었다"는 의미입니다. 은혜는 힘이라고 정의할 수 있는데, 은혜가 없으면 우리는 영적인 일을 할 수 없습니다. 하나님의 일은 하나님이 주신 힘으로 하는 것이기에 영적인 힘을 받지 못하면 우리는 패배할 수밖에 없습니다.

예수님은 자신을 빛이라고 하셨고, 주님과 함께 다니는 자는 어둠에 빠지지 않는다고 하셨습니다. 우리는 주님과 동행해야만 온전한 신앙 생활을 할 수 있습니다.

성경은 신앙을 농사에 비유하고 있습니다. 신앙생활은 영적 농사를 짓는 것입니다. 수확기에 풍성한 열매를 거둘 수 있어야 하듯이 신앙생활에도 반드시 열매가 있어야 합니다.

"너희가 내 안에 거하고 내 말이 너희 안에 거하면 무엇이든지 원하는 대로 구하라 그리하면 이루리라 너희가 과실을 많이 맺으면 내 아버지께서 영광을 받으실 것이요 너희가 내 제자가 되리라"(요 15:7-8).

예수님은 포도나무 비유를 들어 예수님의 제자라면 누구든지 열매를 맺을 수밖에 없다고 말씀하셨습니다. 예수님의 제자는 예수님처럼 사는 사람이고, 그렇게 예수님을 따라 사는 사람은 영적, 육적 열매를 맺게 되어 있는 것입니다 예수님을 따라 살지 않으면 열매를 맺을 수 없습니다.

열매의 기준은 예수님을 본받아 사는가 그렇지 않은가에 달려 있습니다. 우리는 열매를 맺되 풍성하게 맺어야 하겠습니다. 열매가 없는 사람은 땅만 버립니다. 그러면 농부의 마음이 아플 수밖에 없습니다.

성경은 열매 맺는 조건을 밭에 비유하고 있습니다. 이것을 다른 말로 하면, 밭이 좋아야 한다고 말할 수 있습니다. 그 네 가지 밭은 길가, 돌밭, 가시떨기, 좋은 땅입니다. 이 네 밭의 특성을 배우고 나면 나는 과연 어느 밭인지 알 수 있을 것입니다. 우리는 두말할 나위 없이 좋은 땅이 되어야 하겠습니다. 그렇게 될 때 많은 열매를 맺을 수 있기 때문입니다. 그러나 그런 결실을 맺기 위해서는 우선 세 가지 전제조건이 있습니다.

좋은 결실을 맺기 위한 조건

씨가 필요하다

이 씨는 천국말씀을 의미합니다.

> "아무나 천국 말씀을 듣고 깨닫지 못할 때는 악한 자가 와서 그 마음에 뿌리운 것을 빼앗나니 이는 곧 길가에 뿌리운 자요"(마 13:19).

위의 구절에서 알 수 있듯이, 이 말씀의 성질은 천국말씀입니다. 이는 우리 신앙의 목표가 세상에 있지 않고 천국에 있다는 것을 말해 주고 있습니다. 씨의 성질 자체는 천국말씀이라는 것을 이해해야 합니다. 이 땅의 것에 목표를 삼으면 열매가 없다는 것을 깨닫기를 원합니다. 좋은 땅은 씨와 성질이 같은 땅입니다. 또, 좋은 땅은 씨의 성질을 이해해야 합니다. 근본적인 내 삶의 성향이 천국을 목표로 해야 하는 것입니다. 내 영성이 천국에 맞추어 있지 않으면 말씀이 삶 속에 들어오지 않게 됩니다. 그러므로 분명한 깨달음과 결단이 필요합니다. 이런 결단이 있은 후에는 목숨을 거는 체험이 와야 합니다. 그래야 그 다음부터 열매를 얻게 되는 것입니다.

세상과 믿음이 뒤범벅되어서는 아무리 오래 믿어도 열매가 없습니다. 주님은 포도나무 비유를 들면서 "귀 있는 자는 들으라"고 하셨습니다. 이는 '깨달은 자는 들으라' 는 뜻입니다. 목회를 할 때도 낙심할 때가 많이 있습니다. 혼돈될 때가 있습니다. 그러나 기도하면 그것이 정리됩니다. 안개와 같은 혼돈이 걷히고, 분명하게 현상을 바라볼 수 있게 됩니다. 다시 소망을 갖게 되고 힘을 얻게 됩니다. 신앙의 목표가 천국인 것을 깨닫게 되는 것입니다.

하나님의 말씀을 지속적으로 듣는 자세가 필요하다

"그런즉 씨 뿌리는 비유를 들으라 아무나 천국 말씀을 듣고 깨닫지 못할 때는 악한 자가 와서 그 마음에 뿌리운 것을 빼앗나니 이는 곧 길가에 뿌리운 자요 돌 밭에 뿌리웠다는 것은 말씀을 듣고 즉시 기쁨으로 받되"(마 13:18-20).

"가시떨기에 뿌리웠다는 것은 말씀을 들으나 세상의 염려와 재리의 유혹에 말씀이 막혀 결실치 못하는 자요 좋은 땅에 뿌리웠다는 것은 말씀을 듣고 깨닫는 자니 결실하여 혹 백 배, 혹 육십 배, 혹 삼십 배가 되느니라 하시더라"(마 13:22-23).

이렇게 열매를 맺는 것은 듣는 것에 따라 다릅니다. 그런데 우리는 듣는 것에 약하고 말하는 것에 강합니다. 그것이 문제입니다. 열매를 맺는 처음 자세는 듣는 데에서 시작합니다. 영적 말씀을 제대로 듣는 가가 중요한 것입니다.

신앙생활에서 가장 문제가 되는 것은 들으려 하지 않는다는 것입니다. 일 주일에 한 번 교회에 출근하듯 와서는 예배를 드리고 그냥 돌아갑니다. 그리고 세상 속에서 세상 사람들과 똑같이 삶을 살아갑니다. 그렇게 하나님의 말씀에 귀를 막아버리면 신앙생활을 도저히 할 수 없습니다. 신앙의 승리는 나름대로 듣는 방법을 개발하는 데 있습니다.

이스라엘의 신앙원리는 '쉐마'입니다. 이는 유대인 최고의 교육원리로, '들으라'는 뜻입니다. 신명기 6장 4-9절 말씀을 보면 그것을 알 수 있습니다.

"이스라엘아 들으라 우리 하나님 여호와는 오직 하나인 여호와시니 너는 마음을 다하고 성품을 다하고 힘을 다하여 네 하나님 여호와를 사랑하라 오늘날 내가 네게 명하는 이 말씀을 너는 마음에 새기고 네 자녀에게 부지런히 가르치며 집에 앉았을 때에든지 길에 행할 때에든지 누웠을 때에든지 일어날 때에든지 이 말씀을 강론할 것이며 너는 또 그것을 네 손목에 매어 기호를 삼으며 네 미간에 붙여 표를 삼고 또 네 집 문설주와 바깥 문에 기록할지니라."

그들이 1등 국민이 되고 세계를 지배하게 된 것은 하나님의 말씀 듣기에 그렇게 열심이었기 때문입니다. 목회자의 최대 약점은 듣는 시간이 별로 없고 반면에 너무 많이 말해야 한다는 데 있습니다. 하나님 앞에 나아가 기도하고 하나님의 말씀을 듣는 것은 매우 중요합니다. 하나님의 말씀을 듣지 못하면 성령께서 역사하지 못하십니다.

이렇게 신앙생활의 승패는 듣는 것에 달려 있습니다. 듣지 않으면 끝나는 것입니다. 들을 때에 우리의 심령에 감동이 옵니다. 회개하게 되는 것입니다. 하나님을 만나는 사건, 그런 체험은 그냥 오는 것이 아닙니다. 말씀을 들어야 하는 것입니다.

깨달음이 필요하다

이것이 가장 어렵습니다. 말하는 자와 만나서 그와 동질이 된다는 것, 그의 감정과 인격에 동화된다는 것이 중요합니다. 이는 주님 안에서 그분과 같이 동화되고 하모니를 이루는 것을 말합니다. 그분과 같은 생각, 같은 감정을 공유할 때 깨달았다고 하는 것입니다. 이것은 전적으로 성령의 역사로만 이루어집니다. 성령을 받으면 내가 성경 속에서 살아가는 체험을 하게 됩니다. 예수님의 제자 속에 속해 있는 체험을 합니다. 이것은 피상적인 이야기가 아닙니다. 우리는 이러한 경지까지 가도록 기도해야 합니다.

풍랑이 이는 바다의 배 속에서 예수님은 주무십니다. 우리들도 그 속에 있습니다. 그 배 속에 내가 타고 그 기분을 느낍니다. 풍랑이 덮쳐오자 제자들이 "주님, 왜 주무십니까" 묻고 예수님을 깨웠습니다. 그때 예수님은 바다를 잔잔케 하시고 제자들의 믿음 없음을 책망하십니다. 우리들도 그 책망을 함께 듣습니다.

내가 베드로였다면, 나도 저렇게 말만 앞세우고 뒷감당은 못하고, 결정적인 순간에 이르러서는 주님을 배신하였으리라… 성경을 묵상하는 동시에 그런 것을 깨닫는 것입니다. 그런 감동을 갖고 눈물과 회개와 감격과 용서와 기쁨을 체험하는 것입니다. 이것이 바로 성경이 말하는 '깨달았다' 는 의미입니다. 거듭 강조하거니와 우리는 그런 수준을 설정해 놓고 기도해야 하는 것입니다.

이제 밭에 대해 알아보고자 합니다. 길가 밭, 돌밭, 가시떨기 밭, 좋은 밭 등 4종류의 밭이 있습니다. 우리는 이 4가지 밭 중 한 군데에 속해 있습니다. 말씀을 보면서 스스로를 점검해 보시기 바랍니다.

길가 밭-천국에 관심 없는 사람

길가는 사람들이 많이 다니는 곳입니다. 우선 예수님이 이 밭을 어떻게 해석했는지 살펴보도록 하겠습니다.

"아무나 천국 말씀을 듣고 깨닫지 못할 때는 악한 자가 와서 그 마음에 뿌리운 것을 빼앗나니 이는 곧 길가에 뿌리운 자요"(마 13:19).

길가의 특성은 씨를 다 빼앗긴다는 것입니다. 새가 다 쪼아먹기에 가을이 와도 수확이 없습니다. "아무나 천국 말씀을 듣고 깨닫지 못할 때는"이라는 말씀에서의 사람은 깨달으려 하지 않는 자를 말합니다. 다시 말해 천국말씀에 관심이 없다는 것입니다. 그러기에 사탄이 씨를 다 빼앗아간다는 말입니다. 세상과 너무 많이 접했기에 천국에 관심이 없습니다. 말씀에 관심이 없습니다.

우리가 새벽기도를 가고 철야기도를 가고, 말씀을 읽고 찬양을 하는 이유 중 하나는 세상과 단절하기 위함입니다. 누가 목회를 잘한다고 할 수 있는지 아십니까? 그것은 어떻게 하면 성도를 세상과 접하지 못하게 하는가 하는 것을 잘 알고 이를 실천케 하는 목사입니다. 세상과 접하지 못하게 해야 그 사람이 천국에 관심을 갖게 되어 있습니다. 세상과 많이 접할수록 그 사람은 하나님 말씀에 관심이 없습니다. 말씀을 다 빼앗기고 나면 우리에게 무엇이 남겠습니까? 은혜의 말씀을 계속 들어야만 거기에 끌리게 되는 것입니다. 늘 그런 상태를 유지하기 위해 우리는 자신을 컨트롤해야 합니다. 영적 감각이 있어야 합니다. 자신의 영적 상태를 살펴 길가 밭의 상태를 탈출해야 합니다.

돌 밭-받은 말씀 때문에 시험드는 사람

이는 제일 해결하기 어려운 밭입니다. 돌밭은 흙이 얇다는 것이 특징입니다. 처음에는 흙이 있어서 좋지만 뿌리가 돌에 걸리면 더 이상 뿌리를 내리지 못하게 됩니다. 그래서 그 뿌리가 위로 올라오게 되니까 바깥으로 튀어나오기 마련입니다. 그 위에 햇빛이 쪼이므로 곧 마르게 되는 것입니다. 이는 처음에는 기쁨으로 말씀을 받되 그 말씀 때문에 시험에 드는 사람입니다. 그런 사람은 자기뿐 아니라 남도 같이 넘어지게 합니다.

우리는 교만을 주의해야 합니다. 죄와 욕망과 자아는 교만하게 만드는 걸림돌입니다. 이렇게 넘어지게 되면 죄를 회개하지 않을 뿐더러 오히려 죄를 합리화하게 됩니다. 하나님을 믿되 자기 욕망을 이루려는 이기주의적 욕망, 탐심은 큰 문제를 일으킵니다. 그러므로 우리는 자아가 깨어지도록 기도해야 하며, 죄를 회개해야 합니다. 하나님 앞에서 어린아이처럼 되는 것이 가장 중요합니다.

민족의 위대한 지도자 조만식 장로와 주기철 목사의 예화가 전해져 내려오고 있습니다. 어느 날 장로님이 예배에 5분 늦었습니다. 주 목사님이 꾸짖으며 그 자리에서 손을 들고 서 있으라고 하자, 그분은 예배가 끝나기까지 그 말씀에 순종했다는 것입니다. 그 목사님에 그 장로님 아닙니까? 여기서 우리가 배워야 할 가장 중요한 점은 하나님 앞에서의 순종입니다. 어린아이가 되는 비결을 배워야 복을 받게 되는 것입니다.

가시떨기 밭-두 마음을 품은 사람

가시떨기 밭은 돌밭의 문제가 해결되면 더불어 같이 해결되게 되어 있습니다. 이 밭에 대한 예수님의 해석을 보겠습니다.

> "가시떨기에 뿌리웠다는 것은 말씀을 들으나 세상의 염려와 재리의 유혹에 말씀이 막혀 결실치 못하는 자요"(마 3:22).

주변에 다른 나무가 많이 있으므로 그 사이에 씨가 떨어져도 함께 나눠 먹어야 하기에 영양분이 부족하게 됩니다. 이는 두 마음을 갖고 있음을 말합니다. 이렇게 마음이 나눠지면 힘이 없습니다. 두 마음을 품은 사람은 바람에 요동하는 물결 같습니다. 자기의 욕망과 뜻을 이루려고 하나님을 믿기 때문에 두 마음이 생기는 것입니다.

우리는 이런 과정을 다 지나가고 있습니다. 우리 속에 이런 마음들이 있습니다. 그러나 하나님을 위한 것이라면 우리는 아무 것도 염려할 필요가 없습니다. 하나님을 배제한 채 자기의 욕망, 뜻을 이루려는 마음 때문에 염려하는 것입니다. 그런 것이 열매를 맺지 못하게 하는 잡초입니다. 돌밭이 해결되면 이런 잡초는 저절로 해결될 수 있습니다. 평생을 열심히 살아도 하나님을 배제한 채 이루어놓은 나의 욕망은 헛되고 헛됩니다. 우리는 나를 향한 하나님의 선하신 뜻을 이루어야 합니다. 순수하게 그런 믿음을 가질 때까지 우리는 기도해야 합니다.

좋은 땅-천국에 소망이 있는 사람

"좋은 땅에 뿌리웠다는 것은 말씀을 듣고 깨닫는 자니 결실하여 혹 백 배, 혹 육십 배, 혹 삼십 배가 되느니라 하시더라"(마 13:23).

'말씀을 듣고 깨달았다' 는 것은 쉽게 이야기해서, 씨와 같은 속성을 가진 땅이라고 할 수 있습니다. 우리 나라의 씨가 미국에서 자라기는 힘이 듭니다. 씨와 땅의 성질이 같아야 잘 자랄 수 있습니다. 마찬가지로 우리의 마음밭이 씨와 성질이 같아야 옥토가 됩니다. 우리의 마음밭의 소망이 천국에 있어야 합니다. 말씀이 영적이므로 받는 자도 영적이 되어야 합니다. 영적인 데에 관심이 많아야 하는 것입니다.

우리가 주님을 위해 살기를 원한다면, 모든 것이 주님의 것이라는 인식이 필요합니다. 이러한 생각을 가질 때 피곤치 않습니다. 자식을 키우는 것도 하나님을 위해 키우는 것이며, 청소를 하는 것도, 전도도, 밥 먹는 것도, 사업을 하는 것도 마찬가지입니다. 모든 일을 하나님을 위해 한다고 생각하면 염려가 없어집니다. 그렇게 될 때 비로소 우리가 좋은 땅이 될 것입니다.

life Guide

신앙의 결실을 맺으려면
1. 천국을 목표로 삶의 성향을 바꾸라.
2. 하나님 말씀을 지속적으로 들어라.
3. 하나님과 같은 생각, 감정을 가지라.

Changing life

세상과 하나님 사이에 양다리 걸치고 있을 때
적당히 신앙생활하고 적당히 세상이 주는 즐거움을 누리며 타협하는 양다리 신자. 하나님의 말씀은 너무 이상적이라 도저히 실천할 수 없다고 규정하고, 하나님의 뜻이 무엇인지 알려고도 하지 않는 사람에게 빛과 소금의 역할은 기대할 수 없다. 오히려 이러한 사람들이 눈살찌푸리게 하는 경우가 많다. 양다리 신자에게 주시는 하나님의 메시지가 있다. "네가 이같이 미지근하여 더웁지도 아니하고 차지도 아니하니 내 입에서 너를 토하여 내치리라"(계 3:16). 주님의 경고를 새겨들어야 할 것이다.

세상과 그리스도인

상 속에서 성도의 위치는 어디에 있으며 어떻게 살아야 승리하는 삶을 살 수 있겠습니까? 인간은 이 세상을 떠나서 살 수 없습니다. 세상이라는 무대에서 부딪치고 그 속에서 살아야 하는 것입니다. 그러므로 자연히 갈등이 생기게 됩니다. 이 갈등을 이기지 못하면 그것이 고난이 되고 고통과 실패도 되는 것입니다.

문제는, 어떻게 우리가 이러한 갈등을 극복해 나갈 수 있는가에 있습니다. 여기에 우리의 바른 신앙이 필요합니다.

갈등에 따른 사람들의 대처방법도 다양합니다. 어떤 사람은 세상을 포기하고 산이나 기도원 같은 데서 삽니다. 그러나 그렇다고 갈등이 없는 것은 아닙니다. 왜냐하면 이 모습이 성경이 원하는 신앙은 아니기 때문입니다. 무조건 세상에 대해 배타적이고, 세상이 악하니까 버려야 한다는 식의 논리는 맞지 않습니다.

한때는 수도원, 기도원 운동에서 신령하고 신비한 부분이 발견되기도 했습니다. 그러나 제가 이스라엘에 가서 모세의 떨기나무가 있던 자리에 세워진 수도원을 방문했을 때 다시 한번 이 문제를 생각해 보지 않을 수 없었습니다. 그곳에는 원래 출구가 없었다고 합니다. 들어가는 문만 있고 나오는 문은 없다는 것입니다. 음식물 공급 같은 것도 수도원 꼭대기에서 내린 두레박으로 조달했다고 합니다. 한 번 들어가면 죽을 때까지 그곳에서 살아야 하는 것입니다. 지금도 그곳엔 수도하는 사람들이 많이 있습니다. 그들의 모습에는 경건미는 있으나 생동감이라든가 기쁨 같은 것은 찾아볼 수 없었습니다. 세상을 질시하는 그들의 눈빛을 바라보면서 보이지 않는 벽을 느낄 수 있었고, 경건해 보이기는 하지만 참 그리스도인다운 모습은 아닌 것 같았습니다.

우리도 가끔 기도원 같은 곳에서 우리의 지친 영육을 재충전받습니다. 그러나 그곳에 틀어박혀 사는 것은 하나님이 원하시는 모습과는 거리가 먼 것입니다.

성공적인 신앙인이란?

저는 성공적인 성도란 갈등없이 신앙생활하는 사람이라고 정의하고 싶습니다. 목회자도 마찬가지입니다. 갈등없이 목회를 하는 사람이 성공적인 목회자라고 말하고 싶습니다. 무조건 큰 교회를 지향하는 시각은 잘못된 것입니다. 문제는 아직도 세상을 벗어나지 못하는 데 있습니다. 지위가 낮아도 성공한 성도가 있고, 지위가 아무리 높아도 실패한 성도가 있을 수 있습니다. 갈등 없이 신앙생활하고 직장생활을 할 때 그는 자기의 일을 감당할 수 있는 사람이 됩니다. 무슨 일에도 만족을 느끼고 보람과 기쁨을 느낍니다. 갈등을 극복하지 못하면 굉장한 일을 한 것 같아도 실제로는 아무것도 아닙니다. 내 속에 있는 신앙, 삶의 갈등을 얼마나 극복할 수 있느냐 하는 것이 성공의 척도인 것입니다. 갈등을 해결하는 만큼 능력과 기쁨과 만족이 올 수 있습니다. 그렇지 못하면 병들게 되고 얼마 가지도 못합니다.

그래서 세상과 성도의 관계를 잘 이해해야 합니다. 아무리 큰 교회의 목사라 할지라도 갈등이 있으면 실패한 것이고, 시골이나 섬에서 몇 안 되는 성도와 함께 목회를 한다 할지라도 갈등이 없으면 성공한 목회자입니다. 이런 초점을 가지고 있지 못하면 자기 자리를 찾지 못하게 됩니다. 우리 속에 되어지는 이 모든 관계를 바로 깨달아야 합니다.

세상을 배타하는 것은 전혀 기독교적이 아닙니다. 그렇다고 해서 세상을 바꾸려 현실주의를 찬미하는 것도 참된 기독교와는 거리가 멀다고 볼 수 있습니다.

그렇다면 세상과 그리스도인과의 참다운 관계는 무엇이겠습니까? 그리스도인은 다음 세 가지를 알고 있어야 합니다.

그리스도인은 세상에 대해 알아야 한다

제일 중요한 것은 "안다는 것(그노시스)"입니다. 이는 지식으로 안다는 것과 다릅니다.

"하나님께로서 난 자마다 범죄치 아니하는 줄을 우리가 **아노라**…… 또 **아는** 것은 우리는 하나님께 속하고 온 세상은 악한 자 안에 처한 것이며 **또 아는** 것은 하나님의 아들이 이르러 우리에게 지각을 주사 우리로 참된 자를 **알게** 하신 것과……"(요일 5:18-20).

이 성경구절에서는 '안다' 는 말이 여러번 나오고 있습니다. 그리고 요한복음 17장 3절에도 '아는 것' 에 대한 중요한 진리를 가르쳐 주고 있습니다.

"영생은 곧 유일하신 참 하나님과 그의 보내신 자 예수 그리스도를 아는 것이니이다."

이 모두는 지식적으로가 아니라 체험적으로 하나님을, 주님을 만났다는 것을 말해주고 있습니다. 가령 어떤 사람을 안다는 것은 천태만상일 수 있습니다. 단순히 옆집에 살아서 아는 것, 친구로 아는 것, 형제로서 아는 것과 부부로 아는 것은 각각 다 다릅니다. 어떤 관계로 아는 것이 가장 정확합니까? 그 사람을 실제로 아는 것은 부부관계로 아는 것이 가장 정확할 것입니다. 하나님을 아는 것도 마찬가지입니다. 주님과 결혼했다는 것으로, 연합했다는 의미에서 아는 것을 말합니다. 인격적 존재와 결합해서 아는 것입니다. 그렇게 알 때 영생을 아는 체험을 하게 됩니다.

우리가 세상에 대해서 알아야 한다고 말할 때 많은 사람은 그저 환상적, 감상적으로 말하기 쉽습니다. 그러나 우리는 성경에서 말하는 의미를 확실하게 깨달아야 합니다.

성경에서는 세상을 '코스모스'와 '아이온'으로 표현합니다. '코스모스'는 말 그대로 '세상'이고 '아이온'은 '세대'를 말합니다.

이 둘의 차이를 성경을 근거로 찾아보기로 하겠습니다.

> "또 아는 것은 우리는 하나님께 속하고 온 세상은 악한 자 안에 처한 것이며"(요일 5:19).

"악한 자"는 사탄을 말합니다. 우리는 하나님께 속한 자이므로 세상과 성도는 절대 결합할 수 없습니다. 적당히 세상과 타협하는 성도는 망하는 자입니다. 진정한 의미에서의 그리스도인이 아닙니다. 세상과 성도는 적대관계입니다. 맺어질 수 없습니다. 세상의 속성은 아무리 변하는 것 같아도 아브라함 시대와 다윗 시대 그리고 예수님 시대와 다를 바가 없습니다. 그 겉모습만 자꾸 달리 하는 것입니다. 세상은 하나님을 대적하고 물질을 좋아하고 정욕적인 속성을 갖고 있습니다. 동성연애 같은 것도 이미 6000년 전부터, 아브라함 시대, 소돔과 고모라 시대부터 판을 치고 있었습니다. 그런 악한 일은 인류가 태어나면서부터 있었던 것입니다.

우리가 잘못 생각할 수 있는 부분은, 물질세계를 세상으로 보는 관점입니다. 그러나 세상은 물질세계를 도구로 삼고 있을 뿐입니다. 물질 그 자체는 중성입니다. 겉모습은 시대에 따라 다르지만 세상을 지배하는 원리는 다 같습니다. 하나님을 배반하고, 정욕적이고, 물질적이고, 눈에 보이는 쪽으로 흐르는 것은 다 같다는 것입니다. 그 때마다 모습을 달리 하는 것이 세대입니다. 따라서 세상은 같으나 세대는 다른 것입니다. 예수님을 믿는 우리는 오늘 이 시대를 벗어나야 합니다. 하나님의 자녀가 세상에 끌려다닌다면 참 부끄러운 일이겠지요. 사도행전 2장 40절 말씀은 이 사실을 반증해 주고 있습니다.

> "또 여러 말로 확증하며 권하여 가로되 너희가 이 패역한 세대에서 구원을 받으라 하니."

오늘 우리 시대의 세상은 유행이라든가 풍조, 꿈, 문제, 사회 현상 등으로 나타날 수 있습니다. 우리는 거기에서 벗어나야 하는 것입니다. 로마서 12장 1-2절에서도 다음과 같이 권면하고 있습니다.

> "그러므로 형제들아 내가 하나님의 모든 자비하심으로 너희를 권하노니 너희 몸을 하나님이 기뻐하시는 거룩한 산 제사로 드리라 이는 너희의 드릴 영적 예배니라 너희는 이 세대를 본받지 말고 오직 마음을 새롭게 함으로 변화를 받아 하나님의 선하시고 기뻐하시고 온전하신 뜻이 무엇인지 분별하도록 하라."

유행을 따르는 것 자체가 나쁜 것은 아니지만 우리가 너무 세상 쪽으로 가게 되면 우리 속에 하나님을 모실 수가 없습니다. 하나님과 멀어질 수밖에 없는 것입니다. 세상은 세대의 옷을 입고 우리를 미혹합니다. 세상이 되어가는 모습을 바라보며 실망할 필요가 없습니다. 기독교인이 아무리 많아도 세상은 같기 때문입니다. 세상이 악한 자의 것이기에 변화는 있을 수 없습니다. 우리는 그저 세상에 빠진 자를 구원할 뿐입니다.

세상은 악한 자에게 속해 있고 우리는 하나님께 속해 있으므로 영적으로 다른 것입니다. 그러므로 믿는 사람들은 자기 존재에 대해 늘 자각해야 합니다. 적당히 세상과 타협해서는 안 됩니다. 신앙생활은 목숨 걸고 하는 것입니다.

"너희가 나를 택한 것이 아니요 내가 너희를 택하여 세웠나니 이는 너희로 가서 과실을 맺게 하고 또 너희 과실이 항상 있게 하여 내 이름으로 아버지께 무엇을 구하든지 다 받게 하려 함이니라"(요 15:16).

우리가 주님을 믿는 것은 하나님이 택하셨기 때문입니다.

"내가 이것을 너희에게 명함은 너희로 서로 사랑하게 하려 함이로라"(요 15:17).

주님은 믿는 우리가 서로 사랑해야 한다고 말씀하십니다. 세상을 사랑하는 방법은 없습니다. 누구를 사랑해서 예수님을 믿게 하는 것이 아니라 성령이 역사해서 깨달아야 사람이 예수님을 믿게 되는 것입니다.

"세상이 너희를 미워하면 너희보다 먼저 나를 미워한 줄을 알라"(요 15:18).

영적으로 맞지 않는 것이 얼마나 무서운지 알아야 합니다. 종교전쟁이 그래서 무섭습니다. 이 세상은 엄밀히 말해 종교의 역사와 전쟁의 역사밖에 없습니다.

"그러나 이는 저희 율법에 기록된 바 저희가 연고 없이 나를 미워하였다 한 말을 응하게 하려 함이니라"(요일 5:25).

이유 없이 세상은 하나님을 미워합니다. 갈등 해결의 열쇠는 세상이 얼마나 악한지, 영적으로 다른지를 구별하는 데 있습니다.

그리스도인은 성도에 대해 알아야 한다

성도라 할지라도 신앙이 퇴보하면 반드시 세상에 붙들립니다. 구원은 받았을지 모르나 여전히 세상에 붙들릴 수 있습니다. 그러므로 항상 자기 위치를 찾아야 합니다. 뒤로 물러가 침륜에 빠지는 자가 되면 우리는 쉽게 세상에 빠지게 됩니다. 신앙은 전쟁입니다. 이 세상과 믿는 사람은 언제나 영적전쟁을 합니다.

"하나님께로서 난 자마다 범죄치 아니하는 줄을 우리가 아노라 하나님께로서 나신 자가 저를 지키시매 악한 자가 저를 만지지도 못하느니라"(요일 5:18).

자기 자신이 하나님께 속해 있다는 것을 모르는 성도는 큰 문제입니다. 성도는 하나님이 낳았습니다. 성령으로 우리의 영이 태어난 것입니다. 악한 자가 성도를 만지지도 못한다고 성경은 분명히 말씀하십니다. 날마다 이것을 믿고 확실 가운데 거하십시오. 그래야 죄의 세력에 붙들리지 않습니다. 우리는 이긴 자들입니다. 두려워할 필요가 전혀 없습니다. 병이 오고, 가난이 오고, 환난과 시련이 와도, '나는 이긴 자다' 라는 고백을 해야 합니다. 어려움이 오고 환난이 오면 늘 선포부터 하십시오. '이긴 싸움을 또 해야겠구나' 라고 말입니다. 내 생명이 끝나는 한이 있어도 '나는 천국 간다' 는 믿음이 있으면 됩니다. 우리는 그렇게 강한 자입니다. '나는 하나님께 속한 자다. 내게는 하나님의 생명이 있다. 하나님이 나를 낳았다. 악한 자가 만지지도 못한다. 나는 실패할 수 없다. 환난을 두려워하지 않는다!' 라고 입술로 고백하십시오.
이것을 확인하며 선포하며 이기는 성도가 되십시오. 이것을 계속하면
가난도, 병도, 악한 세력도 다 도망하게 될 것입니다.

그리스도인은 성도의 특권에 대해 알아야 한다

성도는 악한 세상에서 늘 싸움만 해야 합니까? 왜 하나님께서는 이
어려운 세상에 우리를 보내셨겠습니까? 하나님은 우리에게 특별한 선
물을 주셨습니다. 그것은 바로 충만한 기쁨입니다. 세상 속에 살아가
는 성도에게는 충만한 기쁨이 있습니다. 주님은 십자가에서 죽으시면
서도 기쁨과 평안과 온유를 가지셨습니다. 가장 큰 구원의 기쁨, 그것
이 있으므로 순교도 할 수 있는 것입니다. 이 기쁨이 계속 공급되어야
세상과 싸울 수 있습니다. 어려울수록 성도 속에는 기쁨이 있어야 합
니다.

"우리가 이것을 씀은 우리의 기쁨이 충만케 하려 함이로라"(요일 1:4).

"주께서 생명의 길로 내게 보이셨으니 주의 앞에서 나로 기쁨이 충만하게 하시
리로다 하였으니"(행 2:28).

죽어도 주님의 생명의 길로 나아가면 기쁨이 충만합니다. 계속해서
이 기쁨에 대해 말씀해 주고 있는 성경구절을 찾아보겠습니다.

"내가 이것을 너희에게 이름은 내 기쁨이 너희 안에 있어 너희 기쁨을 충만하게
하려 함이니라"(요 15:11).

"지금까지는 너희가 내 이름으로 아무것도 구하지 아니하였으나 구하라 그리하면 받으리니 너희 기쁨이 충만하리라"(요 17:13).

"주 안에서 항상 기뻐하라 내가 다시 말하노니 기뻐하라"(빌 4:4).

이 충만한 기쁨, 그것이 곧 영생입니다. 영생의 줄이 내게 달려 있음으로 날마다 세상과 싸울 수 있는 것입니다. 적이 오면 일단 고통이 따르지만 곧 내면의 기쁨도 옵니다. 이것이 바로 세상을 이기는 유일무이한 방법입니다. 요한복음 16장 33절에서는 이 기쁨을 다른 말로 쓰고 있습니다.

"이것을 너희에게 이름은 너희로 내 안에서 평안을 누리게 하려 함이라 세상에서는 너희가 환난을 당하나 담대하라 내가 세상을 이기었노라 하시니라."

경건한 자는 환난을 당할 수밖에 없습니다. 그러나 하나님은 그 속에서도 기쁨과 평안을 주십니다.

세상과 그리스도인의 조화

그렇다면 성도와 세상의 긴장관계가 어떻게 조화되어야 합니까?
세상이 악하다고 해서 너무 부정적으로 보지 말아야 합니다. 우리는 이 세상 속에 있는 자를 하나님 나라로 인도하는 사명이 있는 사람들입니다. 그 방법에 있어서 착각하지 말아야 할 점이 있습니다. 내가 세상 속으로 들어가서 세상을 바꾸겠다는 것은 잘못입니다. 그것은 교만입니다. 내가 성도의 삶을 살아가면서 세상 사람을 하나님 나라로 끌어내야 합니다. 배타적이 되어서는 안 됩니다. 세상 속에는 구원받을 사람이 많이 있습니다. 그러나 늘 하나님 나라의 삶을 유지하면서 이것을 견지해야 합니다. 그것만이 성도가 세상과 조화를 이루는 길입니다. 이 부분이 잘 조화되어야 실패하지 않습니다. 세상을 부정하면 자기 모순에 빠지지만 그렇다고 뛰어들면 안 됩니다. 하나님 나라의 삶을 살면서 계속 그들을 불러들여야 하는 것입니다.

그렇다면 하나님 나라의 삶을 산다는 것은 무엇입니까?

기쁨이 충만한 것입니다. 주님과 연결되어서 영생의 기쁨이 충만해야 합니다. 그것은 바로 하나님과의 교제, 사귐을 통해서 충만해질 수 있습니다. 이 교제를 잃어버리면 기초, 즉 근거지를 잃어버리게 됩니다.

> "우리가 보고 들은 바를 너희에게도 전함은 너희로 우리와 사귐이 있게 하려 함이니 우리의 사귐은 아버지와 그 아들 예수 그리스도와 함께 함이라 우리가 이것을 씀은 우리의 기쁨이 충만케 하려 함이로라"(요일 1:3-4).

주님 오시는 날까지 우리가 해야 할 사명이 바로 위의 말씀입니다. 이것이 가능할 때 어떤 갈등도 이겨나가며 흔들림없이 그날을 기다릴 수 있는 것입니다.

그리스도인이 반드시 알아야 할 세 가지

1. 그리스도인은 세상에 대해 알아야 한다

세상은 사탄에게 속해 있고, 우리는 하나님께 속해 있으므로 영적으로 다르다. 믿는 우리는 자기 존재에 대해 늘 자각해야 한다. 적당히 세상과 타협해서는 안 되는 것이다.

2. 그리스도인은 성도에 대해 알아야 한다

성도는 하나님이 낳은 사람들이다. 성경은 악한 자가 성도를 만지지도 못한다고 말씀한다. 이 말씀을 믿고 두려움에서 벗어나 확실 가운데 거하라. 그래야 죄의 세력에 붙들리지 않는다.

3. 그리스도인은 성도의 특권에 대해 알아야 한다

하나님은 성도에게 특별한 기쁨을 주셨다. 그것은 바로 충만한 기쁨이다. 이 기쁨이 있으면 어떤 환란도 이길 수 있다.

그리스도인이 세상에 나아가 어떻게 해야 할 것인가

우리는 이 세상 속에 있는 사람들을 하나님 나라로 인도하는 사명이 있다. 우리는 하나님 나라의 백성으로서의 삶을 살면서 그들을 불러들여야 하기 때문에 배타적이 되어선 안 된다. 세상을 미워하되 세상 속에 살고 있는 사람들을 미워하지 말아야 한다. 우리는 빛과 소금으로서의 역할을 톡톡히 감당해야 한다.

삶에는 우선순위가 있다

우리는 하나님께
우선 순위가 있다는 것을 알아야 합니다.
이것이 창조의 법칙입니다.
우리에게도 먼저 할 일과 나중 할 일이 있습니다.
이것이 바로잡힐 때 염려를 이기게 되는 것입니다.

신문이나 뉴스를 보게 되면 생각지 못하던 불의의 사고를 당하는 경우가 많음을 알 수 있습니다. KAL기 추락사건이라든지 삼풍백화점 붕괴사건, 성수대교가 무너진 사건, 도시가스가 터진 사건 등이 그것입니다. 이것을 볼 때 참으로 안타까운 마음이 들지 않을 수 없습니다. 이 사건을 보면서 느낀 것은 인간의 생명은 우리에게 있지 않고 하나님께 있다는 사실입니다.

인간은 이 땅에 살면서 누구나 할 것 없이 시간의 제약 속에서 살아가게 됩니다. 원치 않던 원하던 이 시간의 한계를 넘어설 수 없습니다.

그래서 시편 기자는 "우리의 연수가 칠십이요 강건하면 팔십이라도 그 연수의 자랑은 수고와 슬픔뿐이요 신속히 가니 우리가 날아가나이다"(시 90:10)라고 했습니다.

인간이 시간의 제한을 받는다는 말은 몇 가지 영적인 의미를 갖고 있습니다.

시간의 제한을 받는다는 것의 의미

첫째, 시작이 있으면 반드시 끝이 온다는 의미입니다.

우리 인간의 삶에 시작이 있듯이 끝도 반드시 있습니다. 언제, 어떻게, 어떤 모습으로 올지 모르지만 그 끝은 반드시 온다는 것을 기억하십시오. 그래서 인간은 항상 나중을 준비하는 삶을 살아야 합니다.

둘째, 인간은 반드시 시간의 사명을 갖고 있다는 의미입니다.

우리가 살아가는 이 세상 속의 삶 속에 반드시 그것을 이루고 가야 할 사명이 있습니다. 그래서 사도 바울은 다음과 같이 고백했습니다.

"내가 이미 얻었다 함도 아니요 온전히 이루었다 함도 아니라 오직 내가 그리스도 예수께 잡힌 바 된 그것을 잡으려고 좇아가노라 형제들아 나는 아직 내가 잡은 줄로 여기지 아니하고 오직 한 일 즉 뒤에 있는 것은 잊어버리고 앞에 있는 것을 잡으려고 푯대를 향하여 그리스도 예수 안에서 하나님이 위에서 부르신 부름의 상을 위하여 좇아가노라"(빌 3:12-14).

셋째, 우리가 해야 할 일에는 반드시 순서가 있다는 의미입니다.

우리가 시간 속에 산다는 것은 우리가 이루어야 할 일에 반드시 순서가 있다는 말입니다. 즉 먼저 할 일이 따로 있고, 나중에 할 일이 따로 있다는 것입니다. 이 말을 바꾸어 말하면 먼저 해야 할 일은 먼저 하고, 나중 해야 할 일은 나중에 해야 된다는 것입니다.

넷째, 반드시 심판이 있다는 의미입니다.
우리가 시간 속에 산다는 것은 반드시 심판이 있음을 의미합니다. 왜냐 하면 하나님이 시간의 주인이시기 때문입니다.

"주 하나님이 가라사대 나는 알파와 오메가라 이제도 있고 전에도 있었고 장차 올 자요 전능한 자라 하시더라"(계 1:8).

알파와 오메가의 하나님은 시작과 끝을 주장하시는 시간의 하나님 이십니다.

"한 번 죽는 것은 사람에게 정하신 것이요 그 후에는 심판이 있으리니"(히 9:27).

오늘을 살게 하고 시간을 주신 이는 하나님이십니다.

위에서 살펴본 것처럼 인간의 삶에는 우선 순위가 있습니다. 그것이 뒤바뀔 때는 삶이 엉망이 되고 염려가 오게 됩니다. 예를 들어봅시다.
아이들이 방학 때면 일기 숙제를 해갑니다. 일기란 매일매일 쓰는 것인데 그것을 계속 미루다 개학하기 며칠 전부터 몰아 쓰느라 야단입니다. 또 날씨가 기억나지 않아 엄마에게 물어보고 열심히 생각해내느라 혼이 납니다. 이렇듯 해야 할 일을 제때에 하지 않으면 곤란한 일이 생기게 됩니다.

우리가 그때그때 해야 될 일, 즉 먼저 할 일은 하지 않고 나중에 해도 되는 일을 먼저 하게 되면 염려가 오는 것입니다. 우리는 세상사 모두 하나님께 우선 순위가 있다는 것을 알아야 합니다. 이것이 창조의 법칙입니다.

하나님께서 천지를 창조할 때에도 순서를 정확히 하셨습니다. 첫날은 빛을 창조하시고, 둘째 날은 궁창을 창조했으며 그 다음에 바다와 육지를 창조했습니다. 이런 바탕 아래 풀과 과일, 씨 맺는 채소 등을 만드시고 그 후에 각종 생물과 새와 물고기를 만드셨고, 마지막 날 인간을 만드셨습니다. 얼마나 창조의 순서가 정확합니까? 이처럼 우리에게도 먼저 할 일과 나중 할 일이 있다는 것을 알아야 합니다. 이것이 바로잡힐 때 염려를 이기게 되는 것입니다.

"그러므로 염려하여 이르기를 무엇을 먹을까 무엇을 마실까 무엇을 입을까 하지 말라 이는 다 이방인들이 구하는 것이라 너희 천부께서 이 모든 것이 너희에게 있어야 할 줄을 아시느니라 너희는 먼저 그의 나라와 그의 의를 구하라 그리하면 이 모든 것을 너희에게 더하시리라"(마 6:31-33).

하나님께서는 먼저 그의 나라와 그의 의를 구하라고 하셨습니다. 이것이 먼저라고 하십니다. 나중에 더해주시는 것은 하나님이 하신다는 것입니다.

그러면 먼저 해야 할 일은 무엇인지 생각해보겠습니다.

먼저 믿음을 회복하라

인간의 생활에 있어서 의식주는 대단히 중요합니다. 그러나 그것보다 더 중요한 것이 목숨이요, 우리의 영혼입니다. 그런데 인간은 더 중요한 것을 잃어버리고 눈에 보이는 것에 관심을 가집니다. 또 우리는 의식주 역시 하나님이 공급해주신다는 사실을 잊고 삽니다. 이것이 인간의 힘으로만 되는 줄 알기 때문에 염려와 근심이 많은 것입니다.

먹고 마시는 것을 염려하는 것은 믿음 없는 이방인이 하는 것입니다. 하나님의 자녀는 하나님이 주실 줄 믿어야 합니다. 그래서 염려하지 말라는 것입니다. 그러나 중요한 것은 이것도 믿음이 있을 때 가능하다는 것입니다. 왜냐 하면, 믿음이 있어야 하나님이 보이고, 보이는 것을 이기게 되는 것입니다. 즉, 먹고 마시는 것보다 하나님이 크게 보일 때 염려가 사라지는 것입니다.

"자녀들아 너희는 하나님께 속하였고 또 저희를 이기었나니 이는 너희 안에 계신 이가 세상에 있는 이보다 크심이라"(요일 4:4).

기도의 성자인 조지 뮬러는 "염려의 시작은 믿음의 종말이요, 믿음의 시작은 염려의 종말이라"고 했습니다. 우리는 먹고 마시는 염려에서 벗어나 하나님을 믿는 믿음을 회복해야 할 줄로 믿습니다. 그분이 우리의 아버지이심을 기억하십시오.

먼저 사명을 회복하라

우리가 먼저 구해야 할 것은 "그의 나라와 그의 의"입니다. 그리하면 하나님이 더해주십니다. 여기서 "그의 나라"는 '하나님의 나라' 입니다. 그리고 "그의 의"는 하나님의 선하신 뜻입니다. 이것은 우리가 하나님께 영광을 돌리는 삶을 살아야 함을 말합니다. 우리가 정말 마음의 중심에 하나님께 영광을 돌리는 삶을 살게 된다면 하나님이 모든 것을 지원하십니다.

"나의 하나님이 그리스도 예수 안에서 영광 가운데 그 풍성한 대로 너희 모든 쓸 것을 채우시리라"(빌 4:19).

우리의 문제는 우리가 하나님을 믿으면서도 하나님의 뜻보다는 자기의 뜻과 욕망을 채우려고 하나님을 찾고 있다는 것입니다. 여기에 염려와 근심이 있는 것입니다. 그래서 "주께서 가라사대 이 백성이 입으로는 나를 가까이하며 입술로는 나를 존경하나 그 마음은 내게서 멀리 떠났나니 그들이 나를 경외함은 사람의 계명으로 가르침을 받았을 뿐이라"고 하신 것입니다.

규모가 큰 회사의 사원이 출장을 가서 본사의 뜻에 따라 새로운 사업을 벌렸다면 그는 걱정할 필요가 없습니다. 일의 책임을 회사에서 모두 질 테니까요. 그런데 만일 그 사원이 개인의 목적을 위해서 일한다면 그 사원이 모두 책임져야 할 테니 근심이 많을 것입니다.

문제는, 오늘을 살고 있는 우리의 삶의 성향입니다. 우리가 어떤 것을 소유하고 차지하며 가지려고 하는 소유의 문제가 아니라 우리가 얼마나 주님과 같은 속성을 갖고 있느냐 하는 존재의 문제라는 것입니다. 우리가 주님과 같은 속성을 갖고 있을 때만이 하나님의 나라와 그의 의를 구하기 때문입니다.

우리가 하나님께 감사드릴 것은, 하나님의 나라가 하나님을 믿는 우리 속에 이미 와 있다는 사실입니다. 그의 뜻은 그 나라 임금이신 우리 주님의 뜻입니다. 그 뜻은 생명 구원입니다. 우리가 순수하게 구원에 관심이 있다면 우리 속에 이미 그 자원을 다 갖고 있는 것입니다.

예수님은 보리떡 5개와 물고기 2마리로 5000명을 먹이셨습니다. 처음에 제자들은 회중들이 마을에 가서 음식을 사먹게 하자고 했습니다. 그러나 예수님은 엉뚱하게도 제자들에게 먹을 것을 주라고 하십니다. 그리고 어린아이가 음식을 가져오자 그것을 가지고 많은 사람들을 먹이셨습니다.

이것은 기적의 근거가 우리에게 있다는 것을 의미합니다. 문제는 우리가 정말 그 나라의 의, 즉 주님의 뜻에 맞게 사느냐 하는 것입니다. 우리는 먼저 그의 나라와 그의 의를 구해야 할 줄로 믿습니다. 그러면 하나님이 채워주십니다.

먼저 종말신앙을 가져야 한다

엄격히 말하면, 우리는 하나님과 시간의 계약자입니다. 우리가 얼마의 시간으로 하나님과 계약하고 이 땅에 왔는지는 모르지만 분명한 것은 우리의 삶은 반드시 끝난다는 것입니다. 그리고 끝날 때는 급하게 끝나버리게 된다는 것입니다.

인생의 끝은 미리 예고되지 않습니다. 그래서 세상 사람은 인생을 허무하다고 말합니다. 그러나 성도는 그렇게 생각해서는 안 됩니다. 우리에게는 천국이 예정되어 있기 때문입니다. 우리는 우리에게 주어진 현실에 최선을 다해야 합니다. 미래를 염려할 필요가 없습니다. 하나님이 살펴주시기 때문입니다.

"그러므로 내일 일을 위하여 염려하지 말라 내일 일은 내일 염려할 것이요 한

날 괴로움은 그 날에 족하니라"(마 6:34).

하나님의 기적은 반드시 오늘이라는 현실에서 시작되게 되어 있습니다. 요셉의 경우를 보십시오. 그는 많은 어려움을 겪은 사람입니다. 그러나 그는 현실에 좌절하지 않았습니다. 상황이 그에게는 중요한 것이 아니었습니다. 그는 오늘 주어진 현실에 최선을 다하여 하나님께 순종하는 삶을 살았습니다. 그렇게 하니 감옥이라는 기막힌 현실 속에서도 하나님이 함께하시고 기적이 일어나는 것입니다.

많은 인생이 실패하는 것은 오늘 일을 내일로 미루든지, 오지도 않은 내일을 걱정한다든지 하기 때문입니다. 쓸데없는 걱정은 실패하는 삶의 모습입니다. 지금은 안 되고 나중에 환경이 좋아지면 하겠다는 것 모두 실패입니다. 그저 오늘 이 모습 그대로 날마다 주어진 현실에서 최선을 다하여 주님께 순종하는 삶이 최고의 축복의 삶이고 성공하는 비결입니다.

먼저 그의 나라와 의를 구하십시오. 그리하면 하나님이 더하십니다.

쓸데없는 염려를 하고 사는가?

일어나지도 않은 일이 미리 걱정되고, 어려운 현실 때문에 염려될 때 요셉의 삶을 기억하라. 그는 형제에게 배신당하고 억울하게 감옥에 가는 등 누구보다 어려운 삶을 살았다. 그러나 그는 현실에 좌절하지 않았다. 그는 모든 만물을 주관하시는 하나님을 바라보았고, 그를 믿었다. 그리고 하나님이 그에게 보여주신 환상(비전)을 놓치지 않았다.

현실에 멈춰져 있는 눈을 돌려 하나님을 바라보라. 그는 문제의 해결자이시다.

당신의 우선순위는 어디에 있는가?

삶의 우선순위가 바뀌면 실타래가 꼬이듯 환경이 꼬이게 된다. 우리의 우선순위는 어디에 있어야 하겠는가? 단연코 믿음에, 사명에 있어야 한다. 우리는 먼저 하나님 나라 백성들로서의 삶에 우선순위를 두어야 한다. 그럴 때 다른 삶의 문제가 저절로 풀리게 된다.

광야를 걷게 하신 이유를 알라

이스라엘 백성들이
하나님이 아니면 그들이
죽는다는 것을 뼈저리게 느끼고
배웠듯이 우리도 광야생활을 통해서 우리의 발길을
인도하시는 분이 하나님이라는 사실을
배울 수 있습니다.

우리는 지금 여러 가지 어려운 시대에 살고 있습니다. 그러나 우리가 지금 당하고 있는 어려움 그 자체가 어디서 오고 있는지. 또 왜 왔는지를 알고 있다면 그 어려움을 이겨낼 수 있을 것입니다. 나에게 왜 이런 어려움이 오는지를 알지 못할 때 이 어려움은 훨씬 가중되고 힘든 것입니다.

이스라엘 백성은 40년간의 광야 생활을 했습니다. 이들이 왜 이런 광야의 길을 걷게 되었는지 성경은 이야기하고 있습니다.

이스라엘 백성은 애굽의 고센땅에 정착해서 430년간 살았습니다. 이스라엘을 향한 애굽의 탄압이 심해지자 지도자 모세는 그곳에서 이스라엘 민족을 이끌고 가나안으로 이주해 가게 됩니다. 애굽에서 가나안까지는 20일이면 충분히 갈 수 있는 거리입니다. 그러나 하나님은 그 광야길에서 40년간 있게 하셨습니다.

우리의 경우도 마찬가지입니다. 금방 될 것 같은데도 험한 사막의 길을 걸을 때가 있습니다. 그때는 왜 하나님이 험한 사막의 길을 걷게 하시는지 이유를 알아야 합니다. 그래야 빨리 광야의 길을 끝내고 젖과 꿀이 흐르는 약속의 땅으로 들어갈 수 있기 때문입니다.

그러면 광야를 걷게 한 이유에 대해 생각해 보고자 합니다.

광야를 걷게 한 이유/
낮아질 때 믿음을 시험하기 위함

"네 하나님 여호와께서 이 사십 년 동안에 너로 광야의 길을 걷게 하신 것을 기억하라 이는 너를 낮추시며 너를 시험하사 네 마음이 어떠한지 그 명령을 지키는지 아니 지키는지 알려 하심이라"(신 8:2).

우리들 속에 같은 마음이 있습니다. 우리가 잘 될 때는 하나님을 잘 믿고 잘 섬기고 있는 것 같아도 우리에게 조금 어려움이 오고 힘들 때는 하나님을 멀리하고 원망하는 기복적 믿음 요소가 있는지 시험하기 위하여 광야를 걷게 하셨습니다. 즉 우리의 믿음 요소가 세상에 있는지 하나님에게 있는지를 시험해 보겠다는 것입니다. 그 믿음의 순수성은 어려울 때, 낮아질 때만 나타나기 때문입니다.

욥의 경우를 살펴보도록 하겠습니다. 사탄이 욥을 시험하여 욥은 어려운 지경에 놓이게 되었습니다. 재산을 잃어버리고 자녀들이 모두 죽고 욥 자신은 온몸에 악창이 나는 등 견디기 어려운 상황에 놓이게 되었습니다. 욥의 아내도 하나님을 욕하고 죽으라며 화를 냈습니다. 그러나 욥은 놀랍게도 "우리가 하나님께 복을 받았은즉 재앙도 받지 아니하겠느냐"라고 하여 입술로 범죄치 않았습니다.

그는 부귀영화를 누리다가 순식간에 가장 낮은 자리까지 내려갔습니다. 그러나 그때에도 그는 하나님께 범죄하지 않았습니다.

여러분의 믿음은 어떻습니까? 낮은 자리에 있다 하더라도 하나님을 원망하거나 욕하지 않고 오히려 하나님을 찬양할 수 있습니까?

우리는 어떤 상황에서도 "나의 힘이 되신 여호와여 내가 주를 사랑하나이다"(시 18:1)라는 고백을 드릴 수 있어야 하겠습니다.

광야를 걷게 한 이유/
삶의 근원이 하나님께 있음을 알게 하기 위함

"너를 낮추시며 너로 주리게 하시며 또 너도 알지 못하며 네 열조도 알지 못하던 만나를 네게 먹이신 것은 사람이 떡으로만 사는 것이 아니요 여호와의 입에서 나오는 모든 말씀으로 사는 줄을 너로 알게 하려 하심이니라"(신 8:36).

이스라엘 백성을 광야로 이끌어내고 그들을 주리게 한 데에는 이유가 있습니다. 어려움을 겪게 한 이유가 있다는 말입니다.

첫째, 물질의 공급을 해주시는 분은 하나님이심을 알게 하기 위해서입니다.

사막 한 가운데 있으니 앞을 보아도, 뒤를 보아도 모래뿐일 것입니다. 애굽에 있을 때에는 인간의 힘으로 할 수 있는 일들이 많았지만 사막에서는 하나님의 도우심이 없이는 조금도 살아갈 수 없습니다. 그래서 하늘을 바라볼 수밖에 없는 것입니다.

그들은 광야생활을 통해서 바위에서 물을 내시고 만나를 주시고 그들의 발길을 인도하시는 분이 하나님이라는 사실을 배울 수 있었습니다. 하나님이 아니면 그들이 죽는다는 것을 뼈저리게 느끼고 배운 것입니다.

"가로되 내가 모태에서 적신이 나왔사온즉 또한 적신이 그리로 돌아가올지라 주신 자도 여호와시요 취하신 자도 여호와시오니 여호와의 이름이 찬송을 받으실지니이다 하고"(욥 1:21).

욥은 자녀나 물질이 하나님에게로부터 온다는 것을 잘 알고 있었습니다.

"이 사십 년 동안에 네 의복이 해어지지 아니하였고 네 발이 부릍지 아니하였느니라"(신 8:4).

이는 하나님이 물질의 주인이심을 말하고 있습니다.

둘째, 인간이 살아가는 근원은 물질이 아니라 하나님의 말씀이라는 사실을 알게 하기 위함입니다.

인간이 이 세상에서 살아가려면 물질이 필요합니다. 그러나 인간이 살아가는 데 꼭 필요한 양식은 하나님의 말씀입니다.

"너를 낮추시며 너로 주리게 하시며 또 너도 알지 못하며 네 열조도 알지 못하던 만나를 네게 먹이신 것은 사람이 떡으로만 사는 것이 아니요 여호와의 입에서 나오는 모든 말씀으로 사는 줄을 너로 알게 하려 하심이니라"(신 8:3).

예수님도 이 말씀을 인용하신 적이 있습니다. 이스라엘 백성이 광야에서 하나님이 주신 만나로 산 것처럼 하나님의 백성은 하나님의 말씀을 먹어야 삽니다.

광야를 걷게 한 이유/
하나님은 고쳐주시는 분임을 알게 하려고

"너는 사람이 그 아들을 징계함같이 네 하나님 여호와께서 너를 징계하시는 줄 마음에 생각하고 네 하나님 여호와의 명령을 지켜 그 도를 행하며 그를 경외할지니라"(신 8:5-6).

징계와 심판은 다른 말입니다. 징계는 결과가 좋아지기를 바라는 사랑하는 마음이 있어서 내리는 제재이고, 심판은 그 결과에 따른 객관적인 증거를 가지고 내리는 판결입니다.

하나님께서 이스라엘 백성에게 광야를 걷게 하신 이유는 그들을 징계하여 하나님을 경외하는 그 길을 가르쳐 주기 위함입니다. 광야를 걷는 길이 어렵지만 그 길을 통하여 우리는 축복을 얻을 수 있습니다.

그것은 하나님의 가까이하심입니다. 즉 우리가 어려울 때 가까이 계셔서 도와주시는 분은 하나님뿐이라는 사실을 깨닫는 축복을 얻는 것입니다. 이스라엘 사람들이 광야에 있었을 때 하나님은 구름기둥과 불기둥으로 그들과 늘 동행하셨습니다. 그들과 가까이 계셨던 것입니다.

'모래 위의 발자국' 이야기를 아십니까? 어느 사람이 꿈을 꾸었습니다. 꿈에 예수님과 바닷가를 거닐었습니다. 그 사람은 자기가 걸어온 바닷가 모래 위를 바라보았습니다. 그것은 그 사람 인생의 여정이었습니다. 그는 두 사람의 발자국을 보았습니다. 주님은 인생 순간순간마다 늘 그와 함께 걸으셨던 것입니다. 그런데 어느 인생의 순간에는 발자국이 한 사람밖에 없었습니다. 그 순간을 돌이켜보니 그 때는 그 사람이 가장 힘들어하던 시간이었습니다. 그는 슬픈 마음으로 주님께 물었습니다.

"주님! 주님이 필요했던 바로 그때에 왜 제 곁을 떠나셨습니까?"

주님께서 이렇게 대답하셨습니다

"너는 정말 소중한 아이야. 나는 너를 사랑한단다. 나는 결코 너를 떠난 적이 없단다. 네가 고통과 환난 가운데 있을 때에 모래 위에서 걷고 있던 그 한 사람은 바로 나란다. 그때 내가 너를 업고 지나갔단다."

이렇듯 주님은 우리와 늘 동행하십니다.

광야를 걷게 한 이유/
찬양하는 법을 가르치기 위해서

"너의 먹는 식물의 결핍함이 없고 네게 아무 부족함이 없는 땅이며 그 땅의 돌은 철이요 산에서는 동을 캘 것이라 네가 먹어서 배불리고 네 하나님 여호와께서 옥토로 네게 주셨음을 인하여 그를 찬송하리라"(신 8:9-10).

우리의 삶이 어려울 때 순수한 믿음을 갖기도 어렵지만, 삶이 형통할 때 하나님을 계속 찬양하는 것이 더 어렵습니다. 처음에는 자기 자신이 하나님의 은혜로 살아가는 것을 알고 하나님을 찬양하지만, 시간이 조금 지나면 교만에 빠져 모든 것이 자기 힘으로 되는 줄 착각하여 하나님을 잃어버리게 되는 것입니다. 그러므로 광야를 통하여 하나님이 역사하신 삶의 과정을 기억하게 하시는 것입니다. 그래서 무엇이 하나님의 역사이고 무엇이 나의 실패였는가를 경험하게 하셔서 하나님께 영광을 돌리게 하십니다.

> "두렵건대 네 마음이 교만하여 네 하나님 여호와를 잊어버릴까 하노라 여호와는 너를 애굽 땅 종 되었던 집에서 이끌어 내시고 너를 인도하여 그 광대하고 위험한 광야 곧 불뱀과 전갈이 있고 물이 없는 건조한 땅을 지나게 하셨으며 또 너를 위하여 물을 굳은 반석에서 내셨으며 네 열조도 알지 못하던 만나를 광야에서 네게 먹이셨나니 이는 다 너를 낮추시며 너를 시험하사 마침내 네게 복을 주려 하심이었느니라 또 두렵건대 네가 마음에 이르기를 내 능과 내 손의 힘으로 내가 이 재물을 얻었다 할까 하노라 네 하나님 여호와를 기억하라 그가 네게 재물 얻을 능을 주셨음이라 이같이 하심은 네 열조에게 맹세하신 언약을 오늘과 같이 이루려 하심이니라"(신 8:14-18).

우리가 하나님이 우리에게 주시는 것을 계속 찬양할 수 있는 믿음이 축복의 그릇인 것입니다. 지금 형통한 이것이 자기 힘으로 된 줄 알고 교만했다가는 거기서 축복은 끝이 납니다. 형통할수록 계속 하나님을 찬양할 수 있는 것은 큰 영광이요 능력입니다.

광야는 누구에게나 찾아옵니다.
가나안의 축복이라는 그릇의 크기는 광야를 얼마나 잘 통과했는가에 따라 결정됩니다. 하나님이 광야를 걷게 하신 이유를 생각해보시기 바랍니다.

　진정한 믿음은 '광야를 통과한 삶에서 얻어진 믿음' 입니다. 당신은 인생의 광야에서 하나님과의 아주 특별한 만남이 있습니까? 하나님과의 특별한 만남이 당신의 믿음과 기도와 생각과 삶을 변화시킵니다. 그 하나님을 만나십시오.

life Guide

하나님이 우리로 하여금 광야를 걷게 하신 이유
1. 낮아질 때의 믿음을 시험하기 위해
2. 삶의 근원이 하나님께 있음을 알게 하기 위해
3. 하나님은 고쳐주시는 분임을 알게 하기 위해
4. 하나님을 찬양하는 법을 가르치기 위해

Changing life

삶의 광야를 걷고 있다면
　광야는 인간이 살아가기에 가장 어렵고 힘든 곳 중 하나다. 사방을 둘러보아도 모래뿐인 그곳. 그러나 광야는 축복의 땅이다. 하나님과 깊이 만나는 곳, 하나님의 사랑을 깊이 체험하는 곳이기 때문이다. 광야의 삶이 힘들지라도 하나님을 원망하지 말라. 그 원망을 바꿔 하나님을 찬양하라. 시련의 끝에는 하나님이 예비하신 놀라운 축복이 기다리고 있다. 그 소망을 가지고 광야에서의 생활을 잘 극복하길 기도하자.

일상생활에서의 삶

이 장은 우리의 삶에 있어서 실제적으로 필요한 내용을 담았다. 〈일상생활에서의 삶〉은 우리의 지극히 평범한 일상생활 속에서 하나님을 만나는 길잡이가 될 것이다.

1. 예수를 만나야 삶이 변한다

성부, 성자, 성령님이 계시지만 우리가 인격적으로 만날 수 있는 하나님은 성자 예수님뿐이다. 예수님과의 만남은 신앙고백을 통해 가능하다. 예수님이 살아계신 하나님의 아들임을 고백하라. 그러면 그때부터 삶이 변하기 시작할 것이다.

2. 세상과 그리스도인이 같이 사는 법

우리는 세상 속에 있는 사람들을 하나님 나라로 인도해야 할 사명이 있다. 그러나 내가 세상 속으로 들어가 세상을 바꾸겠다는 것은 잘못된 생각이다. 내가 성도로서의 삶을 살아가면서 세상 사람을 하나님 나라로 끌어내야 한다. 우리가 하나님과 끊임없이 교제를 해나간다면 우리는 하나님 나라의 삶을 살 수 있다. 이 삶을 지속하면서 세상 사람들을 하나님 나라로 인도하는 일, 이것이 그리스도인의 사명이다.

3. 우선순위를 두고 중요한 것부터 하라

일상생활이 바쁘다 보면 일에 쫓겨 삶이 엉망이 되는 경우가 종종 있다. 우리는 하나님께서 세상을 창조하실 때 우선순위를 가지고 창조하셨음을 기억해야 한다. 우선순위를 지켜 일한다면 우리의 염려가 훨씬 줄어들 것이다.

4. 광야 같은 힘든 상황에 처해 있을 때

나 자신의 힘으론 도저히 해결할 수 없는 문제에 직면할 때가 있다. 가정, 회사, 학교, 교회 곳곳에서 문제들이 생겨 사방이 막혀 있을 때도 있다. 이때가 바로 광야에 있을 때이다. 이 광야는 위장된 축복의 땅이다. 이 광야를 잘 극복하면 더 나은 모습으로 서 있는 나 자신을 발견하게 될 것이다. 광야에서 하나님과 일대일로 만나 자신이 왜 그곳에 있는지 여쭈어보라. 분명히 알려주실 것이다.

5. 믿음이 먼저냐, 생활이 먼저냐

우리 생활에 있어서 의식주는 매우 중요하다. 우리는 이른바 먹고살기 위해 아침부터 저녁까지 열심히 일한다. 그러나 그것보다 더 중요한 것은 하나님을 믿는 믿음이다. 우리는 우리의 모든 것을 하나님이 공급해 주신다는 사실을 잊고 사는 경우가 너무나 많다. 이 사실을 잊기 때문에 염려와 근심에 둘러싸여 있는 것이다. 먼저 하나님에 대한 믿음을 회복하라. 그럴 때 육적인 것을 이길 수 있다.

6. 나 자신이 변해야 한다

우리는 나 자신이 변화되기보다는 다른 사람이 변화되기를 원한다. 이러한 생각은 결국 다른 사람을 판단하고 비난하게 한다. 세상이 변화되길 원한다면 나 자신이 먼저 변화되어야 한다는 것을 알아야 한다. 나 자신이 변화되면 어떤 문제도 극복할 수 있다.

7. 세상 속 크리스천으로서의 삶

예수 믿기 전, 또는 예수님을 진정한 구주로 영접하기 전 우리는 세상 사람들과 같은 생활을 했다. '이에는 이 눈에는 눈' 이라는 논리로 세상을 판단했다. 같은 방법으로 복수하고, 술 마심으로 스트레스를 풀고, 절대 손해보지 않는 등 말이다. 이러한 생활은 이제 청산해야 한다. 십자가에 옛 모습을 못박고 이제 예수님이 주시는 새 모습으로 옷을 갈아입어야 한다. 그럴 때 세상에서 절대 얻지 못하는 참 평안과 자유를 누릴 수 있다.

하나님과의 특별한 만남이 계속되고 있을 때 그리스도인은 세상 속에서 승리하는 삶을 살 수 있다. 날마다 하나님과의 아주 특별한 만남을 가지도록 노력해야 한다.

하나님, 아주 특별한 만남

2000년 8월 12일 초판발행
2003년 5월 30일 초판 6쇄 발행
지은이 · 민경설
발행인 · 김수곤
발행처 · 선교횃불
등록일 · 1999년 9월 21일 제54호
등록주소 · 서울시 송파구 삼전동 103번지
전　화 · (02)2203-2739
팩　스 · (02)2203-2738

ISBN 89-89615-23-2 03230

총판 · 선교횃불

ⓒ선교횃불　　　　　　　　　값 9,800원
이 출판물은 저작권법의 보호를 받으므로 무단 복제를 할 수 없습니다.

영국의 에딘바라대학교와
미국의 워싱턴대학에서
19년간 신학교수로 재직하고
미국교회에서 9년, 한인교회에서
11년 목회한 김상복 목사의
해박한 신학과 풍성한 목회경험이
단행본으로 묶어져 도서출판 횃불을
통해 선보입니다.
이제 김상복 목사의 꼼꼼하고도
치밀한 성경해석과
풍성하고도 생생한 신앙의 교훈들을,
도서출판 횃불에서 펴내는
김상복 목사의 설교집을 통해
만나보십시오.

잃어버린 왕좌

신학 강의와 일선 목회를 통한
생생한 예화와, 저자 특유의
꼼꼼한 분석 및 이해하기 쉬운
설명이 돋보이는
창세기 강해 첫째 권.

신국판 / 311쪽 / 8,500원

모험을 두려워 말라

성공적인 인생을 살기 원하십니까?
모험을 두려워 하십니까?
믿음이 있는 삶을,
모험이 있는 삶을 사십시오.
「모험을 두려워 말라」와 함께
김상복 목사가 안내하는
신앙의 모험을 떠나보십시오.

신국판 / 424쪽 / 11,000원

이길 때까지 싸우라

평화의 사람 이삭과,
하나님과 겨루어 이기기까지
자신의 욕망을 추구했던
집념의 사람 야곱의
생애를 통해 우리의
모습을 돌아보게 하는
창세기 강해 셋째 권

신국판 / 312쪽 / 6,900원

꿈은 이루어진다

어려운 환경 속에서도 하나님이
주신 꿈을 현실로 이루어낸
요셉의 생애와 신앙을
다룬 김상복 목사의
창세기 강해 마지막 권

신국판 / 393쪽 / 10,500원

도서출판 **횃불** ◆ 총판: 생명의샘

전도동력세미나의 열풍, 이젠 책으로 만난다!

전도동력시리즈(1)
전도의 다이나믹 파워

전도동력시리즈(2)
전도동력 리포트

전파할 수 없다면 복음은 효력이 없습니다.
교회 부흥, 그것은 결코 우연히 일어나지 않습니다.

**민경설 목사의 전도동력 시리즈는
전도의 원리를
확실히 보여드립니다**

각권 8,500원

민경설 ▶ 전도특공대 이론으로 장신대와 미국 맥코이신학대학원에서 공동 목회학 박사학위를 받았으며 2명으로 시작한 광진교회를 14년만에 3,000명이 넘는 교회로 부흥시킨 전도의 베테랑. 10,000명이 넘는 목회자를 전도동력세미나를 통해 훈련시켜 전도의 신선한 충격과 새바람을 일으키고 있으며, 현재 극동방송 〈영혼의 등대〉 방송설교와 전국목회자세미나, 목사횃불회와 각종 전도세미나에서 강사로 활동하고 있다.

갈라디아서

햇불선교센타가
후원하고
한국복음주의
신학회 신학자들이
집필한 한국성경주석시리즈 66권 중 제 1권!
총신대 신약학 교수인 이한수 교수가 집필하고
김의환 전 총신대 총장, 신복윤 합신 학장,
서정운 장신대 총장, 신촌성결교회 정진경
목사가 추천하는 갈라디아서 주석의 정수!

이한수 지음/ 신국판(양장)/ 598쪽/ 19,500원

고린도전서 I

새천년을
맞이하는
한국교회의 야심작,
'한국성경주석 시리즈'
둘째권 드디어 출간!
권위있는 신약학자이자 총신대 신학대학원장을
지낸 권성수 교수가 심혈을 기울여 펴낸
고린도전서 주석이 한국교회에 맞는
목회자들의 목마름을 해결한다!

권성수 지음/ 신국판(양장)/ 774쪽/ 25,800원

 도서출판 **횃불** ◆ 총판: 생명의 샘

서임중 목사의 목회현장이야기

우리 목사님은 때밀이

「우리 목사님은 때밀이」는 목회현장에서 생기는 온갖 잡다한 실수와 갈등, 그리고 성도들과 목회자의 고민이 담겨 있습니다. 그래서 지금 현재 고민과 갈등이 있는 성도나 목회자가 읽으면, 울다가 웃다가 하다보면 절로 위로가 되는 책입니다.

신국판/ 271쪽/ 6,800원

인생은 삼겹줄의 삶입니다

「인생은 삼겹줄의 삶입니다」는 IMF를 겪은 크리스천에게 성경적인 경제원리를 제시하는 이정표 같은 책입니다.

신국판/ 184쪽/ 6,000원

인생은 지우개가 없습니다

「인생은 지우개가 없습니다」는 지우개가 아닙니다. 그러므로 당신의 인생을 지워드릴 수는 없습니다. 그러나 인생의 후회와 미련과 나쁜 습관을 확실하게 지워드립니다. 때밀이목사 서임중 목사가 당신 영혼의 묵은 때를 말끔하게 밀어드립니다.

신국판/ 184쪽/ 5,800원

보배를 담은 질그릇

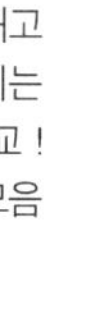

목욕탕 때밀이에게서 배운 목회비결을 담은 화제의 책 「우리 목사님은 때밀이」의 저자 서임중 목사의 또 다른 문제작 「보배를 담은 질그릇」을 통해 참 보배이신 예수를 만나보십시오.

신국판/ 400쪽/ 10,500원

못 박는 소리를 듣는가?

심령을 쪼개고 삶을 변화시키는 힘있는 설교! 서임중 말씀 모음

신국판 / 350쪽
8,800원

더 좋은 삶을 위하여

짧은 단상, 깊은 묵상, 오랜 감동으로 영혼의 생수를 떠올리는 목회단상

신국판 / 225쪽
6,800원

도서출판 횃불 ◆ 총판 : 생명의 샘

새천년을 위한 현대인의 신앙 길잡이

방황은 없다 Ⅰ · Ⅱ

방황을 끝내기 원하십니까?
짧은 인생, 낭비하지 않고
성공적으로 살기 바라십니까?
「방황은 없다」에는
성공적인 인생길이 보입니다.
김상복 목사가 안내하는
그 길을 따라가십시오.

Ⅰ권:신국판/ 265쪽/ 8,300원
Ⅱ권:신국판/ 332쪽/ 7,500원

네 지팡이를 들라

모세의 생애와 출애굽의 과정을
통해 삶을 인도하시는 하나님의
손길과 하나님에 의해
변화된 삶의 모습을
살펴본 김상복 목사의
출애굽기 강해

신국판/ 450쪽/ 9,500원

거룩한 삶을 살라

김상복 목사의 「거룩한 삶을 살라」는
죄에 젖은 인간이 거룩하신
하나님께 어떻게 다가갈 수
있는지 보여줍니다. 죄악의
옷을 입고 있는 요즘,
이 책을 통해 거룩함의
옷으로 갈아입으십시오.

신국판/ 324쪽/ 5,900원

성령님 사랑해요

성령은 성경에 대해
어떻게 말씀하는가에
초점을 맞춰
체계적이고 성경적으로
접근한 김상복 목사의
성령론 설교집

신국판/ 156쪽/ 3,500원

참된 영성이란 무엇인가?

참된 영성에 대한 오해들을
깨뜨리고 참된 영성이란
무엇인지, 어떻게 참된
영성을 이룰 수 있는지를
밝힌 김상복 목사의
영성론 설교집

신국판/ 130쪽/ 3,300원

도서출판 횃불 ◆총판:생명의 샘